教育部人文社会科学研究青年基金项目
"员工感知的关系导向型人力资源管理实践的变化对其态度变化的影响：
一项追踪研究"（项目批准号：15YJC630139）资助成果

员工关系实践感知与态度相关性及动态研究

谢凌玲　江新会◎著

知识产权出版社
全国百佳图书出版单位
—北京—

图书在版编目（CIP）数据

员工关系实践感知与态度相关性及动态研究 / 谢凌玲，江新会著 . —北京：
知识产权出版社，2020.10
ISBN 978-7-5130-7161-1

Ⅰ.①员… Ⅱ.①谢… ②江… Ⅲ.①人力资源管理—研究 Ⅳ.① F243

中国版本图书馆 CIP 数据核字（2020）第 171947 号

责任编辑：宋 云 赵 昱　　　　　　责任校对：潘凤越
文字编辑：赵 昱　　　　　　　　　　责任印制：孙婷婷

员工关系实践感知与态度相关性及动态研究

谢凌玲　江新会　著

出版发行：知识产权出版社 有限责任公司		网　　址：http：// www.ipph.cn	
社　　址：北京市海淀区气象路 50 号院		邮　　编：100081	
责编电话：010-82000860 转 8388		责编邮箱：songyun@cnipr.com	
发行电话：010-82000860 转 8101/8102		发行传真：010-82000893/82005070/82000270	
印　　刷：北京建宏印刷有限公司		经　　销：各大网上书店、新华书店及相关专业书店	
开　　本：720mm×1000mm　1/16		印　　张：14.5	
版　　次：2020 年 10 月第 1 版		印　　次：2020 年 10 月第 1 次印刷	
字　　数：235 千字		定　　价：59.00 元	

ISBN 978-7-5130-7161-1

前　言

人力资源管理过程中的关系现象至今仍然存在于华人社会组织中。作为极具本土独特性的一种管理实践——关系导向型人力资源管理实践（也称关系实践，为简便起见，在本书的论述中称之为关系实践），如果对其视而不见，或者完全否认其对中国员工态度的影响，则未免有失偏颇。

随着本土人力资源管理研究的兴起，人力资源管理过程中的关系现象开始逐渐受到学者们的关注。然而现有研究往往基于管理者的视角（尤其是人力资源管理者的视角）考察组织的人力资源管理实践，而忽略了员工的主观心理感知。另外，研究者倾向于采用静态的思路进行研究。然而，员工对人力资源管理过程中存在的关系实践的感知，是一成不变的吗？我们推测，员工感知的关系导向型人力资源管理实践会随着时间的推移而变化，进而影响员工态度的变化。

有鉴于此，本书拟研究下列问题：第一，何为感知的关系导向型人力资源管理实践（即关系实践）？第二，关系实践感知的基本前因变量有哪些？关系实践如何影响员工的态度？第三，关系实践感知是如何形成与动态发展变化的？关系实践感知的变化对员工态度变化的影响机制如何？

为了回应上述问题，本书聚焦于员工的视角，对员工感知的关系实践的内涵进行剖析，深入研究员工感知的关系实践与态度之间的动态关系，并运用跟踪数据量化检验关系实践感知的变化对员工态度变化的影响。

本书取得的主要研究结论如下：

首先，本书对关系实践感知的概念进行了梳理，认为关系实践感知是指员工对组织以人际关系亲疏程度所导致的人力资源管理实践的总体情况的感知。它具有下列三大特征：第一，员工关系实践感知的过程是动态持续变化的；第二，员工关系实践感知的结果受个体的个性与经历、提取线索与处理信息的方法等诸多因素的影响；第三，即便组织员工都嵌入同一组织环境，不同员工对关系实践的主观感知也有所差异。

其次，本书运用预试和正式测试两个阶段的大样本进行调查研究，发现：组织规模越大、组织权力距离越大，组织内员工的关系实践感知越强。本书还从横截层面探讨了关系实践感知的结果变量与中介变量。本书证实了关系实践感知对员工工作投入与满意度的负面影响，并验证了组织公平感的中介作用与权力距离的部分调节作用。

最后，基于扎根理论，我们采用深度访谈法，运用开放式编码—轴心编码—选择式编码三个步骤，构建了员工关系实践感知形成的动态模型。模型以意义建构理论为基础，将员工关系实践感知的形成分为三个阶段，即触发阶段、阐释解读阶段与感知形成阶段。本书采用动态设计方法对样本进行重复测量，运用潜变化分数模型等数据分析方法证实了关系实践感知动态变化的显著性，更加精准地解释了关系实践感知的动态变化规律，拓展了螺旋理论在关系实践这一新领域中的应用。

本书在下列方面具有一定的创新性：首先，本书突破了以往本领域主要采用横截面研究的限制，在研究中采用纵向研究设计，回应了学术界将研究变量的动态性纳入研究的呼唤，为学者们更精准把握关系实践感知的动态规律奠定了更为坚实的基础；其次，本书以社会学的新制度主义理论为研究基础，对关系实践感知的影响因素进行了开拓性探索，这是一个全新的研究领域；再次，本书率先将意义建构理论引入关系实践研究的领域，对关系实践感知的动态形成过程进行了深入的质的研究，弥补了研究的不足之处；最后，本书采用潜变计分模型进行数据处理，该方法的应用目前尚不广泛，可为将来管理领域动态研究的数据处理提供一定的借鉴。

本书主体是笔者所主持的2015年度教育部人文社会科学研究青年基金项目"员工感知的关系导向型人力资源管理实践的变化对其态度变化的

影响：一项追踪研究"课题（项目批准号：15YJC630139）的研究成果。同时也包含了本书的合作者云南财经大学江新会教授所主持的国家自然科学基金地区项目"关系实践对组织绩效的影响及其前因变量的研究"（项目批准号：71162002）的部分成果。他对研究问题有独到的见解，同时具有深厚的统计学功底，承担了本书第三章的田野调研工作，对本书第三章与第六章研究所涉及的数据进行了处理，并完成了第三章与第六章数据处理内容的文字撰写，整个合作过程令人愉快。

同时，我要感谢北京航空航天大学人文社会科学学院赵世奎教授对本书研究思路与研究内容的智力贡献。我还要感谢我的研究生肖林和徐璐，她们搜集整理了与本研究相关的中英文文献，完成了本书第二章的第二节、第三节与第四节的撰写工作；研究生高晶、赵灿、姬彬、袁靓梦、钟好、王友欣等同学进行了访谈与访谈资料的整理工作，王友欣参与了本书第五章部分内容的写作。汪群老师、涂晓芳老师、陈文博老师、马琪老师、谢凤英老师、冯锦艳老师以及其他老师与同学为本书的调研工作提供了支持，在此一并致谢！最后感谢知识产权出版社文史编辑室主任宋云的辛苦工作，使本书得以顺利出版！

谢凌玲

2020 年 8 月

目　录

第一章　绪　论

1.1　研究背景

近年来，学者们在运用西方管理理论来解释或检验其在中国情境中的适用性方面是否取得突破性的进展（Sun，Aryee & Law，2007）[1]。然而时至今日，当我们梳理有关研究成果时，却发现一个多少令人尴尬的事实：已有的此类文献并不能完全解释中国本土的人力资源管理实践（谢凌玲，2009）[2]。正如Warner（2009）所言，当前中国的人力资源管理实践是"西式的，却仍然具有东方色彩"。[3] 因此，对中国企业人力资源管理实践的研究，需要考虑传统习惯与文化惯性的影响（Warner，2008，2010；Yang，2012；Yang，2014）[4][5][6][7]。

在以关系（Guanxi）为取向的华人社会中（何友晖、陈淑娟、赵志裕，

[1] SUN L Y，ARYEE S，LAW K S.High-performance human resource practices，citizenship behavior，and organizational performance：a relational perspective［J］.Academy of Management Journal，2007，50（3）：558-577.

[2] 谢凌玲.人力资源管理实践模式的选择与构建［J］.中国人力资源开发，2009（6）：11-13.

[3] WARNER M."Making sense" of HRM in China：setting the scene［J］.International Journal of Human Resource Management，2009，20（11）：2169-2193.

[4] WARNER M.Reassessing human resource management "with Chinese characteristics"：an overview［J］. International Journal of Human Resource Management，2008，19（5）：771-801.

[5] WARNER M.In search of Confucian HRM：theory and practice in greater China and beyond［J］. International Journal of Human Resource Management，2010，21（12）：2053-2078.

[6] YANG B.Confucianism，socialism，and capitalism：a comparison of cultural ideologies and implied managerial philosophies and practices in the P. R. China［J］.Human Resource Management Review，2012，22（3）：165-178.

[7] YANG F.Guanxi human resource management practices as a double-edged sword：the moderating role of political skill［J］.Asia Pacific Journal of Human Resources，2014，52（4）：496-510.

1991；金耀基，1988）❶❷，人力资源管理过程中存在的关系现象至今仍然广泛出现在华人社会组织中。作为极具本土独特性的一种管理实践——关系导向型人力资源管理实践（即关系实践），如果对其视而不见，或者完全否认其对中国员工态度的影响，则未免有显偏颇。所谓关系导向型人力资源管理实践（Guanxi-based Human Resource Management Practices，GHRMP），是指"人力资源管理决策中以私人关系为基础的总体状况"（Chen，Friedman et al.，2011：718）❸。相对于其他管理实践，员工对组织中的关系导向型人力资源管理实践更为关注，也更为敏感。理解关系导向型人力资源管理实践及其影响后果对于建构中国本土人力资源管理理论而言，其重要性不言而喻。

目前的研究证实了关系导向型人力资源管理实践在华人组织中存在的广泛性（Luo，2000；Yang，2014）❹❺，并验证了关系导向型人力资源管理实践对员工态度的负面影响，例如 Chen 等人的研究发现，关系导向型人力资源管理实践与员工的管理信任负向关联（Chen，Chen & Xin，2004）❻。然而现有研究往往基于管理者的视角（尤其是人力资源管理者的视角）考察组织的人力资源管理实践，而忽略了员工的主观心理感知。另外，研究者倾向于采用静态的思路进行研究。事实上，个体对客观现象的认识、感知以及心理历程并非一成不变的，会随着时间的变化而发生变化（Pitariu & Ployhart，2010）❼。我们推测，员工感知的关系导向型人力资源管理实践的变化程度会随着时间的推移而变化，

❶ 何友晖，陈淑娟，赵志裕.关系取向：为中国社会心理方法论求答案［M］//杨国枢，黄光国.中国人的心理与行为.台北：桂冠图书公司，1991：49-66.

❷ 金耀基.人际关系中的人际分析［M］//杨国枢.中国人的心理.台北：桂冠图书公司，1988：75-105.

❸ CHEN Y，FRIEDMAN R，YU E H，SUN F B.Examining the positive and negative effects of guanxi practices：a multi-level analysis of guanxi practices and procedural justice perceptions［J］.Asia Pacific Journal of Management，2011，28（4）：715-735.

❹ LAW K S，WONG C，WANG D，WANG L.Effect of supervisor-subordinate guanxi on supervisory decisions in China：an empirical investigation［J］.International Journal of Human Resource Management，2000，11（4）：751-765.

❺ YANG F.Guanxi human resource management practices as a double-edged sword：the moderating role of political skill［J］.Asia Pacific Journal of Human Resources，2014，52（4）：496-510.

❻ CHEN C C，CHEN Y，XIN K.Guanxi practices and trust in management：a procedural justice perspective［J］.Organization Science，2004，15（2）：200-209.

❼ PITARIU A H，PLOYHART R E.Explaining change：theorizing and testing dynamic mediated longitudinal relationships［J］.Journal of Management，2010，36（2）：405-429.

进而影响到员工态度的变化。事实上，近年来 AMJ 等管理学顶尖期刊上相继发表了关于员工态度与心理历程随时间动态演变的文献（Chen, et al., 2011; Schaubroeck, Peng, et al., 2013）❶❷，这从侧面反映出采用纵向研究方法来考察变量的动态变化性已成为管理学研究的新趋势。

鉴于此，本书将研究聚焦于员工的视角，从局内人视角对感知的关系导向型人力资源管理实践的理论基础进行剖析，构建员工感知的关系导向型人力资源管理实践与态度之间动态关系的模型，揭示员工态度动态变化的心理历程，并运用跟踪数据进行量化检验，从而拓展并深化根植于中国传统文化并普遍存在的本土人力资源管理理论。

有鉴于此，本书要研究的问题是：

第一，何为感知的关系导向型人力资源管理实践（即关系实践）？第二，关系实践感知的基本前因变量有哪些？以及关系实践如何影响员工的态度？第三，关系实践感知是如何形成与动态发展变化的？以及关系实践感知的变化对员工态度变化的影响机制如何？

1.2 研究意义

1.2.1 理论意义

一、本书将关系实践感知的研究从静态研究提升至动态研究

尽管纵向研究是近年来组织行为学与人力资源管理领域研究的新趋势，但一直以来纵向研究设计被批评存在理论与假设不匹配的问题，即研究者常用动态的分析方法去验证假设，却采用静态的理论框架推导假设（Pitariu,

---

❶ CHEN G, PLOYHART R E, THOMAS H C, ANDERSON N, BLIESE P D.The power of momentum: a new model of dynamic relationships between job satisfaction change and turnover intentions [J]. Academy of Management Journal, 2011, 54（1）: 159–181.

❷ SCHAUBROECK J M, PENG A C, HANNAH S T.Developing trust with peers and leaders: impacts on organizational identification and performance during entry [J].Academy of Management Journal, 2013, 56（4）: 1148–1168.

Ployhart，2010）❶，如何对变量之间的动态关系进行理论推导始终是研究者展开纵向研究的难点。本书在进行理论的假设推导时，并未简单复制和移植有关静态层面上研究关系导向型人力资源管理实践的理论，而是将组织行为学领域中追踪变量动态发展的最新研究取向延伸至人力资源管理领域，借助螺旋变化等理论对其演变的动态性进行重点推导，从而使理论模型具有更强大的解释力，突破了以往单纯从静态层面研究的局限，弥补现有本土人力资源管理实践研究的不足，无论是研究的主题，抑或是研究的思路均有一定的前沿性。

二、本书探索了关系实践感知对员工态度的影响机制

揭示员工对关系导向型人力资源管理实践感知的心理历程，探索关系实践感知对员工态度的影响机制是本书拟解决的关键性问题。本书一方面进一步丰富中西方文献阅读量，在熟谙本土文化的基础上，培养对本土独特现象高度的敏感性，尤其是培养对组织中存在的关系现象的独特理解力与解释力；另一方面，借鉴 Kehoe 和 Wright 选择结果变量的三个标准——"关联性""重要性"与"普遍性"（Kehoe & Wright，2013）❷ 来考虑本书变量的选择，该研究有助于我们准确而透彻地阐释中国本土情境中关系导向型人力资源管理实践。

三、本书丰富了中国本土情境下的人力资源管理实践研究

中国人力资源管理研究领域大多注重对西方人力资源管理实践的追随性研究，而对以本土关系为基础的人力资源管理实践的关注较少，尚未形成系统的研究。本书直面中国人力资源管理的现实问题，以"感知的关系导向型人力资源管理实践"作为本书的研究对象，这是中国人力资源管理实践理论本土化研究的重要突破。

❶ PITARIU A H，PLOYHART R E.Explaining change：theorizing and testing dynamic mediated longitudinal relationships［J］.Journal of Management，2010，36（2）：405-429.

❷ KEHOE R R，WRIGH P M.The impact of high-performance human resource practices on employees' attitudes and behaviors［J］.Journal of Management，2013，39（2）：366-391.

1.2.2　实践意义

一、有助于组织管理者换位思考，重新审视中国情境下组织独特的管理现象

本书将有助于组织管理者将目光聚焦于具有本土特色的关系导向型人力资源管理实践，反思组织人力资源管理实践中存在的若干关系现象；有助于组织管理者站在员工的角度进行换位思考，促进管理者自省在人力资源管理过程中是否做到公平与公正；有助于组织管理者在工作情境中进一步保持对员工态度产生变化的心理历程的关注；有助于提高员工士气、改善员工态度，从而提高组织的核心竞争力。

二、有助于促进组织管理者加强对员工的动态管理

员工的关系实践感知并非一成不变的，员工的关系实践感知将会随着时间的推移而发生变化。我们的质性研究证实了员工关系实践感知形成包括触发阶段、阐释解读阶段与感知形成阶段这三个阶段，定量研究也进一步证实了关系实践感知具有动态变化的特征。本书从动态层面证实了员工感知的关系导向型人力资源管理实践的变化对态度的变化起着负面影响作用。本书将有助于管理者意识到关注员工的思想动态变化的重要性，尤其是在员工职业生涯发展的关键时间节点，管理者如何通过加强与员工的沟通，更加清晰地传递人力资源管理信息，从而有助于管理者在审视人力资源管理政策与制度的同时，进一步加强人力资源管理制度的执行力，提高员工的组织公平感，最终积极改善员工态度。

1.3　技术路线与本书结构

1.3.1　技术路线

首先，本书经过前期的积淀思考提出了研究背景与研究问题。其次，采用

文献研究方法，对与本书研究相关的文献进行系统回顾，在此基础上，结合中国的社会文化背景，进一步明确本书研究的核心概念的内涵，构建理论模型，挖掘关系实践感知的前因变量与结果变量，并运用实证研究进行验证。再次，运用质与量相结合的方法，从动态角度探讨关系实践感知的动态演化过程。最后，阐明本书的主要研究结论与管理实践启示。

1.3.2　本书结构

本书的内容结构安排如图 1-1 所示。

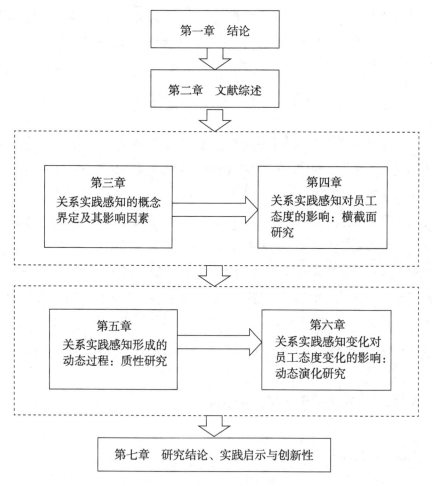

图 1-1 本书内容结构

第一章，绪论。本章从我国人力资源管理实践中关系现象存在的现实背景出发，结合相关理论分析，提出本书的研究问题，并阐述研究意义，根据研究问题明确本书的研究技术路线与本书结构。

第二章，文献综述。本章主要对与研究主题相关的关系实践、工作满意度、组织公平感、工作投入理论文献进行了梳理与评述。首先，以历史演化的视角，剖析了中西方人力资源管理实践的研究路径，对关系实践感知的研究脉络及研究现状进行了梳理；其次，对工作满意度的概念、测量、前因变量与结果变量进行了文献综述；再次，从组织公平感的研究脉络、概念与结构、前因和结果变量等几个方面对组织公平感进行了回顾与评述；最后，回顾了工作投入的研究脉络、概念与结构、前因变量与结果变量。

第三章，关系实践感知的概念界定及其影响因素。理解关系实践感知的概念既是本书的研究起点，也是本书研究的基石。首先，对本土关系的类型进行了探析；其次，选择"文化、管理导向、社会结构格局、管理特征"等若干关键维度，通过将关系导向型人力资源管理实践（关系实践）与高绩效工作系统概念的比较，突出关系实践概念对本土人力资源管理的独特解释力，并以此为基础，从员工视角出发，对本书的核心概念"关系实践感知"的内涵进行了详细阐述。本章还基于新制度主义理论探讨了关系实践感知的前因变量，目的在于探索规模、年龄等因素对员工关系实践感知影响作用。在实证分析阶段，介绍了研究样本的基本信息、变量的测量方式、研究结果。研究结果揭示，组织规模能够显著地正向预测关系实践感知，组织层级数能够显著地负向预测关系实践感知，同时组织权力距离正向影响员工的关系实践感知。

第四章，关系实践感知对员工态度的影响：横截面研究。旨在从横截面的静态研究视角揭示关系实践感知对员工工作态度的影响机制。本章首先从员工关系实践感知对工作态度的主效应、权力距离的调节效应、组织公平感的中介作用等方面提出研究假设，运用问卷调查数据进行量表的信效度分析、相关分析与回归分析，对研究假设进行检验。研究结果表明，关系实践感知对员工的工作投入与满意度具有负向影响作用，组织公平感在自变量与因变量之间的关系中起着中介作用。

第五章与第六章旨在运用质与量的研究探讨关系实践感知形成与发展的动

态过程。第五章着重从意义建构视角考察员工关系实践感知如何形成与发展。根据上述研究目的，运用扎根理论，通过对 25 名员工的访谈获取信息，进行编码，从而构建员工关系实践感知形成的动态模型。在该模型中，员工关系实践感知的形成分为触发阶段、阐释解读阶段与感知形成阶段这三个阶段。

第六章在第五章的基础上进一步以螺旋理论等为基础，从动态视角探讨关系实践感知的变化对员工态度变化的影响机制。在本章中，我们采用多次测量的方法收集数据，并运用潜变化分数模型进行假设的检验。研究结果表明，关系实践感知随着时间的推移而发生变化。

第七章对本书的主要研究结论进行了总结与讨论，阐述了研究所引发的管理实践启示，并说明了本书的创新性。

第二章　文献综述

2.1　关系实践的相关研究

2.1.1　关系实践的研究脉络

Tsui（2006）区分了中国管理学术发展的两种不同演进路径，第一条是"由外而内"（Outside In）的路径——侧重于将其他情境（主要是西方情境）中发展出的管理理论应用于中国情境，第二条是"由内而外"（Inside Out）的路径，即尝试对中国独特的管理现象给予解释。[1] 本研究将依据该分类框架对人力资源管理实践的国内外研究现状及发展动态进行梳理。

一、中国人力资源管理实践研究："由外而内"的路径

1. 西方人力资源管理实践的研究

西方学者对人力资源管理实践的研究起源于战略人力资源管理理论的产生与发展，其核心观点认为，与单个人力资源管理活动相比，组织内部高度一致的一系列人力资源管理政策和活动有助于组织保持持续的竞争优势（Becker & Huselid，2006；Lengnickhall & Lengnickhall，1988）[2][3]，这一系列人力资源管

---

[1] TSUI A S.Contextualization in Chinese management research［J］. Management and Organization Review，2006，2（1）：1-13.

[2] BECKER B E，HUSELID M A.Strategic human resources management：where do we go from here［J］. Journal of Management，2006，32（6）：898-925.

[3] LENGNICKHALL C A，LENGNICKHALL M L.Strategic human-resources management：a review of the literature and a proposed typology［J］.Academy of Management Review，1988，13（3）：454-470.

理政策和活动的集合即称为人力资源管理实践（Human Resource Management Practices，HRMP）。

在行为基础观的视角下，西方学者的研究思路主要从以下几方面展开。

（1）普遍观视角。其基本假设认为无论组织的内外部环境如何，皆存在一种最佳的人力资源管理实践，采用这种人力资源管理实践将会带来组织竞争力的提升。沿此思路，学者们致力于寻找何种实践为最佳人力资源管理实践（Delaney & Huselid，1996；Huselid，1995；Macduffie，1995；Pfeffer，1994）❶❷❸❹；

（2）权变观视角。持这种观点的学者对普遍观的观点提出质疑，他们认为不存在放之四海而皆准的某种最佳实践，组织的人力资源管理实践需要与组织内外部的环境相匹配（Bird & Beechler，1995；Miles & Snow，1984；Schuler & Jackson，1987）❺❻❼；

（3）研究者在上述研究的基础上进一步深化，试图打开人力资源管理实践与组织效能之间关系的黑箱，深入挖掘人力资源管理实践与组织效能之间的影响机制（Batt，2002；Collins & Smith，2006；Takeuchi et al.，2007；Wright，Gardner & Moynihan，2003；Kehoe & Wright，2013；Messersmith et al.，2011；

---

❶ DELANEY J T，HUSELID M A.The impact of human resource management practices on perceptions of organizational performance［J］.Academy of Management Journal，1996，39（4）：949–969.

❷ HUSELID M A.The impact of human – resource management – practices on turnover，productivity，and corporate financial performance［J］.Academy of Management Journal，1995，38（3）：635–672.

❸ MACDUFFIE J P.Human – resource bundles and manufacturing performance – organizational logic and flexible production systems in the world auto industry［J］.Industrial & Labor Relations Review，1995，48（2）：197–221.

❹ PFEFFER J.Competitive advantage through people：unleashing the power of the work force［M］.Boston：Harvard Business School Press，1994.

❺ BIRD A，BEECHLER S.Links between business strategy and human – resource management strategy in united – states – based Japanese subsidiaries：an empirical investigation［J］.Journal of International Business Studies，1995，26（1）：23–46.

❻ MILES R E，SNOW C C.Designing strategic human resources systems［J］.Organizational Dynamics，1984，13（1）：36–52.

❼ SCHULER R S，JACKSON S E.Linking competitive strategies with human resource management practices［J］.The Academy of Management Executive，1987，1（3）：207–219.

Baluch et al.，2013）❶❷❸❹❺❻❼。Wu 与 Chaturvedi 以社会交换理论为基础，对最佳人力资源管理实践如何通过程序公平影响员工的情感承诺与工作满意度进行了跨层次的研究（Wu，Chaturvedi，2009）❽。Takeuchi 等人的一项跨层次研究也表示，组织层面的关心员工氛围在组织层面的最佳人力资源管理实践与员工态度之间起着完全中介的作用（Takeuchi，Chen & Lepak，2009）❾。Alfes 等人发现，工作投入在员工感知的人力资源管理实践与组织公民行为、离职意向之间的关系起着中介作用，而组织支持感与领导成员交换在工作投入与员工的行为之间起着调节作用（Alfes et al.，2013）❿。

2.采用"由外而内"的路径研究中国的人力资源管理实践

西方战略人力资源管理理论引起了众多研究者的关注，逐步引发学者们采用"由外而内"的路径将兴起于西方的人力资源管理实践理论应用于中国组织

❶ BATT R.Managing customer services：human resource practices，quit rates，and sales growth［J］. Academy of Management Journal，2002，45（3）：587–597.

❷ COLLINS C J，SMITH K G.Knowledge exchange and combination：the role of human resource practices in the performance of high‐technology firms［J］. Academy of Management Journal，2006，49（3）：544–560.

❸ TAKEUCHI R，LEPAK D P，WANG H L，TAKEUCHI K.An empirical examination of the mechanisms mediating between high‐performance work systems and the performance of Japanese organizations［J］. Journal of Applied Psychology，2007，92（4）：1069–1083.

❹ WRIGHT P M，GARDNER T M，MOYNIHAN L M.The impact of human resource practices on business‐unit operating and financial performance［J］.Human Resources Management Journal，2003，13（3）：21–36.

❺ KEHOE R R，WRIGH P M.The impact of high‐performance human resource practices on employees' attitudes and behaviors［J］.Journal of Management，2013，39（2）：366–391.

❻ MESSERSMITH J G，PATEL P C，LEPAK D P，GOULD‐WILLIANS J.Unlocking the black box：exploring the link between high‐performance work systems and performance［J］.Journal of Applied Psychology，2011，96（6）：1105–1118.

❼ BALUCH A M，SALGE T O，PIENING E P.Untangling the relationship between HRM and hospital performance：the mediating role of attitudinal and behavioural HR outcomes［J］.International Journal of Human Resource Management，2013，24（16）：3038–3061.

❽ WU P C，CHATURVEDI S.The role of procedural justice and power distance in the relationship between high performance work systems and employee attitudes：a multilevel perspective［J］.Journal of Management，2009，35（5）：1228–1247.

❾ TAKEUCHI R，CHEN G，LEPAK D P.Through the looking glass of a social system：cross‐level effects of high–performance work systems on employees' attitudes［J］.Personnel Psychology，2009，62（1）：1–29.

❿ ALFES K，SHANTZ A D，TRUSS C，SOANE E C.The link between perceived human resource management practices，engagement and employee behaviour：a moderated mediation model［J］. International Journal of Human Resource Management，2013，24（2）：330–351.

之中。

学者们沿着以下思路展开研究：

（1）在普遍观视角下探索中国的最佳人力资源管理实践构成及其对绩效的影响关系（Bjorkman & Fan，2002；Law，Tse & Zhou，2003；Akhtar，Ding & Ge，2008）[1][2][3]。例如，Bjorkman 与 Fan（2002）通过对 62 家外资企业的调查，发现人力资源管理实践与公司的主观绩效呈正相关关系；[4]

（2）在权变观视角下探讨某种人力资源管理实践与情境变量的契合（Wei & Lau，2008；Zhu et al.，2013）[5][6]。学者们分别探讨了战略（谢凌玲，2007）[7]、组织所有权（孙健敏、张明睿，2009）[8]、组织文化（Chow et al.，2009；Wei，Liu & Herndon，2011）[9][10]、战略实施能力（张一弛、李书玲，2008）[11]、员工承诺

[1] BJORKMAN I，FAN X C.Human resource management and the performance of western firms in China［J］．International Journal of Human Resource Management，2002，13（6）：853-864.

[2] LAW K S，TSE D K，ZHOU N.Does human resource management matter in a transitional economy？China as an example［J］.Journal of International Business Studies，2003，34（3）：255-265.

[3] AKHTAR S，DING D Z，GE G L.Strategic HRM practices and their impact on company performance in Chinese enterprises［J］.Human Resource Management，2008，47（1）：15-32.

[4] BJORKMAN I，FAN X C.Human resource management and the performance of western firms in China［J］．International Journal of Human Resource Management，2002，13（6）：853-864.

[5] WEI L Q，LAU C M.The impact of market orientation and strategic HRM on firm performance：the case of Chinese enterprises［J］.Journal of International Business Studies，2008，39（6）：980-995.

[6] ZHU C J，COOPERB K，THOMSON S B，DE CIERI H，ZHAO S M.Strategic integration of HRM and firm performance in a changing environment in China：the impact of organizational effectiveness as a mediator［J］.International Journal of Human Resource Management，2013，24（15）：2985-3001.

[7] 谢凌玲.人力资源管理实践的影响因素［J］.经济管理，2007（13）：56-61.

[8] 孙健敏，张明睿.所有制对高绩效工作系统与员工满意度关系的调节作用［J］.经济理论与经济管理，2009（10）：5-13.

[9] CHOW I H S，LIU S S.The effect of aligning organizational culture and business strategy with HR systems on firm performance in Chinese enterprises［J］.International Journal of Human Resource Management，2009，20（11）：2292-2310.

[10] WEI L Q，LIU J，HERNDON N C.SHRM and product innovation：testing the moderating effects of organizational culture and structure in Chinese firms［J］.International Journal of Human Resource Management，2011，22（1）：19-33.

[11] 张一弛，李书玲.高绩效人力资源管理与企业绩效：战略实施能力的中介作用［J］.管理世界，2008（4）：107-114.

（Sun & Pan，2011）❶、环境动态性（程德俊、赵曙明，2006）❷、管理自治（Wei & Lau，2008）❸等情境变量对人力资源管理实践的影响作用；

（3）探讨最佳人力资源管理实践通过何种机制影响了个体与组织的效能。一些中介变量被相继引入，如组织公民行为（Sun，Aryee & Law，2007）❹、管理信任（程德俊、赵勇，2011）❺、人力资本专用性（程德俊、赵曙明，2006）❻、知识分享（阎海峰、陈灵燕，2010）❼、关心员工氛围（陈万思、丁珏、费晴，2014）❽等。

进一步梳理文献，我们依据时间轴，将采用"由外而内"的路径对此研究的历程划分为"移植性"阶段和"依情境修正"阶段这两大阶段。

在早期的移植性阶段，学者们复制兴起于西方的战略人力资源管理理论，并将其应用于中国情境，检验西方理论在中国是否能得出相同的结论。总体而言，和国外研究相比，高绩效工作系统的有效性在中国并未获得稳健的解释（周禹、曾湘泉，2008）❾，甚至还有文献发现与国外研究相矛盾的结论，例如，"信息分享与工作自主权"是西方最佳人力资源管理实践的核心内容，但对于

---

❶ SUN L，PAN W.Differentiation strategy，high‐performance human resource practices，and firm performance：moderation by employee commitment ［J］.International Journal of Human Resource Management，2011，22（15）：3068‐3079.

❷ 程德俊，赵曙明.高参与工作系统与企业绩效：人力资本专用性和环境动态性的影响［J］.管理世界，2006（3）：86‐93.

❸ WEI L Q，LAU C M.The impact of market orientation and strategic HRM on firm performance：the case of Chinese enterprises ［J］.Journal of International Business Studies，2008，39（6）：980‐995.

❹ SUN L Y，ARYEE S，LAW K S.High‐performance human resource practices，citizenship behavior，and organizational performance：a relational perspective ［J］.Academy of Management Journal，2007，50（3）：558‐577.

❺ 程德俊，赵勇.高绩效工作系统对企业绩效的作用机制研究：组织信任的中介作用［J］.软科学，2011（4）：96‐105.

❻ 程德俊，赵曙明.高参与工作系统与企业绩效：人力资本专用性和环境动态性的影响［J］.管理世界，2006（3）：86‐93.

❼ 阎海峰，陈灵燕.承诺型人力资源管理实践、知识分享和组织创新的关系研究［J］.南开管理评论，2010（5）：92‐98.

❽ 陈介玄，高承恕.台湾企业运作的社会秩序：人情关系与法律［J］.东海学报，1991，32（10）：219‐232.

❾ 周禹，曾湘泉.人力资源管理差异化：理论模式与中国实践［J］.经济与管理研究，2008（10）：54‐59.

现阶段的中国企业却并不是迫切需要的（苏中兴，2010）❶。尽管中西方研究结论的不一致性可能源于不同研究在抽样、工具方法选择等方面的差异（Kim，Wright & Su，2010）❷，但是不可忽视的重要原因之一在于，西方高绩效工作系统的兴起是与西方（尤其是美国）经济社会发展的进程与管理情境相匹配的（苏中兴，2010）❸。基于此，有学者对西方的管理实践是否能完全适用于中国提出质疑（Tsui，2006）❹。

对西方战略人力资源管理理论的反思导致研究者已不再满足于西方人力资源管理理论的简单移植，近年来采用"由外而内"的路径进行中国人力资源管理实践的研究随之进入第二阶段——依情境修正阶段。例如，周禹指出中国同时存在承诺型、合作型、控制型与外包合作型四种人力资源管理实践（Zhou，Zhang & Liu，2012）❺。苏中兴的研究表明，在管理实践中，中国企业采用的并非是以承诺和参与为核心的西方最佳人力资源管理实践体系，而是一种兼顾承诺和控制的人力资源管理系统（Su & Wright，2012）❻。

二、中国人力资源管理实践研究："由内而外"的路径

在与西方管理情境存在较大差异的中国，诸多独特本土现象（如人情、关系等）会导致一些有别于西方国家的有趣的管理现象（李平，2010）❼。伴随着我国管理学本土化运动的兴起，另一些学者开始另辟蹊径，相继运用"由内而外"的方式进行中国人力资源管理实践的研究。

---

❶ 苏中兴. 中国情境下人力资源管理与企业绩效的中介机制研究——激励员工的角色外行为还是规范员工的角色内行为？［J］. 管理评论，2010（8）：76–83.

❷ KIM S，WRIGHT P M，SU Z X.Human resource management and firm performance in China：a critical review［J］.Asia Pacific Journal of Human Resources，2010，48（1）：58–85.

❸ 苏中兴. 中国情境下人力资源管理与企业绩效的中介机制研究——激励员工的角色外行为还是规范员工的角色内行为？［J］. 管理评论，2010（8）：76–83.

❹ TSUI A S.Contextualization in Chinese management research［J］.Management and Organization Review，2006，2（1）：1–13.

❺ ZHOU Y，ZHANG Y，LIU J A.Hybridism model of differentiated human resource management effectiveness in Chinese context［J］.Human Resource Management Review，2012，22：208–219.

❻ SU Z，WRIGHT P M.The effective human resource management system in transitional China：a hybrid of commitment and control practices［J］.The International Journal of Human Resource Management，2012，23（10）：2065–2086.

❼ 李平. 中国管理本土研究：理念定义及范式设计［J］. 管理学报，2010（5）：633–641.

从"关系"到"组织中的关系现象"：现象描述与理论建构。

对中国本土人力资源管理实践的研究，最早源于人们对本土"关系"及"关系现象"的研究。华人社会的关系（Guanxi）与西方语境中的人际关系（Interpersonal Relationship）有较大差异（周丽芳，2006）❶。中国传统社会的格局类似于把一块石头丢进水里之后水面上一圈圈推出去的波纹，即以"己"为中心，依据与自身的亲疏远近而向外伸展的一轮轮关系网络，费孝通将这种格局称为差序格局。而西方语境中的"Relationship"根植于西方宗教思想，在这种格局中，人际交往所遵从的原则是普遍性原则而非特殊原则（费孝通，1985）❷。

在差序格局中，关系取向无疑是中国传统文化的主要特征（何友晖、陈淑娟、赵志裕，1991；金耀基，1988）❸❹，也是分析中国人心理和行为的一个很重要的概念（何友晖、陈淑娟、赵志裕，1991）❺。个人在与他人交往时会依双方关系的远近采取不同的策略行为，这就形成了诸多的关系现象，这种关系现象被证实大量存在于华人社会中（Sue - Chan & Dasborough，2006；Yang，2014；Chen，Chen et al.，2013）❻❼❽。例如，杨国枢认为，对于家人应该讲"责任"，对于熟人应注重"人情"，而对于生人则须辩"利害"（杨国枢，1992）❾。再如，在黄光国构建的"人情与面子"模型中，他以资源请托事件为例，分析了资源支配者如何依据与资源请托者之间的关系亲疏而采取相应的人际互动策略（黄

❶ 周丽芳.华人组织中的关系与社会网络［M］//李原.中国社会心理学评论.北京：社会科学文献出版社，2006：53–86.

❷ 费孝通.乡土中国［M］.北京：生活・读书・新知三联书店，1985.

❸ 何友晖，陈淑娟，赵志裕.关系取向：为中国社会心理方法论求答案［M］//杨国枢，黄光国.中国人的心理与行为.台北：桂冠图书公司，1991：49–66.

❹ 金耀基.人际关系中的人际分析［M］//杨国枢.中国人的心理.台北：桂冠图书公司，1988：75–105.

❺ 何友晖，陈淑娟，赵志裕.关系取向：为中国社会心理方法论求答案［M］//杨国枢，黄光国.中国人的心理与行为.台北：桂冠图书公司，1991，49–66.

❻ SUE - CHAN C，DASBOROUGH M T.The influence of relation - based and rule - based regulations on hiring decisions in the Australian and Hong Kong Chinese cultural contexts［J］.International Journal of Human Resource Management，2006，17（7）：1267–1292.

❼ YANG F.Guanxi human resource management practices as a double - edged sword：the moderating role of political skill［J］.Asia Pacific Journal of Human Resources，2014，52（4）：496–510.

❽ CHEN C C，CHEN X，HHANG S.Chinese guanxi：an integrative review and new directions for future research［J］.Management and Organization Review，2013，9（1）：167–207.

❾ 杨国枢.中国人的社会取向：社会互动的观点［M］//杨国枢，余安邦.中国人的心理与行为：理论与方法篇.台北：桂冠图书公司，1992：110–114.

光国，1988）❶。

同样，在华人组织中，以关系为取向的管理者并非对员工一视同仁，可能会厚此薄彼。那么，在组织的管理中又究竟存在哪些关系现象呢？在对组织的关系现象进行阐述之后，研究者借助于差序格局理论对组织的关系现象进行了更为深入的分析。郑伯埙指出，组织领导会依据"亲""忠""才"的标准将员工归为圈内人或圈外人。较之圈外成员，圈内人与管理者有更频繁的信息交流与情感交流，能够获取更多的工作支持与工作机会（郑伯埙，1995）❷。在差序氛围浓重的团队中，不同成员从资源掌控者处得到的各类资源（包括心理资源）是存在较大差异的（刘军、章凯等，2009）❸。类似地，陈介玄和高承恕也指出，管理者对下级的信任主要取决于下级的个人连带和后天成就（陈介玄、高承恕，1991）❹。Chen 和 Farh（1999）的研究也进一步证实了关系在乡镇企业雇用决策中的作用。❺

2.1.2　关系实践的前因变量

郑伯埙和林家五的研究显示，台湾地区大型家族企业高级管理层和决策层通常是由他的家人以及少数和他有亲信关系的"自己人"所组成，中层管理人员则主要由可作为企业所有者心腹的"自己人"构成，而基层的员工来源一般是与企业所有者没有特殊关系的普通员工（即"陌生人"或"外人"），针对不同类型的员工，组织的人力资源管理方式亦有所差别（郑伯埙、林家五，1999）❻。事实上，根据员工类别的不同采取差异化人力资源管理实践不仅仅局

---

❶ 黄光国.人情与面子：中国人的权力游戏［M］//黄光国.中国人的权力游戏.台北：巨流图书公司，1988：7-55.

❷ 郑伯埙.差序格局与华人组织行为［J］.本土心理学研究，1995（3）：142-219.

❸ 刘军，章凯，仲理峰.工作团队差序氛围的形成与影响：基于追踪数据的实证分析［J］.管理世界，2009（8）：92-101+188.

❹ 陈介玄，高承恕.台湾企业运作的社会秩序：人情关系与法律［J］.东海学报，1991，32（10）：219-232.

❺ CHEN Z X，FARH J L.Human resources management practices in China：township and village enterprises versus sino-foreign joint ventures［J］.Journal of Transnational Management Development，1999，4：45-65.

❻ 郑伯埙，林家五.差序格局与华人组织行为：台湾大型民营企业的初步研究［J］."中央研究院"民族学研究所集刊，1999（86）：29-72.

限于家族企业，在特殊主义盛行的中国，管理者天然就有招聘具有关系基础或与其具有良好关系品质的"自己人"的倾向和偏好，与之伴随的是员工的晋升机会、薪酬管理、培训机会等各方面的差异化管理。Law 等学者的研究指出，上级与下级的私人关系品质能影响主管的管理决策，如对下级的晋升机会、奖金分配、工作安排等（Law，Wong，Wang，et al.，2000）❶。

从提升关系品质的角度出发，哪些因素会对上下级关系质量的好坏产生影响？Wei，Liu 和 Chen 等将下级个人的政治技能纳入上下级关系的研究框架中。研究收集了 16 家制造型企业中的 343 个员工、662 个同事及 343 个直接领导的配对数据，运用多层线性分析模型，他们发现员工的政治技能对其与上级的关系有正面影响，同时良好的上下级关系又有助于个人在组织中职业生涯的成功。因此，在中国情景下，为了获取个人职业生涯的成功，员工有必要通过提升政治技能来促进其与上级关系品质的提升。❷

2.1.3　关系实践的结果变量

既然在管理中存在依关系品质影响人力资源管理决策的现象，那么这种以关系为基础的人力资源管理实践是否会影响组织员工的态度或行为？这一问题更应引起我们的关注。如果答案是肯定的，那么这种影响是正面的还是负面的？这些议题亦值得进一步的探讨。

一、信任

从现有文献来看，目前研究者大多认为关系导向型人力资源管理实践与员工态度或行为呈负相关关系。一些研究从关系基础的角度探讨关系对信任的影响。例如，Farh，Tsui 和 Xin（1998）考察了同学、亲戚、同姓、同乡、同

---

❶ LAW K S，WONG C，WANG D，et al.Effect of supervisor - subordinate guanxi on supervisory decisions in China：an empirical investigation［J］.International Journal of Human Resource Management，2000，11（4）：751–765.

❷ WEI L Q，LIU J，CHEN Y Y，et al. Political skill，supervisors - subordinate guanxi and career prospects in chinese firms［J］. Journal of Management Studies，2010，47（3）：437–454.

事、师生、前上下级和邻里关系这八种关系基础对信任的影响。❶研究结果表明，亲戚、邻里关系这两类特殊联系的关系与对上级的信任显著相关。Chen，Chen 和 Xin（2004）以程序正义观为基础，讨论了关系型人力资源管理实践（Guanxi HRM）对管理信任的影响机制。研究中运用"通过关系进入公司、依靠关系获得晋升、薪酬与奖金依靠关系来决定、基于关系的任务分配、绩效评估受关系好坏的影响"五项条目来测量人力资源管理中的关系实践。研究结果发现了关系型人力资源管理实践对员工管理信任的负面影响。研究还发现，关系型人力资源管理实践的负面作用会因关系基础的不同而改变，例如上司对亲戚或同乡差别化的特殊对待会降低下级对上级的信任感，而上级对同学或好友的照顾却不会影响下级对上级的信任。❷

二、组织公民行为

由于关系基础到关系成分的推论不够清晰（周丽芳，2006）❸，所以一些学者另辟蹊径，从关系品质的视角讨论关系与产出之间的联系。Lin 和 Ho 讨论了关系对组织公民行为的影响作用。研究发现，面子与情感对组织公民行为中的组织认同、利他行为与敬业精神三维度均有显著影响（Lin & Ho，2010）❹。

亦有文献对上下级关系与角色外行为——"谏言"之间的影响机制展开了研究。汪林等人通过以中国本土家族企业高层领导及其下属经理人为配对样本的研究证明，在个体层面上，下属与高层领导的关系和下属"谏言"显著正相关，组织自尊与内部人身份认知在两者间起完全中介作用；在团队层面上，威权领导对组织自尊与经理人"谏言"的关系具有跨层次的调节作用，即在弱威权领导的团队中，组织自尊与经理人"谏言"的相关关系较强，而在强威权领

❶ FARH J，TSUI A S，XIN K，et al.The influence of relational demography and guanxi：the Chinese case［J］.Organization Science，1998，9（4）：471–488.
❷ CHEN C C，CHEN Y，XIN K.Guanxi practices and trust in management：a procedural justice perspective［J］.Organization Science，2004，15（2）：200–209.
❸ 周丽芳.华人组织中的关系与社会网络［M］// 李原.中国社会心理学评论.北京：社会科学文献出版社，2006：53–86.
❹ LIN L，HO Y.Guanxi and OCB：The Chinese cases［J］.Journal of Business Ethics，2010，96（2）：285–298.

导的团队中，两者的相关关系较弱（汪林、储小平、黄嘉欣等，2010）❶。

三、程序公平

一项对国有企业的调查表明，当员工越相信与管理者私人关系的好坏会影响绩效评估时，员工越会对企业实施的以绩效为基础的薪酬制度持消极态度（Bozionelos & Wang，2007）❷。如 Chen，Chen 与 Xin（2004）的研究结果显示，在关系导向型人力资源管理实践与员工管理信任的负面关系中，员工感知的程序公平充当了中介作用。沿此思路，Chen 等人运用跨层次的方法探讨了组织层面的关系导向的人力资源管理实践对员工感知的程序公平的负面影响（Chen & Friedman et al.，2011）❸。

随着研究的不断深入，研究者对关系实践感知的结果变量研究范围从单一结果变量扩展到多元的结果变量。最近的一项研究表明，以关系为导向的人力资源管理实践在态度方面会降低员工对组织的信任、程序公平感和情感承诺，对组织公平与情感承诺之间关系起负向调节作用；在行为方面，尽管看起来对员工创新行为有显著的正面影响，但无益于员工内在工作动机和对组织忠诚感的培养（樊耘、颜静、张旭，2014）❹。

2.1.4　研究述评

目前关系实践的相关研究取得了初步的进展，但总体而言，关系实践的相关研究存在以下需要拓展之处。

首先，研究的内涵不够清晰，这在一定程度上制约了未来研究的深度与

❶ 汪林，储小平，黄嘉欣，等.与高层领导的关系对经理人"谏言"的影响机制——来自本土家族企业的经验证据［J］.管理世界，2010（5）：108–117+140.

❷ BOZIONELOS N，WANG L.An investigation on the attitudes of Chinese workers towards individually based performance–related reward systems［J］.International Journal of Human Resource Management，2007，18（2）：284–302.

❸ CHEN Y，FRIEDMAN R，YU E H，SUN F B.Examining the positive and negative effects of guanxi practices：a multi-level analysis of guanxi practices and procedural justice perceptions［J］.Asia Pacific Journal of Management，2011，28（4）：715–735.

❹ 樊耘，颜静，张旭.组织公平与人力资源管理关系实践的交互作用机制研究［J］.预测，2014（1）：15–20.

广度。

其次，既有研究重视从管理者视角评价组织的人力资源管理实践，然而却忽视了员工对组织人力资源管理实践的主观感受，从员工视角研究人力资源管理中的关系实践，将成为未来人力资源管理研究的新兴关注点。

再次，尽管有研究者关注过关系实践对员工态度的影响机制，但研究人员只对少数变量进行过考察，难以深入揭示关系实践对人力资源管理的影响机制。

最后，与传统的主流人力资源管理研究类似，已有文献主要从静态层面考察关系实践，从动态视角展开关系实践的研究鲜有涉及。事实上，关系实践的感知会因时间的推移而逐渐发生变化，通过探讨关系实践感知的动态性，并进一步对此进行纵向研究，必将是一个全新发展的领域。

2.2 工作满意度的相关研究

2.2.1 工作满意度的概念

对工作满意度（Job Satisfaction）的研究最初起源于 20 世纪二三十年代由梅奥主持开展的霍桑实验。梅奥等人研究发现：员工在工作中产生的情绪体验会对其行为产生影响，组织中的人际关系会影响生产效率，也就是说，心理因素和社会因素是影响工作满意度与生产效率的主要因素，而工作满意度对员工的生产效率又起着重要的影响作用。❶ 该实验结果提出后，引起了一轮关于工作满意度的研究热潮。

一般认为，工作满意度的定义最早出现在 1935 年美国学者 Hoppock 著的《工作满意度》一书中，是指"员工基于生理和心理体验对所处工作环境产生的满意感"（Hoppock，1935）❷。该观点提出后受到心理学和组织行为学等领域的高度重视，学者们开始从不同角度研究工作满意度的性质、内涵与外延。

---

❶ ［美］梅奥．工业文明的人类问题［M］．陆小斌，译．北京：电子工业出版社，2013.

❷ HOPPOCK R.Job satisfaction［M］.New York：Harper and Row，1935：16.

Vroom 将工作满意度定义为对工作的主观情感，认为是"员工对自己在所处组织中扮演的角色的感受或情绪性反应"，若员工反应积极则表明工作满意度高，反之，若反应消极则表明工作满意度低（Vroom，1964）❶。与 Hoppock 相比，Vroom 的定义更加强调员工心理层面的主观感受。Locke 也关注心理方面的反应，并且提出工作满意度受多种因素影响，进一步扩展了研究范围。他认为工作满意度是"员工对其所从事的工作及工作经历进行正面评价后产生的愉快的、积极的情绪反应，这种情绪源于员工工作价值的实现"（Locke，1969）❷。国内学者卢嘉、时勘和杨继峰也认同工作满意度是员工对其工作或工作经历进行评价后的态度反应，并且将之区别于员工对生活或对个人职业发展的满意情绪（卢嘉、时勘、杨继峰，2001）❸。

Weiss 认为仅将工作满意度定义为情感是不恰当的，满意度包含多种心理因素，单从一个角度无法完整界定其内涵，应当分别从对工作的评价判断、情感体验和工作信念三个角度进行界定（Weiss，2002）❹。Ilies 和 Judge 在 Weiss 基础上进一步厘清了认知、情感和评价三者在工作满意度中的关系，他们认为工作满意度指"员工个体对工作积极或消极的评价，这种评价是同时基于个体对工作的认知和情感作出的"（Ilies & Judge，2004）❺。何玲赞同 Ilies 和 Judge 的观点，认为工作满意度的核心是评价作用，并且这种评价包括认知和情感两部分（何玲，2017）❻。

Luthans 对工作满意度的总结有助于揭示其内涵。根据 Luthans 的研究，与工作满意度相关的重要因素有三个：一是员工的工作满意度是对工作情况的一种情感反应；二是满意度取决于结果达到或超过预期的程度，若员工觉得

---

❶ VROOM V H.Work and Motivation ［M］.New York：John Wiley and Sons，1964.

❷ LOCKE E A.What is job satisfaction ［J］. Organisational Behavior and Human Performance. 1969（4）：309-336.

❸ 卢嘉，时勘，杨继峰 . 工作满意度的评价结构与方法 ［J］. 中国人力资源开发，2001（1）：15-17.

❹ WEISS H M.Deconstructing job satisfaction separating evaluations，beliefs and affective experiences ［J］. Human Resources Management Review，2002，2：173-194.

❺ ILIES R，JUDGE T A.An experience‐sampling measure of job satisfaction and its relationships with affectivity，mood at work，job beliefs，and general job satisfaction ［J］.European Journal of Work and Organizational Psychology，2004，13：367-389.

❻ 何玲 . 城市快递员离职现象探究——基于工作满意度与组织承诺的关系视角 ［J］. 中国青年研究，2017（4）：12-19.

自己比其他同事更为努力但得到的补偿却更少，可能会导致该员工满意度降低；三是工作本身、薪酬、晋升机会、监督和同事等工作特征与满意度相关（Luthans，1998）❶。

国内对工作满意度的研究起步较晚，2002 年后相关文献才开始逐渐增多。众多学者对员工工作满意度进行研究，然而学者们基于不同的研究对象、目的和侧重点作出的定义描述不尽相同，因此这一概念尚未形成统一标准。表 2-1 列举了近年来国内外学者们对工作满意度所作的内涵界定，从不同角度分析了工作满意度的重要特征。

表 2-1　工作满意度的概念内涵

研究者	年份	工作满意度定义
Hoppock	1935	员工基于生理和心理体验对所处工作环境产生的满意感 ❷
Vroom	1964	员工对其目前所作角色的感受或情绪性反应，如对工作持正向态度，则表示工作满意；反之若持负向态度，则表示不满意 ❸
Porter & Lawler	1968	员工根据自身对工作性质、工作环境和整体工作的感受产生自己应得回报与实际获得的回报之间的差距，进而产生的感受和感情 ❹
Smith & Hulin	1969	员工对工作的情绪或情感反应，在日常工作中员工获得的实际报酬与员工自身认为应获得的报酬的差距 ❺
Locke	1969	员工通过评估自己的工作或工作经历而产生的一种愉快或乐观的情绪状态，这种情绪源于员工工作价值的实现 ❻
Hackman & Oldham	1975	员工对其工作感到满意和愉快的程度 ❼
Brief	1989	员工对其工作的态度 ❽

❶　LUTHANS F.Organizational behavior（8th ed.）[M].Boston：Irwin McGraw - Hill，1998.

❷　HOPPOCK R.Job satisfaction [M].New York：Harper and Row，1935：16.

❸　VROOM V H.Work and motivation [M].New York：John Wiley and Sons，1964.

❹　PORTER，LAWLER.What job attitudes tell about motivation [J].Harvard Business Review，1968，45（1）：118–126.

❺　SMITH P C，KENDALL L M，HULIN C L.Measurement of satisfaction in work and retirement [M].Chicago：Rand McNally，1969：1–7.

❻　LOCKE E A.What is job satisfaction [J].Organisational behavior and human performance，1969（4）：309–336.

❼　HACKMAN J R，OLDHAM G R.Development of the job diagnostic survey [J].Journal of Applied Psychology，1975，60（2）：159–170.

❽　BRIEF A P，ROBERSON L.Job attitude organization: an exploratory study [J].Journal of Applied Social Psychology，1989（19）：717–727.

续表

研究者	年份	工作满意度定义
Agho	1993	员工个体对其工作效果的评价❶
Robbins	1997	员工对其所从事的工作的一种态度❷
卢嘉、时勘、杨继峰	2001	员工对其工作或工作经历进行总体评估后形成的相对稳定的态度，不同于生活满意度❸
Weiss	2002	员工对其所从事的工作或工作环境的评价❹
Ilies & Judge	2004	员工对其工作进行综合评估后形成的正面评价或负面评价，其中既包含员工的认知评价也包含情感反馈❺
刘凤瑜、张金成	2004	员工通过评估自己所从事的工作或任职以来的工作体验所获得的积极情感❻
Wright	2007	员工在工作过程中产生的心理感受或情感反馈❼
何玲	2017	员工对其所从事的工作是否满意的一种态度和情感❽

　　总体而言，学者们对工作满意度的界定可以分为两类：一类是指对工作的情绪反应，即员工对工作本身和工作环境产生的主观情绪；一类是指对工作的态度，即员工通过对其从事的工作进行认知评价后形成的态度。也有学者将二者相结合，认为员工的满意度中既包含对工作的认知评价也包含对工作的情感反馈（Smith，1969）❾。

❶ AGHO A，MUELLER C，PRICE J.Determinants of employee job satisfaction: an empirical test of a causal model［J］.Human Relations，1993，46（1）：1007–1027.
❷ ［美］斯蒂芬·P. 罗宾斯 . 组织行为学［M］. 孙建敏，等译 . 北京：中国人民大学出版社，1997.
❸ 卢嘉，时勘，杨继峰 . 工作满意度的评价结构与方法［J］. 中国人力资源开发，2001（1）：15–17.
❹ WEISS H M.Deconstructing job satisfaction separating evaluations，beliefs and affective experiences［J］. Human Resources Management Review，2002，2：173–194.
❺ ILIES R，JUDGE T A.An experience - sampling measure of job satisfaction and its relationships with affectivity，mood at work，job beliefs，and general job satisfaction［J］.European Journal of Work and Organizational Psychology，2004，13：367–389.
❻ 刘凤瑜，张金成 . 员工工作满意度调查问卷的有效性及民营企业员工工作满意度影响因素研究［J］. 南开管理评论，2004，7（3）：92–104.
❼ WRIGHT H A，CROPANZANO R，BONETT D G.The moderating role of employee positive well being on the relation between job satisfaction and job performance［J］.Journal of Occupational Health Psychology，2007（12）：93–104.
❽ 何玲 . 城市快递员离职现象探究——基于工作满意度与组织承诺的关系视角［J］. 中国青年研究，2017（4）：12–19.
❾ SMITH P C，KENDALL L M，HULIN C L.Measurement of satisfaction in work and retirement［M］. Chicago：Rand McNally，1969：1–7.

　　台湾地区学者徐光中对工作满意度的归纳总结具有一定代表性，目前学术界对他的分类方式认同度较高。他认为学者们的定义可归纳为三种类型，即综合性定义、期望差距性定义和参考架构性定义（徐光中，1977）❶。（1）综合性定义。这类定义从整体角度出发，综合探讨工作满意度的整体内涵，而不具体划分其内部各构成要素的特征，认为工作满意度是指员工对其所从事的工作或工作环境的总体性评价（Hoppock，1935）❷，包含对工作环境各要素的整体评估。（2）期望差距性定义。持这种定义的学者主要基于期望与实际的差距来对员工满意度进行定义（Porter & Lawler，1968；Simonnet et al.，2005；卢嘉等，2001；Vroom，1964；Smith et al.，1969）❸❹❺❻❼，认为工作满意度取决于员工对预期效果和实际情况进行比较，若比较结果是二者相差过大，员工很容易产生消极不满情绪，若结果是二者十分相近甚至实际情况优于预期，则员工的满意感会明显提高。（3）参考架构性定义。这类定义认为员工的满意程度主要取决于个体对工作特性的主观认知，而这种主观认知受到个体自我参考架构的影响。

　　总体来说，综合性定义能够快速从整体上把握工作满意度的内涵和实质，但缺乏对具体特征的解释，无法深入研究各个方面、形成原因及影响过程等。期望差距性定义建立在比较之上，但由于员工个体间差异较大、情况复杂，这种实际与预期之间的比较很难衡量。参考架构性定义是学者们较多采用的定义类型。

---

❶　徐光中．工厂工人的工作满足及其相关因子之探讨［J］．"中央研究院"民族学研究所集刊，1977，（43）：26–27.

❷　HOPPOCK R.Job satisfaction［M］.New York：Harper and Row，1935：16.

❸　PORTER，LAWLER.What job attitudes tell about motivation［J］.Harvard Business Review，1968，45（1）：118–126.

❹　SIMONNET V，LE'VY–GARBOUA L，MONTMARQUETTE C.Job satisfaction and quits［J］.Labour Economics，2005（2）：251–268.

❺　卢嘉，时勘，杨继峰．工作满意度的评价结构与方法［J］.中国人力资源开发，2001（1）：15–17.

❻　VROOM V H.Work and motivation［M］.New York：John Wiley and Sons，1964.

❼　SMITH P C，KENDALL L M，HULIN C L.Measurement of satisfaction in work and retirement［M］.Chicago：Rand McNally，1969：1–7.

2.2.2　结构与测量

为进一步推动关于工作满意度的研究，学者们积极开展对这一概念维度和测量的探索。由于学者们在研究设计中的变量选择不同、研究情境不同，对工作满意度的维度划分方式也不尽相同。关于工作满意度的维度划分，国内外学者有多种学派。

有学者认为工作满意度只具有一个维度，将其看作一个整体水平进行衡量即可。Adler 通过提出一般性的问题了解员工的总体满意度，如"我感觉自己在工作中很愉快"等，根据员工对问题肯定或否定的回答来判断其满意程度（Alder et al.，1985）[1]。但 Kalleberg 反对单维度的划分方式，他认为单维度测量是基于工作满意度是单维概念的假设前提，然而实际上工作满意度是一个多维概念，将工作满意度看作单一整体进行测量虽然操作简单，但无法准确测量员工满意度的各个方面，存在一定局限（Kalleberg，1977）[2]。

Herzberg 考虑到员工对工作本身和工作环境的不同态度，提出工作满意度可分为内源性和外源性两种类型。内源性工作满意度是人们对工作本身的感受，如工作胜任能力、工作成就感等。外源性工作满意度是人们对外部工作环境的感受，如同事协作和领导管理等（Herzberg，1959）[3]。Dineen 等人同样是基于内外部角度进行划分，但与 Herzberg 不同的是，他们区分了外部关注的工作满意度和内部关注的工作满意度。外部关注的满意度反映了员工对工作的一般态度，而内部关注的满意度被定义为员工与其工作单位中的其他人一起工作获得乐趣的程度。"外部"和"内部"属性表示员工的态度目标是涵盖整个

---

[1] ALDER S，SKOV R，SAIVEMINI S.Job characteristics and job satisfaction：when becomes consequence [J].Organization Behavior and Human Decision Procession，1985，35：266-278.

[2] KALLEBERG A L.Work values and job rewards：A theory of job satisfaction [J].American Sociological Review，1977，42：124-143.

[3] HERZBERG F，MAUSNER B，SNYDERMAN B.The motivation to work [M].New York：John Wiley and Sons，1959.

工作环境，还是分别针对不同的工作单元（Dineen et al.，2007）❶。

1967 年明尼苏达大学的研究者 Weiss 等人编制了明尼苏达满意度量表（MSQ），得到学者们的广泛认可与应用。他们根据不同情况分别制定了长式和短式两种量表。长式量表的题目数量较多，能够详细测量出员工对工作各个方面的满意程度。短式量表仅有 20 道题，整体 α 系数为 0.85~0.91，具有相当信度，因此在实际调查中主要使用短式量表进行测量（聂林，2014）❷。

Smith 等人从工作本身、工资、晋升、领导监督和工作伙伴五个维度对工作满意度进行定义，并在此基础上共同编制了工作描述指数量表（JDI）。每个维度下包含若干个细项，答题者根据自身实际情况为每一项打分，分数加总即可得到员工的总体满意度（Smith，Kendall，Hulin，1969）❸。Vroom 在 Smith 的基础上增添了工作内容和工作环境两个维度（Vroom，1964）❹。Locke 进一步丰富了工作满意度的构成维度，将其分为十个方面，增加了认可、自我等与个体心理有关的因素（Locke，1969）❺。

Spector 在工作描述指数量表的基础上新增了额外福利、报酬激励、工作环境、沟通四个维度，编制了工作满意度调查量表（JSS），用于测量员工个人对工作的态度。每个维度包含四个指标，通过对各指标求和可以得到员工总体满意度（Spector，1985）❻。

我国学者卢嘉、时勘和杨继峰在西方学者的研究基础上结合中国文化背景，编制出适用于我国员工的工作满意度量表，该量表具有较好的信度和效度，并通过实证检验证明该量表与明尼苏达满意度调查表的相关水平显著。他们认为工作满意度的维度有"工作本身、企业形象、上司领导、工作回报和协

❶ DINEEN B R, NOE R A, SHAW J D, DUFFY M K, WIETHOFF C.Level and dispersion of satisfaction in teams：Using foci and social context to explain the satisfaction-absenteeism relationship［J］.Academy of Management Journal，2007，50：623-643.

❷ 聂林.学习型组织文化、工作满意度对组织承诺的影响研究［D］.济南：山东大学，2014.

❸ SMITH P C, KENDALL L M, HULIN C L.Measurement of satisfaction in work and retirement［M］. Chicago：Rand McNally，1969：1-7.

❹ VROOM V H.Work and motivation［M］.New York：John Wiley and Sons，1964.

❺ LOCKE E A.What is job satisfaction［J］. Organisational Behavior and Human Performance，1969（4）：309-336.

❻ SPECTOR P E.Measurement of human service staff satisfaction：development of the job satisfaction survey［J］.American Journal of Community Psychology，1985，13：693-713.

同工作"五个方面（卢嘉、时勘、杨继峰，2001）❶，与工作描述指数量表的维度划分基本一致，增加了企业形象的内容。

　　表2-2列举了学者们对工作满意度结构维度的划分与主要观点，可以看出，工作满意度的研究从单维度到多维度逐渐细化，同时对各个维度的设计逐渐科学化，为准确测量不同类型、不同情境下的员工工作满意度提供了基础。从目前来看，五维结构模型的应用最广泛。

表 2-2　工作满意度的结构维度

维度	研究者	概念结构
单维	Alder（1985）	单维结构❷
二维	Herzberg（1959）	内源性工作满意度、外源性工作满意度❸
	Dineen（2007）	内部关注的满意度、外部关注的满意度❹
三维	Weiss（1964）	内部满意度、外部满意度、一般满意度❺
	阳芳（2016）	工作适应、组织制度认可、离职倾向❻
四维	欧阳振安、谭洪芳（2012）	工作本身、工作回报、工作伙伴、工作环境❼

❶ 卢嘉，时勘，杨继峰.工作满意度的评价结构与方法［J］.中国人力资源开发，2001（1）：15-17.

❷ ALDER S, SKOV R, SAIVEMINI S.Job characteristics and job satisfaction: when becomes consequence［J］.Organization Behavior and Human Decision Procession，1985，35：266-278.

❸ HERZBERG F, MAUSNER B, SNYDERMAN B.The motivation to work［M］.New York: John Wiley and Sons，1959.

❹ DINEEN B R, NOE R A, SHAW J D, DUFFY M K, WIETHOFF C.Level and dispersion of satisfaction in teams: Using foci and social context to explain the satisfaction - absenteeism relationship［J］.Academy of Management Journal，2007，50：623-643.

❺ WEISS D J, DAWIS R V, ENGLAND G W, et al.Construct validation studies of the minnesota importance questionnaire［J］.Eurasia Journal of Mathematics Science & Technology Education，1964，5（2）：103-118.

❻ 阳芳.组织信任对新员工工作满意度影响的实证研究［J］.江西社会科学，2016（6）：210-216.

❼ 欧阳振安，谭洪芳.微型企业员工满意度评价指标构建及测算［J］.统计与决策，2012（23）：57-59.

续表

维度	研究者	概念结构
五维	Smith（1969）	工作本身、晋升、上级监督、报酬、工作伙伴 ❶
	Porter（1998）	自尊的满足、安全的满足、独立的满足、社会的满足、自我实现的满足 ❷
	卢嘉、时勘、杨继峰（2001）	工作本身、企业形象、上级主管、工作回报、工作协作 ❸
	邢占军、张友谊、唐正风（2001）	物资、社会关系、自身状况、家庭生活、社会变革 ❹
	白彦壮（2004）	工作回报、工作内容、工作条件、人际关系、发展前景 ❺
七维	Vroom（1964）	组织、升职、工作内容、上级主管、待遇报酬、工作环境、同事 ❻
九维	Spector（1985）	工作本身、升职、薪水、领导、额外福利、报酬激励、工作环境、同事、沟通 ❼

2.2.3　前因变量

霍桑实验研究发现，组织中应有满意度和生产率两个目标，员工的工作满意度提升会带来更高的生产率。❽此后，如何提升员工满意度逐渐成为人们研究的重心。随着工作满意度概念维度、测量工具研究的不断成熟，学者们开始从不同视角对其前因变量展开分析，试图揭示工作满意度的形成机制。

Hoppock 是早期关注工作满意度的学者之一，他提出工作满意度的影响因素有疲劳情况、工作单调性、工作条件和领导方式四个方面（Hoppock，

❶ SMITH P C，KENDALL L M，HULIN C L.Measurement of satisfaction in work and retirement［M］. Chicago：Rand McNally，1969：1-7.

❷ PORTER M E. Clusters and the new economics of competition［J］. Harvard Business Review，1998，76（6）：77-90.

❸ 卢嘉，时勘，杨继峰.工作满意度的评价结构与方法［J］.中国人力资源开发，2001（1）：15-17.

❹ 邢占军，张友谊，唐正风.国有大中型企业职工满意感研究［J］.心理科学，2001（2）：191-193.

❺ 白彦壮.公共管理部门员工满意度与激励理论与方法研究［D］.天津：天津大学，2004.

❻ VROOM V H.Work and Motivation［M］.New York：John Wiley and Sons，1964.

❼ SPECTOR P E.Measurement of human service staff satisfaction: development of the job satisfaction survey［J］.American Journal of Community Psychology，1985，13：693-713.

❽ ［美］梅奥.工业文明的人类问题［M］.陆小斌，译.北京：电子工业出版社，2013.

1935）❶。他的研究主要是从工作内容及工作条件角度对工作满意度的影响因素进行研究，而没有考虑员工个体心理因素的影响。1959 年，美国学者 Herzberg 扩展了有关个人心理需求的因素，提出关于工作满意度的双因素理论。他认为影响员工满意度的因素有两类，分别是保健因素与激励因素。保健因素能够消除员工不满，如薪酬、工作条件、公司政策制度等。而激励因素能够满足员工的工作需求，使其感到满意，从而更加积极主动投入工作，如工作本身、取得成就、个人发展空间等，这类因素的满足能够有效提高员工的工作满意度（Herzberg et al.，1959）❷。Adams 提出工作满意度会受到公平感的影响。员工不仅重视报酬的绝对值，还重视其相对值，员工收到工资后会进行横向比较和纵向比较，将自己所得报酬与所作贡献的比率和他人或和自己过去的报酬与贡献之比进行比较，由此产生的不公平感将降低工作满意度（Adams，1965）❸。Locke 对工作满意度进行详细研究后，在前人研究的基础上进一步拓展了工作满意度的影响因素，在工作环境之外引入了组织外成员这一变量（Locke，1969）❹。

　　20 世纪 80 年代以来，国内研究者逐渐开始结合我国文化背景探索员工工作满意度的影响因素。俞文钊以 128 名合资企业员工为对象进行调查，研究合资企业员工满意度的影响因素（俞文钊，1996）❺。卢嘉、时勘、杨继峰基于我国国情，提出影响员工满意度的因素分别是工作本身、工作回报、工作协作、领导行为、企业管理措施（卢嘉、时勘、杨继峰，2001）。❻白彦壮对公共管理部门工作人员的工作满意度进行调查，认为除工作相关因素以外，个人发展前景也会影响员工满意度（白彦壮，2004）❼。田立法区分了工作满意度的内生致因与外生致因，从开放系统角度分析工作满意度的五维外生影响因素，分别

❶ HOPPOCK R.Job satisfaction［M］.New York：Harper and Row，1935：16.
❷ HERZBERG F，MAUSNER B，SNYDERMAN B.The motivation to work［M］.New York：John Wiley and Sons，1959.
❸ ADAMS J S.Inequity in social exchange［J］.Advances in Experimental Social Psychology，1965，2（4）：267–299.
❹ LOCKE E A.What is job satisfaction［J］.Organisational Behavior and Human Performance，1969（4）：309–336.
❺ 俞文钊.合资企业的跨文化管理［M］.北京：人民教育出版社，1996.
❻ 卢嘉，时勘，杨继峰.工作满意度的评价结构与方法［J］.中国人力资源开发，2001（1）：15–17.
❼ 白彦壮.公共管理部门员工满意度与激励理论与方法研究［D］.天津：天津大学，2004.

为工作情境、人格、社会性、工作时间和家庭（田立法，2019）[1]。

综上可知，学者们从不同角度、基于不同的目标进行实证研究，提出了工作满意度的诸多影响因素，本书通过梳理文献将其归纳整合为以下几个方面。

第一，工作因素。工作满意度是员工对其所从事工作的满意程度（Hoppock，1935）[2]，因此工作本身因素必然对员工的满意度有着重要影响。（1）工作内容。工作内容是主要影响因素。重要的、富有挑战性的工作任务能充分调动员工积极性，从而提高工作满意度（汪传艳、任超，2016）[3]。（2）工作投入。表示员工心理上对工作的认同，将专注、积极、奉献作为工作价值观的个人反应（Rusbult，Farrell，Rogers & Mainous，1988）[4]。工作投入与工作满意度存在显著正相关性，员工为组织发展所投入的时间和精力越多，越容易获得成就感和满足感，也能激励员工继续为组织做出贡献（王永丽、邓静怡、何熟珍，2009）[5]。（3）工作回报。工作回报不仅包括薪酬、福利等物质奖励，也包括职业发展、绩效认可等精神回报，是员工感到有价值的东西和手段的集合。薪酬、福利等因素能够直接影响工作满意度（杨玉梅、李梦薇、熊通成等，2017）[6]，其中薪酬对员工满意度的影响最大（张士菊、廖建桥，2007）[7]。薪酬是个人需要层次中最基础也最不可回避的一种，员工从工作中获得的工资水平越高，满意度也会随之增强。

第二，组织公平。指组织分配过程及分配结果的公平情况，组织公平对工作满意度具有显著的积极作用（孙汉银，2009）[8]。（1）分配公平。薪酬福利虽

---

[1] 田立法.工作满意度的五维外生致因：孰轻孰重？[J].外国经济与管理，2019，41（9）：75-89.

[2] HOPPOCK R.Job satisfaction [M].New York：Harper and Row，1935：16.

[3] 汪传艳，任超.博士后工作满意度影响因素的实证研究 [J].科技管理研究，2016，36（21）：41-46.

[4] RUSBULT C E，FARRELL D，ROGERS G，MAINOUS III A G.Impact of exchange variables on exit，voice，loyalty，and neglect：an integrative model of responses to declining job satisfaction [J].Academy of Management Journal，1988，31（3）：599-627.

[5] 王永丽，邓静怡，何熟珍.角色投入对工作满意度和生活满意度的影响 [J].管理评论，2009，21（5）：61-69.

[6] 杨玉梅，李梦薇，熊通成，等.北京市事业单位人员总报酬对工作满意度的影响——薪酬公平感的中介作用 [J].北京行政学院学报，2017（1）：76-83.

[7] 张士菊，廖建桥.员工工作满意度各维度对整体满意度的影响研究 [J].科学学与科学技术管理，2007（8）：184-188.

[8] 孙汉银.组织公平对组织政治知觉与工作满意度之间关系的调节作用——以北京市中学教师为例 [J].北京师范大学学报·社会科学版，2009（1）：60-67.

然能提高员工满意度，但如果分配结果不能让员工感受到公平，满意度也会大打折扣。差距理论认为员工会将自己实际获得的工资与预期应获得的工资进行比较，若实际结果与预期差距过大将导致工作满意度下降（Lawler，1970）❶。公平理论认为工作满意度取决于员工将自己所得报酬与贡献和他人进行比较，若感到分配结果不公平，满意度就会降低（Adams，1965）❷。（2）程序公平。有多名学者研究发现，程序公平与工作满意度高度相关（Wesolowski & Mossholder，1997；Mossholder，Benett & Martin，1998；高日光等，2004）❸❹❺，分配过程越公平，员工的满意程度就越高。

第三，组织环境。（1）工作情境。工作情境对工作满意度有显著影响（张勉、李树苗，2001；田立法，2019）❻❼。如单位制定严格明确的政策制度，使员工对自身行为后果有清楚的认知，组织成员保持工作行为统一，员工的安全感和满意度将极大提高。（2）个人—组织匹配。如果组织所提供的工作环境能够与员工个人特征相适应，员工便能在这种环境下发挥最好的工作状态，从而产生积极、满意的情感（王忠、张琳，2010）❽。个人与组织匹配不仅能够提高满意度，也能增强员工对组织的认同感和归属感。（3）领导风格。刘平青等人通过实证研究发现严格管理、仁慈管理和个人魅力三种领导风格与员工工作满意显著正相关，而领导的败德品质与员工工作满意度显著负相关（刘平

---

❶ LAWLER E E，HALL D T.Relationship of job characteristics to job involvement，satisfaction and intrinsic motivation［J］.Journal of Applied Psychology，1970，54（4）：305-312.

❷ ADAMS J S.Inequity in social exchange［J］.Advances in Experimental Social Psychology，1965，2（4）：267-299.

❸ WESOLOWSKI M A，MOSSHOLDER K W. Relational demography in supervisor - subordinate dyads：impact on subordinate job satisfaction，burnout，and perceived procedural justice［J］. Journal of Organizational Behavior，1997，18：351-362.

❹ MOSSHOLDER K W，BENETT N，MARTIN C L.A multilevel analysis of procedural justice context［J］. Journal of Organizational Behavior，1998，19：131-141.

❺ 高日光，凌文辁，王碧英.基于组织公平的人力资源管理研究［J］.科技进步与对策，2004（9）：169-171.

❻ 张勉，李树苗.企业员工工作满意度决定因素实证研究［J］.统计研究，2001（8）：33-37.

❼ 田立法.工作满意度的五维外生致因：孰轻孰重？［J］.外国经济与管理，2019，41（9）：75-89.

❽ 王忠，张琳.个人－组织匹配、工作满意度与员工离职意向关系的实证研究［J］.管理学报，2010，7（3）：379-385.

青、王雪、刘冉，2013）[1]。（4）心理授权。指员工感觉到自己"被授权"的心理状态，属于组织对员工的一种内在激励，能够有效提高员工的自我效能感。不少学者研究发现心理授权与工作满意度存在正相关关系（Bordin，Bartram & Casimir，2006）[2]。

第四，个人特征。（1）年龄。Herzberg认为年龄和工作满意度的关系呈倒U形曲线分布（Herzberg，1959）[3]，员工到了一定年龄，工作满意度会降至最低，随后随着年龄增加又会逐渐升高。俞文钊研究发现员工的个人特征，如年龄、文化程度等对工作满意度有显著正向影响（俞文钊，1996）[4]。（2）人格。具备积极人格、社会关系良好的员工能够积极主动应对工作中的困难、压力、冲突，因此有着较高的工作满意度（田立法，2019）[5]。（3）工作价值观。指员工对工作的价值判断或所追求的工作目标。刘昕等对我国公务员群体进行调查研究，发现工作价值观与工作满意度显著正相关，公务员对自身事业的使命和责任感越强，从事公共事务的动机越强，自身工作的满意度也更高（刘昕、王许阳、姜炜，2016）[6]。

2.2.4 结果变量

对工作满意度的结果变量的研究，主要集中在组织承诺、退缩行为、谏言行为、工作绩效四个方面。

（1）组织承诺，指员工对组织目标和价值观的认同并以组织目标作为自己的发展目标而努力。凌文辁等人提出员工工作满意度对组织承诺有显著影

[1] 刘平青，王雪，刘冉. 领导风格对工作满意度的影响机理研究——以员工关系为中介变量 [J]. 中国管理科学，2013，21（11）：75–80.

[2] BORDIN C，BARTRAM T，CASIMIR G.The antecedents and consequences of psychological empowerment among Singaporean IT employees [J].Management Research News，2006，30（1）：34–46.

[3] HERZBERG F，MAUSNER B，SNYDERMAN B.The motivation to work [M].New York：John Wiley and Sons，1959.

[4] 俞文钊. 合资企业的跨文化管理 [M]. 北京：人民教育出版社，1996.

[5] 田立法. 工作满意度的五维外生因：孰轻孰重? [J]. 外国经济学管理，2019，41（9）：75–89.

[6] 刘昕，王许阳，姜炜. 我国公务员的工作价值观对工作满意度的影响术——以公共服务动机为中介变量 [J]. 中国行政管理，2016（12）：83–88.

响（凌文辁、张治灿、方俐洛，2001）❶。成刚等人对 723 位小学教师进行调查，发现组织承诺与工作满意度存在显著正相关性（成刚、于文珊、邓蜜，2019）❷。何玲对五个城市的 1200 名一线快递员进行实证研究，证实了工作满意度对组织承诺的解释作用，组织承诺可以通过员工对工作的满意程度进行预测（何玲，2017）❸。满意程度高的员工，对组织价值观和目标有强烈的认同感和归属感，更倾向于留任组织中，为工作投入更多精力，做出更大贡献。而满意度低的员工缺乏对组织的信任，不愿为之投入更多精力，导致满意度越来越低。

（2）退缩行为，指员工不愿意从事组织所期望的工作做出的消极行为，诸如缺勤、怠工、离职等。学者们分别针对不同工作行为与工作满意度的关系进行研究。叶宝娟等人对 258 名农村小学校长进行调查，结果发现工作满意度对职业倦怠具有负向预测作用，满意度高的校长乐于为工作投入更多精力，往往不容易出现职业倦怠（叶宝娟、方小婷、董圣鸿，2017）❹。此外，有较多学者研究认为工作满意度与离职率显著负相关，高工作满意度的员工更倾向于在组织留任，而满意度低的员工则更容易选择离职（白彦壮，2004；王忠、张琳，2010；Benson et al.，2011）❺❻❼。Jackofsky 认为工作满意度低的员工如果有机会到其他组织任职，一定会选择离职（Jackofsky et al.，1987）❽。但也有学者持相反观点，认为满意度与离职的关系并不十分显著。如 Terborg 等人对一个全国性零售组织的 6 家零售商店进行调查，发现商店员工缺勤和工作满意度之间的

❶ 凌文辁，张治灿，方俐洛．影响组织承诺的因素探讨［J］．心理学报，2001，33（3）：259–263.

❷ 成刚，于文珊，邓蜜．教师激励对组织承诺的影响——工作满意度的中介作用［J］．教师教育研究，2019，31（3）：61–69.

❸ 何玲．城市快递员离职现象探究——基于工作满意度与组织承诺的关系视角［J］．中国青年研究，2017（4）：12–19.

❹ 叶宝娟，方小婷，董圣鸿．职业韧性对农村小学校长职业倦怠的影响：胜任力和工作满意度的链式中介作用［J］．中国临床心理学杂志，2017，25（3）：520–523.

❺ 白彦壮．公共管理部门员工满意度与激励理论与方法研究［D］．天津：天津大学，2004.

❻ 王忠，张琳．个人–组织匹配、工作满意度与员工离职意向关系的实证研究［J］．管理学报，2010，7（3）：379–385.

❼ BENSON，JOHN，BROWN，MICHELLE.Generations at work：are there differences and do they matter？［J］.The International Journal of Human Resource Management，2011，22（9）.

❽ JACKOFSKY E F，PETERS L H.Part－time versus full－time employment status differences：a replication and extension［J］.Journal of Organizational Behavior，1987，8（1）：1–9.

最高平均相关系数仅为 –0.37（Terborg et al.，1982）❶。Hackett 通过实证研究发现，离职与满意度的相关系数都不到 –0.4（Hackett et al.，1985）❷。

（3）谏言行为，即员工向组织建言献策。工作满意度与谏言行为之间存在正相关性，员工工作满意度越高，越容易产生谏言行为（Lepine & Dyne，1998；郑立明，2017）❸❹。当员工不满意时会向组织提出自己的意见以推动变革，当员工对组织满意时，也会主动提出自己的想法和建议以促进企业更好发展。也有学者将谏言行为看作工作满意度的前因变量，认为积极的谏言行为可以提高员工的自我控制力，进而增强工作满意度，使其更加愿意投入工作（Greenberger & Strasser，1986；Parker，1993）❺❻。Farrell 将退缩行为和谏言行为合并，在前人研究基础上构建了 EVLN 模型，该模型从主动和被动、建设性和破坏性两个维度入手，将员工对工作满意度的行为反应归纳为离职、谏言、忠诚和沉默四种类型。Farrell 认为，员工的行为反应是多样且复杂的，满意度低时会采取离职、沉默、怠工等对组织有破坏性的负面行为，而满意度高时则会产生忠诚、谏言等对组织有益的建设性行为（Farrell，1983）❼。

（4）工作绩效。工作满意度与工作绩效的关系是组织行为学最关注的问题之一，这两个变量之间的关系一直存在较多争议。有学者提出工作满意度与工作绩效是正相关关系（Benson & Brown，2011）❽。也有研究表明，工作满意度与工作绩效之间的关系是有条件的，二者之间存在中介变量的调节作用

❶ TERBORG J R, LEE T W, SMITH F J, DAVIS G A, TURBIN M S.Extension of the schmidt and hunter validity generalization procedure to the prediction of absenteeism behavior from knowledge of job satisfaction and organizational commitment［J］.Journal of Applied Psychology，1982，67（4）：440–449.

❷ HACKETT R D，GUION R M.A revaluation of the absenteeism–job satisfaction relationship［J］. Organizational Behavior and Human Decision Processes，1985，35（3）：340–381.

❸ LEPINE J A，DYNE L.Predicting voice behavior in work groups［J］.Journal of Applied Psychology，1998，83（6）：853–868.

❹ 郑立明.基于工作满意度的员工反应行为研究［J］.经济问题，2017（2）：101–106.

❺ GREENBERGER D B，STRASSER S.Development and application of a model of personal control in organizations［J］.Academy of Management Review，1986，29（4）：639–649.

❻ PARKER L E.When to fix it and when to leave：relationships among perceived control，self-efficacy，dissent，and exit［J］.Journal of Applied Psychology，1993，78：949–959.

❼ FARRELL，DAN.Exit，voice，loyalty，and neglect as responses to job dissatisfaction：a multidimensional scaling study［J］.Academy of Management Journal，1983，26（4）：596–607.

❽ BENSON，JOHN，BROWN，MICHELLE.Generations at Work：Are there differences and do they matter？［J］.The International Journal of Human Resource Management，2011，22（9）：1843–1865.

（Norris & Niebuhr, 1984）❶。在工作挑战性、发展机会等组织内部因素的影响下，工作满意度与工作绩效显著相关，而工作环境、工作条件等组织外部因素影响下的工作满意度与工作绩效的相关性并不高。然而 Bowling 反对满意度和绩效之间存在因果关系。他使用元分析数据进行分析后发现，工作满意度与工作绩效的相关是一种伪相关，两者之间的相关关系在控制某些变量后部分消除甚至几乎消失，如控制基于组织的自尊后相关系数仅为 0.09（Bowling, 2007）❷。

2.2.5　研究述评

随着管理实践对工作满意度的日益关注，目前关于工作满意度的研究已取得诸多有价值的研究成果。学者们在厘清基本概念内涵的基础上，从不同角度划分结构维度并设计出多种测量工具，通过实证研究对工作满意度的前因变量、结果变量进行深入分析，这些研究成果为工作满意度的理论研究和管理实践的进一步发展奠定了坚实的基础。通过梳理和归纳文献可以发现，在理论研究层面，学者们对工作满意度的维度结构、形成机制、作用影响等方面进行了丰富的研究；在实践应用层面，近年来有关工作满意度与人力资源管理实践的研究也日趋丰富。但是，现有研究仍存在一些争议和局限，有待进一步解决。

首先，国内对于工作满意度的本土化研究相对不足。工作满意度这一概念最早出现于 20 世纪 30 年代的美国，由 Hoppock 率先提出后引起西方社会广泛关注，并展开积极的探索与研究。然而直到 21 世纪初，我国学者才逐渐开始关注这一领域，发展相对滞后。目前工作满意度的大部分研究是基于西方文化背景展开的，以中国为背景的本土化研究十分有限，多为国外研究的中国移植。由于中西方文化与社会环境存在差异，国外研发的工作满意度量表能否应用于我国实践仍需加以验证，直接将西方研究成果移植到中国显然行不通。因此，进一步加强本土化研究，基于中国国情研究企业员工工作满意度的结构维

❶ NORRIS D R, NIEBUHR R E.Research notes.Attributional influences on the job performance–job satisfaction relationship［J］.Academy of Management Journal, 1984, 27（2）: 424–431.

❷ BOWLING N A.Is the job satisfaction–job performance relationship spurious？ A meta–analytic examination［J］.Journal of Vocational Behavior, 2007, 71（2）: 167–185.

度、形成机制、影响作用，突出中国文化独特性，是目前值得重视的问题。

其次，不同维度的工作满意度影响因素存在差异。根据员工对工作本身和工作环境的不同态度，可将工作满意度分为内源性工作满意度和外源性工作满意度两个维度，内源性产生于工作本身，而外源性产生于外部环境。这两个维度的工作满意度产生逻辑不同，影响因素也不同，并且同一影响因素对不同维度的效应大小也有所区别。因此，在研究工作满意度的影响因素时，需要先明确概念的维度结构，根据不同维度的情况以及不同情境有针对性地进行研究，从而更准确地揭示变量间的关系。

最后，有关工作满意度的结果变量尚有许多结论存在争议。工作满意度与许多结果变量之间的关系尚无定论，如工作满意度与工作绩效，有些研究认为二者显著相关，也有研究认为二者之间存在中介变量调节，但还有些研究结果指出二者并无显著相关性，不同学者基于实证研究测量到的结果却不尽相同。工作满意度是一个包含多种因素的复杂概念，因此，它与结果变量的关系很有可能受到其他因素影响。而且员工的态度是不断变化的，会随着对工作环境的适应，以及工作技能的提升发生改变。因此，应当从动态角度对工作满意度的效应进行进一步深入研究。

2.3 公平感的相关研究

2.3.1 研究脉络

公平问题是人类社会的永恒主题。对公平感（Perceived Justice）的研究最早可以追溯到古罗马和古希腊时期，哲学思想家们最先对公平问题进行思辨，此后，政治学、经济学、法学、心理学等各个领域的学者们纷纷对其展开实证研究。随着管理学和组织行为学的日益发展，学者们逐渐将公平概念引入管理领域，在组织管理层面上对组织公平（Organizational Justice）展开研究。从 20世纪 60 年代组织公平研究兴起到现在主要经历了三个发展阶段，具体发展历程如下。

（一）第一阶段：组织公平诞生——分配公平（Distributive Justice）

组织公平感的研究起源于 20 世纪 60 年代美国学者 Adams 对分配公平的开创性研究。Adams 在 Homnas（1961）的社会交换理论基础上提出了公平理论，引发学者们对组织公平问题的关注与探讨。Adams 认为，人们常将自己的投入回报比与他人的投入回报比进行比较，以此来判断结果是否公平（Adams，1965）❶。投入是指个体所付出的劳动投入，包括自身已有的知识、花费的时间精力、为工作付出的努力等，回报指个体从组织中获得的劳动报酬，包括薪酬提高、职位晋升、更大的成长空间等。公平理论认为，若个体自己的投入回报比与参照对象相同，就会产生公平的感觉；若与参照对象不同，无论更高还是更低都会认为组织分配不公平，从而产生内疚或愤怒的情感。个体会采取行动以消除这种心理上的不适感，如改变自己的投入、对他人采取行动、改变参照对象等。Adams 的公平理论主要关注分配结果的公平问题，因此也叫分配公平。该理论提出后，诸多学者纷纷围绕分配公平展开实证研究，证实了该理论的合理性和科学性（Andrews，1967；Adams & Freedman，1976；Mowday，1987）❷❸❹。但是，也有一些学者对该理论提出质疑和批评，认为公平理论存在缺乏客观评价标准、投入和回报难以量化比较、参照对象不易选取等缺陷（Furby，1986）❺。

（二）第二阶段：组织公平扩展——程序公平（Procedural Justice）

Adams 的公平理论强调分配结果的公平性，而没有解决分配过程中的公平问题。因此，学者们开始将目光转移到程序公平上，寻找提高员工公平感的方法和程序。1975 年，Thibaut 和 Walker 提出程序公平概念，推动组织公平感研究进入新的阶段。他们发现，在法律诉讼过程中，如果允许当事人参与到审判过程之中充分辩护，他们更容易相信审判过程是公正的，也更能接受判

❶ ADAMS J S.Inequity in social exchange［J］.Advances in Experimental Social Psychology，1965，2（4）：267-299.

❷ ANDREWS I R.Wage inequity and job performance：an experimental study［J］.Journal of Applied Psychology，1967，51：39-45.

❸ ADAMS J S，FREEDMAN S.Equity theory revisited：comments and annotated bibliography［J］.Advances in Experimental Social Psychology，1976，9：43-90.

❹ MOWDAY R T.Equity theory predictions of behavior in organizations［M］.New York：McGraw-Hill，1987.

❺ FURBY L.Psychology and Justice［M］.New York：Plenum，1986.

决结果（Thibaut&Walker，1975）❶。这种现象被称为"发言权"效应（Colquitt，2001）❷。Thibaut 和 Walker 的研究表明，只要人们掌握对过程的控制权，即使分配结果对自己不利也更倾向于接受这种结果。1980 年，Leventhal 将程序公平概念应用于组织情境中，进一步扩展了组织公平理论，并提出员工评价程序公平的六个原则：（1）一致性：无论时间、地点、人员如何，组织都应当保证分配过程的一致性；（2）准确性：分配程序获取和应用的信息应准确、有效；（3）代表性：分配过程应代表所有相关者的利益；（4）伦理性：决策应符合社会伦理和道德标准；（5）可修正性：决策能够修改或接受不同意见；（6）无偏见性：分配程序应避免个人偏见（Leventhal & Cleary，1980）❸。较多学者通过实证研究证明了这些标准与员工公平感存在显著相关（Greenberg，1987；Colquitt，2001）❹❺。

（三）第三阶段：组织公平新维度——互动公平（Interpersonal Justice）

20 世纪 80 年代，随着西方人本主义思潮的兴起，越来越多的研究者开始关注组织中的人际互动与员工公平感的关系。Bies 和 Moag 认为，分配公平和程序公平不能完全保证员工的公平感，员工在分配结果实施时所受到的人际互动也会影响其公平感。因此，他们提出互动公平这一概念，拓展了组织公平的概念，使组织公平感研究达到新的高潮。互动公平是指员工个体在组织分配过程中对自己所受到的对待是否公平的感知（Bies & Moag，1986）❻。Moorman 通过研究组织公民行为，将互动公平从程序公平中分离出来形成一个新的维度，并根据这种维度结构开发出组织公平量表，目前已被研究者们广泛使用

❶ THIBAUT J，WALKER L.Procedural justice：A psychological analysis［M］.Hillsdale：Erlbaum，1975.

❷ COLQUITT J A.On the dimensionality of organizational justice：A construct validation of a measure［J］. Journal of Applied Psychology，2001，86（3）：386–400.

❸ LEVENTHAL H，CLEARY P D.The smoking problem：A review of the research and theory in behavioral risk modification［J］.Psychological Bulletin，1980，88（2）：370–405.

❹ GREENBERG J，TYLER T R.Why procedural justice in organizations［J］.Social Justice Research，1987（1）：127–142.

❺ COLQUITT J A.On the dimensionality of organizational justice：A construct validation of a measure［J］. Journal of Applied Psychology，2001，86（3）：386–400.

❻ BIES R J，MOAG J S.Interactional justice：communication criteria of fairness［J］.Research on Negotiation in Organization，1986（1）：43–55.

（Moorman，1991）❶。

（四）第四阶段——人际公平和信息公平

互动公平反映了员工在人际交往过程中受到礼遇对待的程度和信息充分的程度（金星彤，2018）❷。Greenberg 在 Bies 基础上进一步将互动公平分为人际公平和信息公平两个方面。人际公平是指员工在与上级接触过程中是否受到应有的尊重和礼遇，强调执行过程中的人际互动方式。信息公平是指组织做出决策时是否向员工清晰传递应有信息或给予充分解释，强调对决策过程的解释（Greenberg，1990）❸。

综上可以看出，组织公平理论的发展历程其实就是概念维度逐渐细化的过程，学者们对组织公平的研究层层递进，不断深入，从单维概念界定到多维结构分析，从挖掘本质到拓展外延，学者们对组织公平的理解逐渐系统化、科学化，不仅推动了组织公平理论发展，也为准确测量员工的公平感提供了重要基础。

2.3.2　概念与结构

一、概念界定

公平即公正而不偏袒。在汉语中与公平含义相似的词有很多，如公正、平等、正义等，其中公正与公平的含义最为接近，在学术研究中常常将二者等同使用。在英语中含有公平之义的词汇也有很多，如 Justice、Fairness、Equity、Impartiality 等，其中 Justice 和 Fairness 在国外研究文献中使用最多，两词虽有细微差别，但学者们经常将二者作为同义词使用。本书采用社会上和研究中常见的"公平"（Justice）一词进行研究。

---

❶ MOORMAN R H. Relationship between organizational justice and organizational citizenship behaviors：Do fairness perceptions influence employee citizenship？［J］.Journal of Applied Psychology，1991，76（6）：845–855.

❷ 金星彤 . 组织公正垂滴影响能否引发员工建言行为？——基于民营企业的实证分析［J］.财经问题研究，2018（10）：130–136.

❸ GREENBERG J.Organizational justice：Yesterday，today，and tomorrow［J］.Journal of Management，1990，16（2）：399–432.

公平概念最早出现在哲学领域，亚里士多德认为公平是一种被广泛接受的原则，即不偏不倚，同样的情况同等对待（刘永芳，2017）[1]。20 世纪 60 年代，管理学界的研究者们开始将公平概念引入组织管理领域，从而衍生出组织公平的概念。French 最早提出这一概念，认为组织公平特指工作场所中的公正问题（French，1964）[2]。组织公平概念包含两个方面：一是组织公平的客观状态，指组织所建立的各项制度、工作程序和管理措施的公平情况。二是组织公平感，即组织成员对组织环境是否公平的主观感受，是个人基于自身被组织对待的客观情况进行的主观判断（李晔、龙立荣，2003）[3]。由于人们的立场、角度、思维方式不同，公平没有一个绝对的评判标准，更多依赖人们主观上的判断和感受。因此，在组织行为学领域，对组织公平的研究主要围绕员工的组织公平感展开。在研究文献中也没有严格区分这两个概念，常将二者等同使用。

关于组织公平感的研究其实在 20 世纪 60 年代就已经开始，但是具体概念的提出是在 1987 年，Greenberg 首次界定组织公平感的含义，指 "员工在组织环境中体验到的公平感知"。他认为员工对于组织的评价主要取决于自我公平感知而非实际公平情况（Greenberg & Tyler，1987）[4]。Colquitt 等人也提出相似的含义，"公平取决于人们的主观感知，如果认为某种行为是公平的那它就是公平的"（Colquitt et al.，2001）[5]。此后，其他学者也纷纷提出相应的概念界定。Moorman 认为组织公平感会进一步影响其他工作相关变量（Moorman，1995）[6]。进入 21 世纪，我国关于组织公平感的研究逐渐增多。李超平、时勘指出组织公平感是 "员工对于自己是否被组织公平对待的感知"（李超平、时勘，2003）[7]，与前人的观点一致。高日光等人从维度结构入手将概念范畴具体

[1] 刘永芳.当代中国员工组织公平感研究［M］.杭州：浙江教育出版社，2017.

[2] FRENCH W.The personal management process：Human resource administration［M］.Boston：Houghton Mifflin，1964.

[3] 李晔，龙立荣.组织公平感研究对人力资源管理的启示［J］.外国经济与管理，2003，25（2）：12-17.

[4] GREENBERG J，TYLER T R.Why procedural justice in organizations［J］.Social Justice Research，1987，1：127-142.

[5] COLQUITT J A，CONLON D E，WESSON M J，et al.Justice at the millennium：A meta - analytic review of 25 years of organizational justice research［J］.Journal of Applied Psychology，2001，86（3）：425-445.

[6] MOORMAN R H，BLAKELY G L.Individualism - collectivism as an individual difference predictor of organizational citizenship behavior［J］.Journal of Organizational Behavior，1995，（16）：127-142.

[7] 李超平，时勘.分配公平与程序公平对工作倦怠的影响［J］.心理学报，2003，35（5）：677-684.

化，将组织公平感分为分配结果、分配程序、人际关系、组织制度四个维度，认为公平感是员工对这四个方面是否公平的主观评价，由此产生的感受会对其心理和行为产生重要影响（高日光、凌文辁、王碧英，2004）❶。这四个维度分别对应了分配公平、程序公平、人际公平和信息公平。

表2-3列举了近年来国内外学者对组织公平感的概念界定。总的来说，国内外学者对组织公平感的概念界定基本一致，都认为是员工对组织环境公平与否的感知，这种感知会影响员工的心理和行为，也对其他工作相关变量产生影响。

表 2-3　组织公平感的概念内涵

研究者	年份	组织公平感定义
Greenberg	1987	员工在组织环境中体验到的公平感知❷
Moorman	1995	工作场所中的公平情况，员工判断自己是否受到公正对待❸
Colquitt，Conlon，Wesson	2001	组织公平与否主要取决于员工的主观感知以及对此做出的评价❹
李超平、时勘	2003	个人对自己是否受到组织公平对待的知觉❺
李晔、龙立荣	2003	组织成员对关乎自身利益的组织制度以及政策措施的公平感受❻
高日光、凌文辁、王碧英	2004	员工对组织分配结果、分配程序、人际关系、组织制度等方面的公平程度进行主观评价，由此产生的感受对其心理和行为有重要影响❼

❶ 高日光，凌文辁，王碧英.基于组织公平的人力资源管理研究［J］.科技进步与对策，2004，21（9）：169-171.
❷ GREENBERG J, TYLER T R.Why procedural justice in organizations［J］.Social Justice Research, 1987, 1：127-142.
❸ MOORMAN R H, BLAKELY G L.Individualism - collectivism as an individual difference predictor of organizational citizenship behavior［J］.Journal of Organizational Behavior, 1995（16）：127-142.
❹ COLQUITT J A, CONLON D E, WESSON M J, et al.Justice at the millennium: A meta-analytic review of 25 years of organizational justice research［J］.Journal of Applied Psychology, 2001, 86（3）：425-445.
❺ 李超平，时勘.分配公平与程序公平对工作倦怠的影响［J］.心理学报，2003，35（5）：677-684.
❻ 李晔，龙立荣.组织公平感研究对人力资源管理的启示［J］.外国经济与管理，2003，25（2）：12-17.
❼ 高日光，凌文辁，王碧英.基于组织公平的人力资源管理研究［J］.科技进步与对策，2004，21（9）：169-171.

续表

研究者	年份	组织公平感定义
Frohlich	2007	组织成员的公平感知，即员工自身对公平的判断以及他们对此做出的反应 [1]
梁福成、王峥、王俊坤、唐卫海	2016	人们对组织公正进行判断时产生的内心感受 [2]

二、组织公平感的维度

组织公平感的构成维度问题是组织公平研究的重点，也是组织管理领域不断产生争论的焦点。国内外学者基于不同的研究角度，陆续发现了组织公平感的不同表现形式，而这些维度之间联系紧密、相互影响，因此对它们的独立性问题存在较多分歧。综观已有的研究成果，目前西方学者提出的维度划分方式有四种：（1）单维结构：认为组织公平只有分配公平一种表现形式，或认为分配公平与程序公平无法完全区分。（2）二维结构：认为分配公平和程序公平是相互区别的两个维度。（3）三维结构：认为人际互动也对公平感有重要影响，因此增加了互动公平维度。（4）四维结构：认为互动公平包含人际公平和信息公平两个方面，因此将其拆分成两个维度。具体如表2-4所示。

Adams是单维结构的代表学者。1965年Adams基于前人研究提出公平理论，对分配公平进行了开创性研究。分配公平即人们对组织分配结果是否公平的感知。Adams强调报酬分配结果的公平性对员工心理和行为的重要影响（Adams，1965）[3]。Leventhal认为公平理论没有考虑到组织分配程序的公平问题，因此进一步提出程序公平概念，并提出员工在进行公平性判断时应采用的标准（Leventhal，1980）[4]。程序公平强调分配过程的规则与公平，例如员工在

[1] FROHLICH N A.Very short history of distributive justice［J］.Social Justice Research，2007，20（2）：250–262.

[2] 梁福成，王峥，王俊坤，唐卫海.公正感研究述评［J］.天津师范大学学报·社会科学版，2016（6）：43–48.

[3] ADAMS J S. Inequity in social exchange［J］.Advances in Experimental Social Psychology，1965，2（4）：267–299.

[4] LEVENTHAL H，CLEARY P D.The smoking problem：A review of the research and theory in behavioral risk modification［J］.Psychological Bulletin，1980，88（2）：370–405.

表 2-4　组织公平感维度研究

维度	代表学者	维度分类
单维	Adams❶（1965）	分配公平
二维	Leventhal❷（1980） Greenberg & Folger❸（1983） Lind & Tyler❹（1988）	分配公平、程序公平
三维	Bies & Moag❺（1986） Masterson & Lewis❻（2000）	分配公平、程序公平、互动公平
四维	Greenberg❼（1990） Colquitt❽（2001）	分配公平、程序公平、人际公平、信息公平

评价薪酬分配的公平性时，不仅考虑他们获得的相对于他人的工资，而且还要考虑谁做了决定、采用了什么标准等程序性因素（Thibaut & Walker，1975；Lind & Tyler，1988）❾❿。但是，也有许多学者对分配公平与程序公平两个维度的独立性存在质疑。Cropanzano 和 Ambrose 通过实证研究发现，分配公平与程序公平的相关系数在 0.72~0.74 之间，两者存在高度相关。这意味着两个维度所引起的组织公平感是同一的，在某种情境下是过程的事件很可能在另一

❶ ADAMS J S. Inequity in social exchange［J］.Advances in Experimental Social Psychology，1965，2（4）：267–299.

❷ LEVENTHAL H，CLEARY P D.The smoking problem: A review of the research and theory in behavioral risk modification［J］.Psychological Bulletin，1980，88（2）：370–405.

❸ GREENBERG J，FOLGER R.Procedural justice，participation，and the fair process effect in groups and organizations［M］//Basic Group Processes. New York：Springer，1983.

❹ LIND E A，TYLER R R.The social psychology of procedural justice［M］.New York：Plenum Press，1988.

❺ BIES R J，MOAG J F.Interactional justice：Communication criteria of fairness［M］.Greenwich：JAI Press，1986.

❻ MASTERSON S S，LEWIS K，BARRY M，GOLDMAN B M，TAYLOR M S.Integrating justice and social exchange: The differing effects of fair procedures and treatment on work relationships［J］. Academy of Management Journal，2000，43（4）：738–748.

❼ GREENBERG J.Organizational justice：Yesterday，today，and tomorrow［J］.Journal of Management，1990，16（2）：399–432.

❽ COLQUITT J A，CONLON D E，WESSON M J，et al.Justice at the millennium: A meta‐analytic review of 25 years of organizational justice research［J］.Journal of Applied Psychology，2001，86（3）：425–445.

❾ THIBAUT J，WALKER L.Procedural justice：A psychological analysis［M］.Hillsdale：Erlbaum，1975.

❿ LIND E A，TYLER R R.The social psychology of procedural justice［M］.New York：Plenum Press，1988.

种情境下又变成了结果，员工对程序的评估很大程度上依赖于最终得到的结果，因此二者很难加以区分（Cropanzano & Ambrose，2001）❶。然而，支持二维结构的学者坚持二者存在显著差异。Greenberg 等人从结果预测角度出发，认为分配公平与程序公平是可以分离的，他们对组织公平有着独立的影响作用（Greenberg，1986）❷。

Bies 和 Moag 注意到员工受到的人际待遇也会影响他们对公平的判断，因此在 1986 年提出互动公平这一新维度。他们认为，互动公平强调与领导的人际沟通，而程序公平强调整个组织的规则程序（Bies & Moag，1986）❸。但之后不久，Bies 又改变了这种看法，将互动公平视为程序公平的一种社会形式（Colquitt，2001）❹。许多学者依旧坚持三维结构的划分方式，通过实证研究发现二者对结果变量的影响机制有所不同（Masterson & Lewis，2000；王燕、龙立荣等，2007）❺❻，它们与组织承诺、工作满意度等变量的相关系数也不相同（李晔、龙立荣，2003）❼，因此三维度结构的划分具有合理性。Greenberg 对互动公平维度又进一步划分，将其分解为人际公平和信息公平两个层面，认为人际公平与信息公平存在逻辑上的差别，由此提出组织公平四维结构的观点（Greenberg，1990）❽。人际公平指员工在分配过程中是否受到尊重和礼貌对待，而信息公平指员工是否获得充分信息和合理解释，两者分别影响员工对结果和

❶ CROPANZANO R，AMBROSE M A.Procedural and distributive justice are more similar than you think：A monistic perspective and a research agenda［M］.Advances in Organizational Justice，2001.

❷ GREENBERGER D B，STRASSER S.Development and application of a model of personal control in organizations［J］.Academy of Management Review，1986，11（1）：164–177.

❸ BIES R J，MOAG J F. Interactional justice：Communication criteria of fairness［M］.Green wich：JAI press，1986.

❹ COLQUITT J A，CONLON D E，WESSON M J，et al.Justice at the millennium：A meta‐analytic review of 25 years of organizational justice research［J］.Journal of Applied Psychology，2001，86（3）：425–445.

❺ MASTERSON S S，LEWIS K，BARRY M，GOLDMAN B M，TAYLOR M S.Integrating justice and social exchange：The differing effects of fair procedures and treatment on work relationships［J］. Academy of Management Journal，2000，43（4）：738–748.

❻ 王燕，龙立荣，周浩.分配不公正下的退缩行为：程序公正和互动公正的影响［J］.心理学报，2007，39（2）：149–156.

❼ 李晔，龙立荣.组织公平感研究对人力资源管理的启示［J］.外国经济与管理，2003，25（2）：12–17.

❽ GREENBERG J.Organizational justice：Yesterday，today，and tomorrow［J］.Journal of Management，1990.

过程的评价。Colquitt 基于四维度结构编制了组织公平感量表，测量后统计分析发现，四因素验证性模型对数据的拟合效果最好，并进一步证明四个维度能够预测不同的结果（Colquitt，2001）❶。

　　我国对组织公平感的研究起步较晚，进入 21 世纪相关研究才逐渐增多，学者们基于中国文化情境对组织公平感的维度划分也展开了实证研究。刘亚等人针对我国国情提出四维度结构，包括分配公正、程序公正、领导公正和领导解释，并据此编制了适用于中国情境的测量问卷。这四个维度与西方学者的四维结构相似，只不过在人际公平与信息公平方面更强调领导的作用（刘亚、龙立荣、李晔，2003）❷。汪新艳基于西方组织公平感的三维度结构对中国员工的组织公平感现状进行实证研究发现，三个维度与组织公平感总体的 pearson 相关系数均在 0.8 以上，存在显著相关关系（汪新艳，2009）❸。陈万思等人从分配公平、程序公平两个维度研究组织公平感对和谐劳资关系氛围的影响，结果发现分配公平比程序公平对和谐劳资关系的影响更大（陈万思、丁珏、余彦儒，2013）❹。郭文臣等人参考了汪新艳的研究以及刘亚等人的量表，基于公平感的三维度结构编制量表以研究组织公平感对反生产行为的影响，发现三个维度均能显著预测指向人际的反生产行为（郭文臣、杨静、付佳，2015）❺。王永丽等人从分配公平维度进一步拓展出政策公平感，关注组织福利政策对员工政策公平感的影响（王永丽等，2018）❻。

　　综上可知，国内外学者对组织公平感的结构维度进行了深入的探讨与分析，但关于分配公平和程序公平的独立性、互动公平与程序公平的独立性以及互动公平本身的结构问题始终存在较多分歧，尚未形成一致的结论。

❶ COLQUITT J A.On the dimensionality of organizational justice：a construct validation of a measure［J］. Journal of Applied Psychology，2001，86（3）：386–400.

❷ 刘亚，龙立荣，李晔.组织公平感的影响效果研究［J］.管理世界，2003，3：126–132.

❸ 汪新艳.中国员工组织公平感结构和现状的实证解析［J］.管理评论，2009，21（9）：39–47.

❹ 陈万思，丁珏，余彦儒.参与式管理对和谐劳资关系氛围的影响：组织公平感的中介作用与代际调节效应［J］.南开管理评论，2013（6）：49–60.

❺ 郭文臣，杨静，付佳.以组织犬儒主义为中介的组织支持感、组织公平感对反生产行为影响的研究［J］.管理学报，2015，12（4）：530–537.

❻ 王永丽，卢海陵，杨娜，谭玲.基于资源分配观和补偿理论的组织公平感研究［J］.管理学报，2018，15（6）：837–846.

2.3.3　前因变量

相较于结果变量，有关组织公平感前因变量的研究受到较少关注。通过文献回顾，发现组织公平感的前因变量可大致分为组织和个人两个层面。组织层面的因素是组织公平感产生的重要原因，而个体间的差异会影响对组织公平的感知与判断。

一、组织层面

根据学者们的研究，可将组织层面的影响因素分为分配结果、薪酬管理、领导行为及类型、组织结构、雇佣关系、组织运行机制六个方面。

（1）分配结果。公平感产生于与他人的比较或与自己过去的比较，通过比较，当个人认为当前的分配不合理、自己付出和回报不成正比时，个体就会产生不公平感，尤其是有关薪酬、福利的分配。

（2）薪酬管理。薪酬管理的透明度对组织公平感有显著影响，如果员工能够了解薪酬的相关信息（Tyler，Bies，1989）[1]，并且参与绩效考核，清楚考核结果和薪酬的关系，那么员工就会产生公平感，尤其是程序公平感（Greenberg，1993）[2]。另外，薪酬结构会影响专业人员的组织公平感，基于岗位、基于技术的薪酬设计显著影响专业员工的公平知觉，进而影响他们的绩效（Uen，Chien，2004）[3]。

（3）领导行为及类型。领导行为是影响组织公平感的重要因素，如 Bies 和 Moag 发现，在与员工交流沟通的过程中，上级对下级的尊重程度会影响下

---

[1]　TYLER T R，BIES R J.Beyond formal procedures：the interpersonal context of procedural justice［M］// CARROLL J S.Advances in applied social psychology：business setting.hillsdale，N J：Lawrence Erlbaum Associates，1989：376-382.

[2]　GREENBERG J.The social side of fairness：interpersonal and informational classes of organizational Justice ［C］//CROPANZANO R.Justice in the workplace：approaching fairness in human resource management. Hillside，N J：Erlbaum，1993：79-103.

[3]　UEN J F，CHINE S H.Compensation structure，perceived equity and individual performance of R&D professionals［J］.Journal of American Academy of Business，2004（4）：401-405.

级的公平感知（Bies & Moag，1986）❶；多位学者证实辱虐管理会负向影响互动公平、程序公平（Zellars，Tepper，Duffy，2002；Aryee，Sun，Chen，Debrah，2008）❷❸。领导类型也是组织公平感产生的原因之一，如变革型领导有利于促进员工的组织公平感（Song，Kang，Shin，2012）❹。

（4）组织结构。组织结构指组织的框架体系，通过对人、财等资源的安排，能影响员工的组织公平感。Schminke 等发现，组织的集权化程度、正规化程度会显著影响程序公平、互动公平和分配公平，组织规模、命令链复杂程度也会影响组织公平感，但影响程度不如前两者的大（Schminke，Cropanzano，Rupp，2002）❺。

（5）雇佣关系。与公司发展紧密结合、被长期雇佣的员工会得到企业更多的认同和投资，因此他们会形成较高的组织公平感。而非典型化的雇佣员工可能会产生不公平感，如 Foote 发现，许多公司在开展集会等活动时将劳务派遣员工排斥在外，并不把他们当作公司的一员，因此增加了此类员工的不公平感（Foote，2004）❻。Yunhong 等学者也发现，典型化的雇佣员工和非典型化的雇佣员工，其组织公平感和工作满意度之间的关系显著不同（Yunhong，Jie，Xiaochen，2016）❼。

（6）组织运行机制。组织运行机制包括决策、执行、监督三个方面。组

❶ BIES R J, MOAG J S.Interactional justice: communication criteria of fairness［J］.Research on Negotiation in Organization，1986（1）：43-55.

❷ ZELLARS K L, TEPPER B J, DUFFY M K.Abusive supervision and subordinates' organizational citizenship behavior［J］.Journal of Applied Psychology，2002，87（6）：1068-1076.

❸ ARYEE S, SUN L Y, CHEN Z X, DEBRAH Y A.Abusive supervision and contextual performance: the mediating role of emotional exhaustion and the moderating role of work unit structure［J］.Management and Organization Review，2008，4（3）：393-411.

❹ SONG J H, KANG I G, SHIN Y H.The impact of an organization's procedural justice and transformational leadership on employees' citizenship behaviors in the Korean business context［J］.Journal of Leadership & Organizational Studies，2012，19（4）：424-436.

❺ SCHMINKE M, CROPANZANO R, RUPP D E.Organization structure and fairness perceptions: the moderating effects od organizational level［J］.Organizational Behavior & Human Decision Processes，2002，89（1）：881-905.

❻ FOOTE D A.Temporary workers: managing the problem of unscheduled turnover［J］.Management Decision，2004，42（8）：963-973.

❼ YUNHONG H, JIE J, XIAOCHEN W.The relationship between organizational justice and job satisfaction［J］.Journal of Chinese Human Resource Management，2016，7（2）：115-128.

织决策过程中，员工的发言权和感知的组织支持对组织公平感有显著影响（Thibaut，Walker，1977）❶，组织拥有越多的发言权，越认为组织决策是公正的，因此产生较高的程序公平感（Leventhal，1980）❷。组织执行政策过程中遵守程序公正的六大原则，也会对员工感知的公平感产生正向影响（Thibaut，Walker，1975）❸。

二、个体层面

组织公平感是个体的一种主观感受，往往会受到个人的成长经历、人格特质、社会背景等多方面的影响。

（1）人口学特征。性别对组织公平感有显著影响（Cohen-Church，Specter，2001）❹，女性的心思更加细腻，公平敏感度高于男性（刘亚，2002）❺。是否为独生子女也会对组织公平感产生影响，独生子女没有兄弟姐妹分享父母的爱，往往受到更多的关注和迁就，因此更加容易养成自私的性格，公平敏感度也更高，更容易产生不公平感（刘文、朱琳、温国旗，2014）❻。收入对公平敏感性会产生一定的影响，收入越高的人越大公无私，不爱斤斤计较，因此更不容易产生不公平感（王雅青，2015）❼。

（2）人格特质。多位学者研究了大五人格与组织公平感的关系，Skarlicki的研究表明，宜人性的人格对程序公平有显著的正向预测作用（Skarlicki，Folger，Tesluk，1999）❽；Shi的研究结果发现，宜人性的人格除了与程序公平有显著的正相关关系，对分配公平、信息公平、人际公平也有积极的影响，而

❶ THIBAUT J W，WALKER L.Procedural justice：A psychological analysis［J］.Duke Law Journal，1977（6）：1289-1296.
❷ LEVENTHAL G S.What should be done with equity theory？［M］.Springer US：Social Exchange，1980.
❸ THIBAUT J W，WALKER L.Procedural justice：A psychological analysis［M］.Hillsdale NJ：Erlbaum，1975.
❹ COHEN - CHURCH Y，SPECTER P E.The role of justice in organizations：A meta - analysis［J］.Organizational Behavior and Human Decision Processes，2001，86（2）：278-321.
❺ 刘亚.组织公平感的结构及其与组织效果变量的关系［D］.武汉：华中师范大学，2002.
❻ 刘文，朱琳，温国旗.分配情境下的婴幼儿公平敏感性［J］.心理科学进展，2014，22（4）：618-624.
❼ 王雅青.组织公平感的影响因素研究综述［J］.邢台学院学报，2015，30（03）：53-55.
❽ SKARLICKI D P，FOLGER R，TESLUK P. Personality as a moderator in the relationship between fairness and retaliation［J］.Academy of Management Journal，1999，42（1）：100-108.

神经质的人格对程序公平、信息公平有消极影响（Shi，2009）❶；Mark 等人的研究还发现，除了宜人性的人格，有责任心的人格也会对组织公平感产生正向的预测作用（Mark，Susan，2001）❷。还有学者探讨了情绪智力对组织公平感的影响（Fabio，Palazzeschi，2012）❸，情绪智力越高的人，越能管理自己的情绪，即使发生了不公平的事件也能及时调整自己的情绪（俞彬彬、钟建安，2008）❹。另外，拥有消极情感的个体在某些工作情境下更加容易产生不公平感（Wanberg，Carmichael，Downey，1999；Coleman，Irving，Cooper，1999）❺❻。

除了以上所提到的前因变量，种族、文化差异也会影响组织公平感。如Leung 等发现，集体主义文化下的员工更加注重组织的团结与合作，愿意为了组织的利益而牺牲自我利益，更容易产生组织公平感；而处于个人主义文化下的员工比较自私，对不公平感的感知也更加强烈（Leung，Bond，1984）❼。

2.3.4 结果变量

有学者认为，组织公平的问题能得到大量的关注，是因为组织公平感和多种组织结果变量息息相关，能对员工的心理和行为产生重要影响。Colquitt和 Charash 分别对 1976~2001 年、1979~2001 年关于组织公平感的文献进行了元分析，发现组织公平感的结果变量可以分为组织承诺、信任、结果满意度、工作满意度、组织承诺、对权威的评价、退缩行为、消极反应八个方面

❶ SHI J Q.Linking the big five personality constructs to organizational justice ［J］.Social behavior and psychology，2009，37（2）：209–222.

❷ MARK N B，SUSAN M B.The predictive and interative effects of equity sensitivity in teamwork - oriented organizations ［J］.Journal of Organizational Bchavior，2001，22（3）：271–290.

❸ FABIO A D，PALAZZESCHI L.Organizational justice：personality traits or emotional intelligence ？ An empirical study in an italian hospital context ［J］.Journal of Employment Counseling，2012，49（1）：31–42.

❹ 俞彬彬，钟建安.情绪智力、组织公平和组织公民行为关系的研究［J］.心理科学，2008（2）：475–478.

❺ WANBERG C R，CARMICHAEL H D，DOWNEY R G.Satisfaction at last job and unemployment：a new look ［J］.Journal of Organizational Behavior，1999，20（1）：121–131.

❻ COLEMAN D F，IRVING G P，COOPER C L.Another look at the locus of control - organizational commitment relationship：it depends on the form of commitment ［J］.Journal of Organizational Behavior，1999，20（6）：995–1001.

❼ LEUNG K，BOND M H.The impact of cultural collectivism on reward allocation ［J］.Journal of Personality & Social Psychology，1984（47）：793–804.

（Colquitt，2001；Cohen-Charash，Spector，2001）❶❷。在这些学者研究的基础上，通过文献的回顾，本书不仅详细论述"对权威的评价"这个结果变量，并将消极反应和退缩行为统称为反生产行为，增加工作绩效、离职倾向、工作状态三个结果变量。

（1）组织承诺：主要是情感承诺，指员工对组织的目标和价值的认同程度，并以组织的目标为自己的工作目标。大部分研究都证实了组织公平感和组织承诺的相关关系（Allen，Meyer，1996）❸，但学术界关于组织公平感不同维度对组织承诺的影响强度却没有达成共识。绝大多数研究结果表明，程序公平对组织承诺具有显著的预测作用（Moorman，Niehoff，Organ，1993；Colquitt，Conlon，Wesson，Porter，Ng，2001；Lingard，Lin，2004）❹❺❻，且程序公平对组织承诺的解释能力比分配公平、互动公平更强（Folger，Konovsky，1989；Sweeney，McFarlin，1993）❼❽，如Masterson等学者对美国私立学校651名教师的研究发现，程序公平比互动公平对组织承诺有更显著的影响（Masterson，Kewis，Goldman，Taylor，2000）❾；Tang等对美国大型医疗机构约200名医务

❶ COLQUITT A.On the dimensionality of organizational justice：a construct validation of a measure［J］．Journal of Applied Psychology，2001，86：386-400.

❷ COHEN-CHARASH Y，SPECTOR P E.The role of justice in organization：a meta-analytic［J］．Organizational Behavior and Human Decision Process，2001，86（2）：278-321.

❸ ALLEN N J，MEYER J P.Affective，continuance，and normative commitment to the organization：an examination of construct validity［J］．Journal of Vocational Behavior，1996，49（3）：252-276.

❹ MOORMAN R H，NIEHOFF B P，ORGAN D W.Treating employees fairly and organizational citizenship behavior：sorting the effects of job satisfaction，organizational commitment，and procedural justice［J］．Employee Responsibilities and Rights Journal，1993，6（3）：209-225.

❺ COLQUITT J A，CONLON D E，WESSON M J，PORTER C O L H，NG K Y.Justice at the millennium：a meta-analytic review of 25 years of organizational justice research［J］．Journal of Applied Psychology，2001，86（3）：425-445.

❻ LINGARD H，LIN J.Career，family and work environment determinants of organizational commitment among women in the Australian construction industry［J］．Construction Management and Economics，2004，22（4）：409-420.

❼ FOLGER H，KONOVSKY M A.Effects of procedural and distributive justice on reactions to pay raise decisions［J］．Academy of Management Journal，1989，32（1）：115-130.

❽ SWEENEY P D，MCFARLIN D B.Workers'evaluation of the ends'and the means'：an examination of four models of distributive and procedural justice［J］．Organizational Behavior and Human Decision Processes，1993，55（1）：23-40.

❾ MASTERSON S S，LEWIS K，GOLDMAN B M，TAYLOR M S.Integrating justice and social exchange：the differing effects of fair procedures and treatment on work relationship［J］．Academy of Management Journal，2000，43（4）：738-748.

人员的调查研究发现，程序公平对组织承诺的预测力强于分配公平（Tang，Baldwin，1996）❶。仍有一部分研究显示，分配公平对组织承诺的预测能力比程序公平、互动公平更强（Greenberg，Jerald，1994；Iverson，Roy，1994）❷❸，如 Roberts 等学者对8个不同行业近1000名销售人员的调查研究（Roberts，Coulson，Chonko，1999）❹，Samad 对约500名电子行业工人的调查研究（Samad，2006）❺，都发现分配公平比程序公平对组织承诺的影响力更大。另外，还有小部分研究结果表明，组织公平感与组织承诺没有相关关系，因为缺少中介变量对此进行连接和调节（Pare，Tremblay，2007）❻。因此，有部分学者没有直接证明组织公平感对组织承诺的影响作用，而是通过增加中介变量研究两者的关系，如 Shalhoop 提出分配公平、程序公平、互动公平都会预测组织公平感，但他进一步指出，分配公平及程序公平通过组织支持感影响组织承诺，互动公平通过领导—成员交换关系预测组织承诺（Shalhoop，2003）❼。

（2）工作绩效：指员工工作任务的完成情况，是个体在工作中取得的成果。大量的实证研究都证实了组织公平感对工作绩效的正向预测作用（Walumbwa，Cropanzano，Hartnell，2009；Sumera，Sabina，Abdullah，2010；Devonish，Greenidge，2010；Colquitt，LePine，Piccolo，Zapata，2012；

❶ TANG L P，BALDWIN L J.Distributive and procedural justice as related to satisfaction and commitment ［J］.SAM Advanced Management Journal，1996，61（3）：25–31.

❷ GREENBERG，JERALD.Using socially fair treatment to promote acceptance of a work site smoking ban ［J］.Journal of Applied Psychology，1994，79（2）：288–297.

❸ IVERSON R D，ROY P A.Causal model of behavioral commitment：evidence from a study of Australian blue - collar employees ［J］.Journal of Management，1994，20（1）：15–41.

❹ ROBERTS J A，COULSON K R，CHOMKO L B.Salesperson perceptions of equity and justice and the impact on organizational commitment and intent to turnover ［J］.Journal of Marketing Theory and Practice，1999，7（1）：1–16.

❺ SAMAD S.Procedural and distributive justice：differential effects on employees' work outcomes ［J］.The Business Review，2006，5（2）：212–228.

❻ PARE G，TREMBLY M.The influence of high - involvement human resources practices，procedural justice，organizational commitment，and citizenship behaviors on information technology professionals' turnover intentions ［J］.Group & Organization Management，2007，32（3）：326–357.

❼ SHALHOOP J H.Social - exchange as a mediator of the relationship between organizational justice and workplace outcomes ［D］.Akron OH：The University of Akron，2003.

Suliman, Kathairi, 2013; Nakagawa, Inoue, et al., 2015）❶❷❸❹❺❻，但是在组织公平感各维度与工作绩效的关系上还存在一定的争议。一部分学者认为程序公平和工作绩效存在显著的正相关关系，程序公平是激发员工工作绩效的重要影响因素，当员工认为分配结果不公平时，就会更加在意程序公平性，如果程序也不公平，则员工会自动降低工作绩效以达到自认为的公平程度（Konovsky, Pugh, 1994; Cohen-Church, Specter, 2001; Aryee, Chen, Budhwar, 2004）❼❽❾。一部分研究者认为分配公正对工作绩效的预测效果更强烈，程序公平与组织绩效呈弱相关（Moazzezi, Sattari, Bablan, 2014）。❿当个体认为自己的付出和回报成正比，即分配公平时，员工更加愿意投入时间和精力，以提高工作绩效（Colquitt, Conlon, Wesson, et al., 2001; Suliman,

❶ WALUMBWA F O, CROPANZANO R, HARTNELL C A.Organizational justice, voluntary learning behavior, and job performance: a test of the mediating effects of identification and leader-member exchange［J］.Journal of Organizational Behavior, 2009, 30（8）: 1103-1126.

❷ SUMERA K, SABINA M, ABDULLAH K N M.Link between organizational justice and employee job performance in the work place［J］.Interdisciplinary Journal of Contemporary Research In Business, 2010, 2（3）: 121-132.

❸ DEVONISH D, GREENIDGE D.The effect of organizational justice on contextual performance, counterproductive work behaviors, and task performance: investigating the moderating role of ability-based emotional intelligence［J］.International Journal of Selection and Assessment, 2010, 18（1）: 75-86.

❹ COLQUITT J A, LEPINE J A, PICCOLO R F, ZAPATA C P.Explaining the justice - performance relationship: trust as exchange deepener or trust as uncertainty reducer？［J］.Journal of Applied Psychology, 2012, 97（1）: 1-15.

❺ SULIMAN A, KATHAURI M A.Organizational justice, commitment and performance in developing countries［J］.Employee Relations, 2013, 35（1）: 98-115.

❻ NAKAGAWA Y, INOUE A, KAWAKAMI N, TSUNO L, TOMIOKA K, NAKANISHI M, et al.Change inorganizational justice and job performance in Japanese employees: a prospective cohort study［J］. Journal of Occupational Health, 2015, 57（4）: 388-393.

❼ KONOVSY M A, PUGH S D.Citizenship Behavior and Social Exchange［J］.Academy of Management Journal, 1994, 37（3）: 656-669.

❽ COHEN-CHURCH Y, SPECTER P E.The role of justice in organizations: a meta - analysis［J］. Organizational Behavior and Human Decision Processes, 2001, 86（2）: 278-321.

❾ ARYEE S, CHEN Z X, BUDHWAR P S.Exchange fairness and employee performance: an examination of the relationship between organizational politics and procedural justice［J］.Organizational Behavior & Human decision processes, 2004, 94（1）: 1-14.

❿ MOAZZEZI M, SATTARI S, BABLAN A Z.Relationship between organizational justice and job performance of Payamenoor University Employees in Ardabil Province［J］.Singaporean Journal of Business Economics and Management Studies, 2014, 2（6）: 57-64.

Abubakr，2007）❶❷。还有一小部分学者认为互动公平比程序公平、分配公平对工作绩效的影响更大，上级平等地对待下级，并与下级建立友好的交互关系，可以激励员工提高工作绩效（Masterson，Lewis，Goldman，2000）❸。

（3）结果满意度：指员工对薪酬、提升及绩效评估的满意度。与其他结果变量相比，有关组织公平感与结果满意度关系的研究并不多，一般认为分配公平对结果满意度的影响较大（Sweeney，McFarlin，1993；汪孝纯、伍晓奕、张秀娟，2006）❹❺。

（4）工作满意度：指员工在评估其工作经历后表现出来的积极的情感反应。很多研究都证实了组织公平感对工作满意度的显著促进作用（Clay-Warner，Reynolds，Roman，2005；Zainalipour，Fini，Mirkamali，2010；Ahmadi，Daraei，Rabiei，et al.，2012）❻❼❽，但仍有研究表明组织公平感与工作满意度呈现中等程度的相关关系（Tugba，Erkan，2012）❾。此外，一部分学者研究发现，分配公平对工作满意度的预测能力更强（Cohen-Church，

❶ COLQUITT J A，CONLON D E，WESSON M J，et al.Justice at the Millenium：a meta-analytic review of 25 years of organizational justice research［J］.Journal of Applied Psychology，2001，86（3）：425-445.

❷ SULIMAN M T，ABUBAKR.Links between justice，satisfaction and performance in the workplace：a survey in the UAE and Arabic context［J］.Journal of Management Development，2007，26（4）：294-311.

❸ MASTERSON S S，LEWIS K，GOLDMAN B M，TAYLOR M S.Integrating justice and social exchange：the differing effects of fair procedures and treatment on work relationship［J］.Academy of Management Journal，2000，43（4）：738-748.

❹ SWEENEY P D，MCFARLIN D B.Workers' evaluation of the ends' and the means'：an examination of four models of distributive and procedural justice［J］.Organizational Behavior and Human Decision Processes，1993，55（1）：23-40.

❺ 汪纯孝，伍晓奕，张秀娟.企业薪酬管理公平性对员工工作态度和行为的影响［J］.南开管理评论，2006（6）：5-12.

❻ CLAY-WARNER J，REYNOLDS J，ROMAN P.Organizational justice and job satisfaction：a test of three competing models［J］.Social Justice Research，2005，18（4）：391-409.

❼ ZAINALIPOUR H，FINI A A S，MIRKAMALI S M A.A study of relationship between organizational justice and job satisfaction among teachers in Bandar Abbas middle school［J］.Procedia-Social and Behavioral Sciences，2010，5（4）：1986-1990.

❽ AHMADI S A A，DARAEI M R，RABIEI H，et al.The study on relationship between organizational justice，organizational citizenship behavior，job satisfaction and turnover intentions a comparison between public sector and private sector［J］.International Business Management，2012，6（1）：22-31.

❾ TUGBA D，ERKAN T.The relationship between organizational justice perceptions and job satisfaction levels［J］.Procedia Social & Behavioral Sciences，2012，46：5777-5781.

Specter，2001）❶，而程序公平对工作满意度没有影响（Bakhshi，Kumar，Rani，2009）❷。但一部分学者指出，程序公平与工作满意度的相关性更显著（Nojani，Arimandnia，Afrooz，et al.，2012）❸，而分配公正与工作满意度不相关（Lambert，Hogan，Griffin，2007）❹。还有一小部分研究者认为，信息公平可以增强员工的工作满意度（Rai，2013）❺。

（5）信任：指员工对上级或权威的信任。组织公平感是信任产生的重要原因，员工对组织公平的认知感越高，对组织的信任程度也会相应提高。大量研究表明，组织公平感的各个维度都可以提高员工对组织的信任（Frazier，Johnson，Gavin，et al.，2016）❻。一般认为，程序公平是信任最主要的一个来源，领导在管理过程中表现出来的公平性能影响员工对组织的承诺和信任（Konovsy，Pugh，1994）❼，分配公平、互动公平、信息公平也能影响员工对组织的信任（Colquitt，Conlon，Wesson，2001；Deconinck，2010）❽❾。

（6）组织公民行为：指员工自发的、没有确定薪酬等回报的但有利于提高组织绩效的行为。组织公民行为很大程度上受组织公平感的影响，当员工感受

❶ COHEN-CHURCH Y, SPECTER P E.The role of justice in organizations: a meta-analysis [J]. Organizational Behavior and Human Decision Processes, 2001, 86 (2): 278–321.

❷ BAKHSHI A, KUMAR K, RANI E.Organizational justice perceptions as predictor of job satisfaction and organization commitment [J].Social Science Electronic Publishing, 2009, 4 (9): 160–175.

❸ NOJANI M I, ARIMANDNIA A A, AFROOZ G A, et al.The study on relationship between organizational justice and job satisfaction in teachers working in general, special and gifted education systems [J]. Procedia Social & Behavioral Sciences, 2012, 46: 2900–2905.

❹ LAMBERT E G, HOGAN N L, GRIFFIN M L.The impact of distributive and procedural justice on correctional staff job stress, job satisfaction, and organizational commitment [J].Journal of Criminal Justice, 2007, 35 (6): 644–656.

❺ RAI G S.Impact of organizational justice on satisfaction, commitment and turnover intention: can fair treatment by organizations make a difference in their workers' attitudes and behaviors? [J].International Journal of Human Sciences, 2013, 10 (2): 260–284.

❻ FRAZIER M L, JOHNSON P D, GAVIN M, et al.Organizational justice, trustworthiness, and trust: a multifoci examination [J].Group & Organization Management, 2016, 35 (1): 39–76.

❼ KONOVSY M A, PUGH S D.Citizenship Behavior and Social Exchange [J].Academy of Management Journal, 1994, 37 (3): 656–669.

❽ COLQUITT J A, CONLON D E, WESSON M J, PORTER C O L H, NG K Y.Justice at the millennium: a meta-analytic review of 25 years of organizational justice research [J].Journal of Applied Psychology, 2001, 86 (3): 425–445.

❾ DECONINCK J B.The effect of organizational justice, perceived organizational support, and perceived supervisor support on marketing employees' level of trust [J].Journal of Business Research, 2010, 63 (12): 1349–1355.

到组织公平时，他们会自发产生一些规定之外的行为以回报组织，这已经得到许多研究者的证实（Organ，1990；Mehrdad，Shahram，Rahim，2011；Buluc，2015）❶❷❸。Organ 提出组织公平感对促进组织公民行为的作用后，大批学者开始比较不同维度对组织公民行为的预测能力。一部分研究结果表明，分配公平更有利于促进组织公民行为，如 Chen 等对 529 名管理者及雇员的调查研究（Chen，Lin，Tung，et al.，2008）❹。但有一部分学者认为程序公正与组织公民行为的关系更加显著（Jafari，Bidarian，2012；Gupta，Singh，2013；Chen，Eberly，Chiang，et al.，2014）❺❻❼。还有一部分研究者发现互动公平、人际公平、信息公平对组织公民行为的影响更大（Aryee，Chen，2002；Karriker，Williams，2009；Taghinezhad，Safavi，et al.，2015）❽❾❿。

（7）反生产行为：指违反组织规定并威胁组织或组织成员利益的自发行为，包括退缩行为和消极反应，退缩行为指离职、缺勤、早退等行为，消极反应指偷窃、报复等行为。学者们发现，组织公平感和反生产行为显著负

❶ ORGAN D W.The motivation basis of organizational citizen behavior［J］.Research in Organizational Behavior，1990，12：43–72.

❷ MEHRDAD G，SHAHRAM G，RAHIM A.Organizational justice and organizational citizenship behavior case study：rasht public hospitals［J］.International Journal of Business Administration，2011，2（4）：81–96

❸ BULUC B.The relationship between academic staff's perceptions of organizational justice and organizational citizenship behaviors［J］.Studia Psychologica，2015，57（1）：49–62.

❹ CHEN Y J，Lin C C，TUNG Y C，et al.Associations of organizational justice and ingratiation with organizational citizenship behavior：the beneficiary perspective［J］.Social Behavior & Personality An International Journal，2008，36（3）：289–302.

❺ JAFARI P，BIDARIAN S.The relationship between organizational justice and organizational citizenship behavior［J］.Procedia‐Social and Behavioral Sciences，2012，47：1815–1820.

❻ GUPTA V，SINGH S.An empirical study of the dimensionality of organizational justice and its relationship with organizational citizenship behaviour in the Indian context［J］.International Journal of Human Resource Management，2013，24（6）：1277–1299.

❼ CHEN X P，EBERLY M B，CHIANG T J，et al.Affective trust in Chinese leaders：linking paternalistic leadership to employee performance［J］.Journal of Management，2014，40（3）：796‐819.

❽ ARYEE S，CHEN B Z X.Trust as a mediator of the relationship between organizational justice and work outcomes：test of a social exchange model［J］.Journal of Organizational Behavior，2002，23（3）：267–285.

❾ KARRIKER J H，WILLIAMS M L.Organizational justice and organizational citizenship behavior：a mediated multifoci model［J］.Journal of Management，2009，35（1）：112–145.

❿ TAGHINEZHAD F，SAFAVI M，et al.Antecedents of organizational citizenship behavior among Iranian nurses：a multicenter study［J］.BMC Research Notes，2015，8（1）：1–8.

相关（Fox，Spector，2005；Devonish，Greenidge，2010）❶❷，如 Colquitt 等学者发现，分配不公平会引起员工的退出行为（Colquitt，Conlon，Wesson，et al.，2001）❸；Ybema 等学者的研究表明，组织公平感会减少员工的旷工行为（Ybema，Bos，2010）❹；Skarlicki 等发现，组织不公平会引发员工的报复行为，如偷窃、公共场所的破坏行为（Skarlicki，Folger，1997；Jones，2009；Ambrose，Seabright，Schminke，2002）❺❻❼。

（8）工作状态：包括工作倦怠和工作投入。当员工感受到组织公平时，更愿意主动寻求支持来完成工作任务，产生较高水平的工作投入。有研究发现，分配公平和程序公正都对工作投入具有较强的预测作用（Ahmadi，2012）❽。但当员工认为组织存在不公平的现象时，便会对工作产生一定程度的消极情绪，甚至是厌恶感，从而导致较高程度的工作倦怠（Cheng，Huang，Li，et al.，2011；Robbins，Ford，Tetrick，2012；Campbell，Perry，Maertz，et al.，

❶ FOX S，SPECTOR P E.Counterproductive work behavior: investigations of actors and targets［M］. Washington: American Psychological Association，2005.

❷ DEVONISH D，GREENIDGE D.The effect of organizational justice on contextual performance, counterproductive work behaviors，and task performance: investigating the moderating role of ability-based emotional intelligence［J］.International Journal of Selection and Assessment，2010，18（1）: 75-86.

❸ COLQUITT J A，CONLON D E，WESSON M J，PORTER C O L H，NG K Y.Justice at the millennium: a meta-analytic review of 25 years of organizational justice research［J］.Journal of Applied Psychology，2001，86（3）: 425-445.

❹ YBEMA J F，BOS K V D.Effects of organizational justice on depressive symptoms and sickness absence: a longitudinal perspective［J］.Social Science & Medicine，2010，70（10）: 1609-1617.

❺ SKARLICKI D P，FOLGER R.Retaliation in the workplace: the roles of distributive，procedural，and interactional justice［J］.Journal of Applied Psychology，1997，82（3）: 434-443.

❻ JONES D A.Getting even with one's supervisor and one's organization: relationships among types of injustice，desires for revenge，and counterproductive work behaviors［J］.Journal of Organizational Behavior，2009，30（4）: 525-542.

❼ AMBROSE M L，SEABRIGHT M A，SCHMINKE M.Sabotage in the workplace: the role of organizational injustice［J］.Organizational Behavior and Human Decision Processes，2002，89（1）: 947-965.

❽ AHMADI F.Job involvement in Iranian custom affairs organization: the role of organizational justice and job characteristics［J］.International Journal of Human Resource Studies，2012，2（1）: 40.

2013）❶❷❸。部分学者证实了分配公平、程序公平负向预测工作倦怠（Gabris, Ihrke, 2001；Lambert, Hogan, Jiang, et al., 2010）❹❺，且程序公正与工作倦怠的关系更显著（Moliner, 2005；Riolli, Savicki, 2006）❻❼。

（9）离职倾向：指员工离开组织的念头或想法。组织公平感可以预测员工的离职倾向（Chou, 2009；Loerbroks, Meng, Chen, et al., 2014）❽❾，当员工认为自己努力工作后却没有获得相应的报酬时，那么就会降低对组织的忠诚度，并产生离开组织的想法（Robert, James, 2005）❿。当组织中存在一些复杂的人际关系或者人际不公平现象时，员工也可能会产生负面的情绪并且离开组织（Loi, Yang, Diefendorff, 2009）⓫。

此外，还有学者指出，组织公平感对敬业度（Inoue, Kawakami, Ishizaki,

❶ CHENG Y, HUANG H Y, LI P R, et al.Employment insecurity, workplace justice and employees' burnout in taiwanese employees: a validation study [J].International Journal of Behavioral Medicine, 2011, 18（4）: 391-401.

❷ ROBBINS J M, FORD M T, TETRICK L E.Perceived unfairness and employee health: a meta-analytic integration [J].Journal of Applied Psychology, 2012, 97（2）: 235-272.

❸ CAMPBELL N S, PERRY S J, MAERTZ C P, et al.All you need is resources: the effects of justice and support on burnout and turnover [J].Human Relations, 2013, 66（6）: 759-782.

❹ GABRIS G T, IHRKE D M.Does performance appraisal contribute to heightened levels of employee burnout？The results of one study [J].Public Personnel Management, 2001, 30（2）: 157-172.

❺ LAMBERT E G, HOGAN N L, JIANG S, et al.The relationship among distributive and procedural justice and correctional life satisfaction, burnout, and turnover intent: an exploratory study [J].Journal of Criminal Justice, 2010, 38（1）: 7-16.

❻ MOINER C C.Linking organizational justice to burnout: are men and women different？[J].Psychological Reports, 2005, 96（3）: 805-816.

❼ RIOLLI L, SAVICKI V.Impact of fairness, leadership, and coping on strain, burnout, and turnover in organizational change [J].International Journal of Stress Management, 2006, 13（3）: 351-377.

❽ CHOU J A.Organizational justice and turnover intention: a study of direct care workers in assisted living facilities for older adults in the united states [J].Social Development Issues, 2009, 31（1）: 69-85.

❾ LOERBROKS A, MENG H, CHEN M L, et al.Primary school teachers in China: associations of organizational justice and effort-reward imbalance with burnout and intentions to leave the profession in a cross-sectional sample [J].International Archives of Occupational and Environmental Health, 2014, 87（7）: 695-703.

❿ ROBERT J, JAMES M K.Organizational justice and turnover in public accounting firms: a research note [J].Accounting, Organizations and Society, 2005, 30（4）: 357-369.

⓫ LOI R, YANG J, DIEFENDORFF J M.Four-factor justice and daily job satisfaction: a multilevel investigation [J].Journal of Applied Psychology, 2009, 94（3）: 770-781.

et al., 2010; Ghosh, Rai, Sinha, 2014）❶❷、组织认同（Liao, Rupp, 2005; Olkkonen, Lipponen, 2006）❸❹、员工满意度（Nojani, Arjmandnia, Afrooz, et al., 2012; Akram, Hashim, Akram, 2015）❺❻、情绪状态（Bobocel, Ramona, 2013）❼、创新行为（王怀勇、李悦，2013）❽等变量也有显著的预测作用。综上所述，组织公平感对众多变量有显著的影响，能对员工的心理及行为产生直接影响，但是组织公平感各个维度与以上结果变量的关系还存在较多争议，没有达成一致意见。

2.3.5　研究述评

"组织公平"的概念自 20 世纪 60 年代被提出以来，国内外对其进行了近 60 年的研究，多年来已经取得了相当丰富的研究成果。从研究内容看，学者们对组织公平感的结构维度、其与结果变量的关系进行了大量的研究。从研究方法看，多数研究采用问卷调查法，通过数据验证和支撑，具有一定的可靠性和可信度。但是纵观已有的研究，发现关于组织公平感的研究还有需要完善之处。

---

❶ INOUE A, KAWAKAMI N, ISHIZAK M, et al.Organizational justice, psychological distress, and work engagement in Japanese workers［J］.International Archives of Occupational & Environmental Health, 2010, 83（1）: 29–38.

❷ GHOSH P, RAI A, SINHA A.Organizational justice and employee engagement［J］.Personnel Review, 2014, 43（4）: 628–652.

❸ LIAO H, RUPP D E.The impact of justice climate and justice orientation on work outcomes: a cross - level multifoci framework［J］.Journal of Applied Psychology, 2005, 90（2）: 242–256.

❹ OLKKONEN M E, LIPPONEN J.Relationships between organizational justice, identification with organization and work unit, and group - related outcomes［J］.Organizational Behavior & Human Decision Processes, 2006, 100（2）: 202–215.

❺ NOJANI M I, ARJMANDNIA A A, AFROOZ G A, et al.The study on relationship between organizational justice and job satisfaction in teachers working in general, special and gifted education systems［J］. Procedia Social & Behavioral Sciences, 2012, 46: 2900–2905.

❻ AKRAM M U, HASHIM M, AKRAM Z.Impact of organizational justice on job satisfaction of employees in banking sector of Pakistan［J］.Advances in Intelligent Systems & Computing, 2015, 362: 771–779.

❼ BOBOCEL, RAMONA D.Coping with unfair events constructively or destructively: the effects of overall justice and self - other orientation［J］.Journal of Applied Psychology, 2013, 98（5）: 720–731.

❽ 王怀勇，李悦.程序公正对员工创新行为的影响：内部动机的中介效应研究［J］.科技与经济, 2013, 26（2）: 76–80.

第一，组织公平感的结构维度和测量工具有待整合。学者们在组织公平感结构维度的研究上还存在分歧，目前主要有单维、二维、三维、四维四种说法。在测量工具方面，由于组织公平感结构维度的多样化，学者们根据不同的维度划分方法设计了多个量表，题目没有统一。在这种情况下，由不同测量工具得到的研究结果难以进行比较和分析，不利于组织公平感理论的进一步发展。因此，加强对组织公平感的结构研究，形成统一的测量方法，是促进组织公平感深入研究的基础。

第二，组织公平感各维度与结果变量的关系尚未达成共识。学术界证实了组织公平感对多个结果变量的预测能力，但对于程序公平、分配公平、互动公平、人际公平、信息公平等维度对结果变量的重要程度却没有取得共识。组织公平感各个维度与结果变量的关系并不确定，研究结果呈现混乱之状，没有可比性，缺乏可信度，难以将研究结果应用到实践之中。

第三，整体公平感的研究尚未得到重视。大多数研究都是从组织公平感的某一个或两个维度研究其与结果变量的关系，把各个维度割裂开，可能造成研究结果不一致的情况。而整体公平感可将各个维度放在一个整体的研究框架之中，由此设计的测量问卷更加简洁，调查难度更低，预测效果也会优于具体维度的公平感。目前，越来越多的学者发现整体公平感的研究优势，开始转向对整体公平感的研究，这或许是未来的一大研究趋势。

第四，跨文化研究有待加强。组织公平感的研究起源于美国，我国对组织公平感的研究起步较晚，且大都是借鉴国外的研究成果进行验证。但我国与国外的制度、文化等都存在巨大的差异，国外关于组织公平感的研究是否适用于我国，这还需要进一步验证。例如，我国是一个高权力距离国家，对不公平的现象或事件没有那么大的反应，拥有更大的容忍度，但是国外更易接受低权力距离，个人主义更强，面对不公平的情况往往没有太大的容忍度。可见，在中西两种文化里，采用同一测量工具所得的研究结果的可信度仍然需要探讨。因此，需要在考虑文化差异的背景下，对组织公平感的研究进行有针对性的创新，从而丰富组织公平感的研究成果。

2.4　工作投入的相关研究

2.4.1　研究脉络

一、工作投入研究的背景

工作投入属于心理学和组织行为学的研究范畴，其研究起源于这两大学科。19世纪中后期，心理学创始人冯特在德国的莱比锡大学创立了第一个心理学实验室，这标志着心理学的诞生，从此心理学从哲学中分离出来而成为一门独立的学科。一个多世纪以来，心理学领域的研究始终围绕着三个目标，即帮助普通人生活得更加幸福、治疗心理疾病以及发掘和培养天才，这说明心理学研究兼具消极性和积极性两个方面，但是全社会过多地关注消极的部分，而忽略了积极的部分。

关于对心理学积极方面的研究，最早可以追溯到20世纪30年代，如Teman对天才和幸福感的研究。然而，"二战"中断了积极心理学的研究，研究重点转向治愈战争中的心理创伤和精神疾病，如临床心理学主要帮助消除心理困扰，社会心理学关注顺从行为、社会懒惰现象等，由此消极心理学成为心理学的主流研究方向。如Myers搜索《心理学摘要》(*Psychological Abstracts*) 1887~2000年的文章，发现关于焦虑 (anxiety)、抑郁 (depression) 的文章各有57800篇和70856篇，关于快乐 (joy) 和幸福 (happiness) 的各有851篇和2985篇，研究积极情绪和消极情绪的文章比率为14∶1 (Myers，David，2000) ❶。"二战"后，日益富足的物质生活反衬出精神生活的空虚，巨大的生活压力带来了严重的精神危机，消极心理学已不能解释当时人们的心理疾病。20世纪五六十年代，Maslow和Rogers开始研究人性积极的一面，强调人的尊严、价值、善良等，重视个人的成长与发展，而不是聚焦于人的心理问题及行为。在20世纪末期，心理学家逐渐关注如何预防心理疾病，研究发现：诸如

---

❶　MYERS，DAVID G.The funds，friends，and faith of happy people［J］.American Psychologist，2000，55（1）：56–67.

乐观、勇气、忠诚、希望等人类的力量和美德对抵御心理疾病有重要的作用（Maggs, Schulenberg, 1998）。❶

　　基于以上背景，以 Seligman 为首的心理学家认识到研究人类积极品质的重要性与必要性，并于 1998 年发起了积极心理学运动。2000 年，Seligman 和 Csikszentmihaltyi 发表著名文章《积极心理学导论》，对积极心理学的研究方法、研究内容、未来的发展方向等做了详细的介绍，使积极心理学逐渐被人们所接受和熟悉（Seligman, Csikszentmihaltyi, 2000）❷。Seligman 指出，积极心理学有三个研究层次，一是关注成就感、幸福感的主观层面，二是关注自信、自尊、智慧、勇气等积极人格特质的个体层面，三是涉及积极教育与家庭系统等积极的社会组织制度的集体层面。积极心理学直接指出消极心理学的弊端，它的兴起有利于发展人的积极品质与力量，促使人们重视个人的主观体验与自我实现。

　　积极心理学兴起后，其所倡导的人性论对积极组织行为学的发展起了重大作用。组织行为学的研究发源于霍桑实验，当时已证明员工的积极特性对工作绩效的正向影响作用，如正面强化和积极情绪能对员工的态度起到积极的引导作用。然而，当时组织行为学领域的研究没有朝积极取向发展，仍局限于如何改善组织中存在的不足，如改善员工的消极情绪、消除员工的工作倦怠、解决效率低下的问题等。出现这种局面主要有两方面的原因，一是对人性的负面假设，麦格雷戈提出了 X 理论，认为人性天生厌恶工作，且尽可能逃避责任，因此在管理实践中需要采取严厉的制度使人的行为符合组织的要求；二是费用效应分析理论的影响，Wright 认为传统的组织行为学过多地受到费用效应分析理论的影响，组织的一切行为都以利益为前提，而员工只是实现组织目标的工具人，因此研究关注组织的消极方面，即如何确定员工怠倦、懒惰等所造成的成本损失（Wright, 2003）❸。而积极心理学的发展对组织行为学研究的扩展起

❶ MAGGS J L, SCHULENBERG J.Reasons to drink and not to drink: altering trajectories of drinking through an alcohol misuse prevention program［J］.Applied Developmental Science, 1998, 2（1）: 48–60.

❷ SELIGMAN M E P, CSIKSZENTMIHALTYI M.Positive Psychology: an Introduction［J］.American Psychologist, 2000, 55（3）: 5–14.

❸ WRIGHT T A.Positive organizational behavior: an idea whose time has truly come［J］.Journal of Organizational Behavior, 2003, 24（4）: 437–422.

了重大的作用，组织行为学家 Luthans 指出，积极心理运动对组织行为的研究有两大贡献：一是积极组织行为学的出现，二是积极组织学术的兴起，探讨如何提高组织的工作效能（Luthans，Youssef，2004）❶。在积极心理学运动兴起之时，Luthans 认为关注员工的积极方面和现代组织管理思想具有一致性，将积极心理学有关积极情绪的研究引入组织行为研究中有利于提高员工的工作绩效和领导效能。2002 年，Luthans 正式提出了积极组织行为学的概念，它是指以积极心理学为基础、以积极关怀为价值取向的组织行为学研究模式，研究重点放在如何通过正面强化的方法发挥员工的优势、提高组织的绩效（Luthans，2002）❷。从此，积极组织行为学逐渐兴起并得到快速发展，这填补了传统组织学只关注组织技能不良研究的空缺，强调员工潜能和人力资源优势的开发，关注员工的个人主动性，能激发员工的工作积极性和提高员工的工作绩效。

1974 年，美国心理学家 Freudenber 通过对服务行业及医疗人员工作经历及心理状态的研究，发现他们对服务对象漠不关心并普遍存在消极的工作态度，因此首次提出"工作倦怠"的概念（Freudenber，1974）❸。之后的二三十年，工作倦怠的研究不断深化，呈现出多个发展方向。一是研究对象从服务行业扩展到了医疗领域之外，二是随着积极心理学和积极组织行为学的兴起，越来越多的学者开始把目光放在人类积极的一面，人类的潜能、创造力、主动性等积极品质和心理力量成为研究主题，工作倦怠的另一极——工作投入获得越来越多的关注。

二、工作投入研究的演变历程

1947 年，Allport 提出了"自我投入"的概念，这被认为是工作投入概念的起源。1965 年，Lodahl 和 Kejner 第一次对工作投入的概念进行了界定。从 20 世纪 60 年代至今，工作投入的研究可以划分为以下三个阶段。

第一阶段：20 世纪 60—80 年代为工作投入研究的萌芽阶段。这一时期主

---

❶ LUTHANS F, YOUSSEF C M.Human, social and now positive psychological capital management: investing in people for competitive advantage [J].Organizational Dynamics, 2004, 33（2）: 143–160.

❷ LUTHANS F.The need for and meaning of positive organizational behavior [J].Journal of Organizational Behavior, 2002, 23（6）: 695–706.

❸ FREUDENBER H J.Staff Burnout [J].Journal of Social Issues, 1974, 30（1）: 159–164.

要是对工作投入概念的探讨，尚未上升到理论模型研究，普遍在解释工作投入程度的影响因素，如自尊、自主权、实现自我表达等因素，代表人物有 Lodahl 和 Kejner、Lawler 和 Hall、Kanungo、Bass 等。

　　第二阶段：20 世纪 90 年代为工作投入研究的兴起阶段。工作投入的概念自 1990 年被 Kahn 整合并正式提出后，在组织行为学和心理学领域快速兴起，并上升到理论模型层面的探讨。但是该阶段以定性研究方法为主，重在心理状态的描述，极少开发出特定的测量工具。

　　第三阶段：21 世纪初至今为工作投入研究的迅猛发展阶段。学者们丰富了工作投入的概念，针对工作投入开发了相关量表，做了大量的实证研究。同时，工作投入的研究向多个国家扩散，其测量工具也在不同文化背景下的国家得到验证。

2.4.2　概念与结构

一、工作投入概念界定

　　有些学者认为，工作投入的概念最早由 Lodahl 和 Kejner 提出，他们从心理认同、工作绩效两个角度对其进行定义（Lodahl，Kejner，et al.，1965）[1]。Lawler 和 Hall 指出，Lodahl 和 Kejner 只是在描述不同的工作状态，心理认同角度的定义可以称为"工作投入"，工作绩效角度应该被定义为"内在动机"，即如果个人认为工作绩效能满足自我尊严等方面的需求，那么他就会更加努力地投入工作（Lawler，Hall，1970）[2]。在 Lawler 和 Hall 的基础上，Kanungo 认为工作投入源于自身的需求及在工作中满足其需求的程度，因此认为工作投入是对工作的一种认知和信念状态。Kanungo 还将工作投入分为特殊情境下的工作投入（job engagement）和一般情境下的工作投入（work engagement），前者取决于工作能多大程度上满足个人需求，后者是一种规范性的信念，受到文化

---

[1]　LODAHL T M, KEJNER M, et al.The definition and measurement of job involvement［J］.Journal of Applied Psychology，1965，49（1）：24–33.

[2]　LAWLER E E, HALL D T.Relationship of job characteristics to job involvement, satisfaction, and intrinsic motivation［J］.Journal of Applied Psychology，1970，54（4）：305–312.

制约和社会化的影响（Kanungo，1982）。[1]

学术界一般认为，Kahn 最早提出了工作投入的概念，他从个人—工作匹配度的理论出发，认为当工作投入高时，个体会将自己的精力全部投入角色中，并在角色中表现自己；当工作投入低时，个体会从角色中抽离出来，产生工作倦怠和离职意愿（Kahn，1990）[2]。工作投入的概念自 Kahn 提出以来，立刻受到学术界的广泛关注，并在管理学、心理学、人力资源管理领域成为研究热点（Shuck，2011）[3]。多位研究者采用 Kahn 对工作投入的定义，不断扩展和丰富 Kahn 提出的理论模型，如 Rothbard（2001）[4]，May（2004）[5]，Rich（2010）[6] 等学者。

Maslach 和 Leiter 从工作倦怠的研究入手，认为工作投入和工作倦怠是三维连续体的两极，且两者可以相互转化。当在组织中感受到工作成就感、报酬公平感等时，个体就能极快地投入到工作中，而且精力旺盛，工作效率高；当长久体验到付出与回报不相称、超负荷的工作量时，个体精力会枯竭，进而对工作产生厌恶感，工作效率也会降低（Maslach，Leiter，1997）[7]。但 Schaufeli 对 Maslach 的 "两极观" 提出了质疑，认为工作投入与工作倦怠不是完全对立的两极，他们是既相互独立又相互联系的关系。他还从工作幸福感的两个维度——快乐和激发——出发，认为工作投入表现为高水平的快乐和激发，工作倦怠的特征是低水平的快乐和激发（Schaufeli，Salanova，et al.，2002）[8]。

---

[1] KANUNGO R N.Measurement of job and work involvement［J］.Journal of Applied Psychology，1982，67（3）：341–349.

[2] KAHN W A.Psychological conditions of personal engagement and disengagement at work［J］.Academy of Management Journal，1990，33（4）：692–724.

[3] SHUCK B.Integrative literature review：four emerging perspectives of employee engagement：an integrative literature review［J］.Human Resource Development Review，2011，10（3）：304–328.

[4] ROTHBARD N P.Enriching or depleting？ The dynamics of engagement in work and family roles［J］.Administrative Science Quarterly，2001，46（4）：655–684.

[5] MAY D R，GILSON R L，HARTER L M.The psychological conditions of meaningfulness，safety and availability and the engagement of the human spirit at work［J］.Journal of Occupational & Organizational Psychology，2004，77（1）：11–37.

[6] RICH B L，LEPINE J A，CRAWFORD E R.Job engagement：antecedents and effects on job performance［J］.Academy of Management Journal，2010，53（3）：617–635.

[7] MASLACH C，LEITER M P.The truth about burnout［M］.San Francisco：Jossey - Bass，1997.

[8] SCHAUFELI W B，SALANOVA M，et al.The measurement of engagement and burnout：a two sample confirmatory factor analytic approach［J］.Journal of Happiness Studies，2002，3（1）：71–92.

Britt 以美国士兵为研究对象，从个人承担的责任和义务界定工作投入的概念，认为工作投入是个人对自身工作绩效的承诺及负责任的意愿（Britt，Bartone，Adler，2001）❶。但 Britt 过分强调了工作投入的动机，忽视了工作投入的外在行为表现、心理状态等，偏离了工作投入概念的本身，因此没有得到学术界的广泛认同。

除此以外，多位学者定义了工作投入的概念，这些界定丰富了工作投入的含义。与国外相比，我国研究工作投入的时间较晚。2005 年之后，工作投入的相关研究才在我国心理学、组织行为学、人力资源管理领域兴起，对工作投入的定义也大多沿用了国外学者的研究成果，认为其包含心理认知、积极情绪两方面的内容。关于工作投入的代表性定义整理如表 2-5 所示。

表 2-5　工作投入定义汇总

学者	年份	工作投入定义
Lodahl，Kejner	1965	工作投入是个人对当前工作的心理认同程度或工作绩效对自我尊严的影响程度❷
Lawler，Hall	1970	工作投入取决于工作绩效对个人形象或自身需求的影响程度❸
Kanungo	1982	工作投入是一种对工作的心理认知或信念状态❹
Kahn	1990	工作投入是通过自我控制，使自我与工作角色相结合的一种状态❺
Paullay，Alliger，Stone-Romero	1994	工作投入是对工作忠诚，并能认真地完成工作任务❻
Maslach，Leiter	1997	工作投入是一种持续的、积极的情感状态，表现为在工作时精力旺盛，具有极大的工作热情，工作效率高❼

❶ BRITT T W，ADLER A B，BARTONE P T.Deriving benefits from stressful events：the role of engagement in meaningful work and hardiness［J］.Journal of Occupational Health Psychology，2001，6（1）：53-63.

❷ LODAHL T M，KEJNER M，et al.The definition and measurement of job involvement［J］.Journal of Applied Psychology，1965，49（1）：24-33.

❸ LAWLER E E，HALL D T.Relationship of job characteristics to job involvement，satisfaction，and intrinsic motivation［J］.Journal of Applied Psychology，1970，54（4）：305-312.

❹ KANUNGO R N.Measurement of job and work involvement［J］.Journal of Applied Psychology，1982，67（3）：341-349.

❺ KAHN W A.Psychological conditions of personal engagement and disengagement at work［J］.Academy of Management Journal，1990，33（4）：692-724.

❻ PAULLAY I M，ALLIGER G M，STONE-ROMERO E F.Construct validation of two instruments designed to measure job involvement and work centrality［J］.Journal of Applied Psychology，1994，79（2）：224-228.

❼ MASLACH C，LEITER M P.The truth about burnout［M］.San Francisco：Jossey-Bass，1997.

续表

学者	年份	工作投入定义
Rothbard	2001	工作投入是心理上将工作看作生活的重要组成部分，并能热情地投入工作❶
Britt, Bartone, Adler	2001	工作投入是个人对工作绩效的责任感和承诺意愿，工作绩效和自身关系密切❷
Schaufeli, Salanova	2002	工作投入是与工作相关的、主动的、积极的情绪与认知状态❸
Harter, Schmidt, Hayes	2002	工作投入是工作场所中与认知、情感相关的因素，并包括与工作绩效相关的工作态度❹
May, Gilson, Harter	2004	工作投入是个人在身体、认知、情感上对自我真实的表现❺
Rich, Lepine, Crawford	2010	工作投入是身体、认知、情感投入到积极的工作中❻
Christian, Garza, Slaughter	2011	工作投入是身体、认知、情感上全方位的投入❼
Bakker, Albrecht, Leiter	2011	工作投入是一种轻松、愉悦的工作状态❽
李金平	2006	工作投入是个体在心理上对工作的认同感，或者工作对自我的重要性❾

❶ ROTHBARD N P.Enriching or depleting？ The dynamics of engagement in work and family roles ［J］. Administrative Science Quarterly，2001，46（4）：655–684.

❷ BRITT T W，ADLER A B，BARTONE P T.Deriving benefits from stressful events：the role of engagement in meaningful work and hardiness ［J］.Journal of Occupational Health Psychology，2001，6（1）：53–63.

❸ SCHAUFELI W B，SALANOVA M，et al.The measurement of engagement and burnout：a two sample confirmatory factor analytic approach ［J］.Journal of Happiness Studies，2002，3（1）：71–92.

❹ HARTER J K，SCHMIDT F L，HAYES T L.Business‐unit‐level relationship between employee satisfaction，employee engagement，and business outcomes：a meta‐Analysis ［J］.Journal of Applied Psychology，2002，87（2）：268–79.

❺ MAY D R，GILSON R L，HARTER L M.The psychological conditions of meaningfulness，safety and availability and the engagement of the human spirit at work ［J］.Journal of Occupational & Organizational Psychology，2004，77（1）：11–37.

❻ RICH B L，LEPINE J A，CRAWFORD E R.Job engagement: antecedents and effects on job performance ［J］.Academy of Management Journal，2010，53（3）：617–635.

❼ CHRISTIAN M S，GARZA A S，SLAUGHTER J E.Work engagement：a quantitative review and test of its relations with task and contextual performance ［J］.Personnel Psychology，2011，64（1）：89–136.

❽ BAKKER A B，ALBRECHT L，LEITER M P.Key questions regarding work engagement ［J］.European Journal of Work and Organizational Psychology，2011，20（1）：4–28.

❾ 李金平.组织气候对员工工作投入和组织承诺影响的实证研究 ［D］.成都：四川大学，2006.

续表

学者	年份	工作投入定义
徐艳，朱永新	2007	工作投入是心理上对自身工作的认同及对工作表现的重视，且能积极地投入工作❶
李锐，凌文辁	2007	工作投入是一种与工作相关的、积极的、完满的状态❷
胡少楠，王詠	2014	工作投入是个体积极地融入工作中的一种状态，能有效地连接个人特质、工作因素和工作绩效，可为组织带来竞争优势❸

综上可知，由于工作投入涉及多个研究领域，学者们出发的角度、关注的重点不同，因此对工作投入的定义具有较大差异，目前还没有一个公认的观点。究其表述及侧重点，大致可以归纳为四种：一是从心理认知的角度出发，认为工作投入是心理上对工作的认同程度；二是从心理状态的角度看，将其定义为在工作中积极的、向上的、完满的状态；三是从行为表现的层次出发，指出工作投入是将自身的精力和时间投入到工作中的程度；四是从工作绩效的角度进行定义，认为工作投入是个体对工作绩效的承诺，侧重解释工作投入的动机。其中，第二种观点，即 Schaufeli 等学者从心理认知状态对工作投入的定义，在学术界是最被广泛借鉴和引用的范式之一（Jeung，2011）❹。

二、工作投入的维度与测量

学者们根据不同的理论基础及概念界定研究工作投入的结构，其中比较盛行的有单维度、二维度、三维度及四维度说（见表2-6）。为了深入研究工作投入与其前因变量、结果变量的关系，多位学者在维度划分的基础上开发了不同的测量工具。

Kanungo 提出工作投入是单维结构的观点，认为工作投入不是一个多面构念，因为多维度的划分可能会与前因、结果因素相混淆，不能精确地反映工作投入的核心要素。Kanungo 根据单维度的观点设计了工作投入量表，共10个

❶ 徐艳，朱永新.中国员工工作投入的现状研究［J］.商场现代化，2007（2）：67-68.
❷ 李锐，凌文辁.工作投入研究的现状［J］.心理科学进展，2007（2）：366-372.
❸ 胡少楠，王詠.工作投入的概念、测量、前因与后效［J］.心理科学进展，2014，22（12）：1975-1984.
❹ JEUNG C W.The concept of employee engagement：a comprehensive review from a positive organizational behavior perspective［J］.Performance Improvement Quarterly，2011，24（2）：49-69.

题目，通过对 703 名员工的问卷调查及数据分析，发现研究结果支持工作投入单维度的观点，且量表的内部一致性系数为 0.87，重测信度为 0.85，信效度良好（Kanungo，1982）❶。从概念定义来看，尽管 Kanungo 的测量工具仍存在一些缺陷，但是他构建的框架十分清晰，因此目前该量表使用比较广泛。

Kahn 将工作投入分为生理、认知、情绪三个维度，生理投入指将自身的精力投入工作角色中；认知投入指个体对自己的角色和使命有清晰的认识，保持谨慎、专注；情绪投入指个体一直能与同事及上级保持友好沟通和协作，与他人建立友好的关系，并对他人的情绪具有敏感性（Kahn，1990）❷。Kahn 提出了比较综合的理论模型，但是他的研究仅限于定性描述，并没有进行操作化定义。Rothbard 在 Kahn 定义的基础上，认为工作投入包括注意和专注两个关键因素，注意是指个体在考虑工作角色上所花费的时间，专注指个体由于关注工作角色而忘记了时间，表示对工作角色的关注强度（Rothbard，2001）❸。由此可知，Rothbard 只关注了工作投入定义中的认知维度，并没有涉及生理和情绪方面的研究。

May 采用 Kahn 的维度划分方法，设计了 24 个题目进行预测量，但通过探索性因素分析并没有得到三个清晰、稳定的维度，因此后来选择了其中最有代表性意义的 13 个题目组成一个总量表，较好地反映了生理、认知、情绪三维度的内容，且内部一致性系数为 0.77（May，Gilson，Harter，2004）❹。Rich 也在 Kahn 维度划分的基础上设计了工作投入的测量工具。该问卷共有 18 个题目，每个维度有 6 个题目。通过因素分析，得出工作投入为一阶三因素（身体、认知、情绪）和二阶单因素结构的结论（Rich，2010）❺。这两个工作投入

❶ KANUNGO R N.Measurement of job and work involvement［J］.Journal of Applied Psychology，1982，67（3）：341–349.

❷ KAHN W A.Psychological conditions of personal engagement and disengagement at work［J］.Academy of Management Journal，1990，33（4）：692–724.

❸ ROTHBARD N P.Enriching or depleting？ The dynamics of engagement in work and family roles［J］.Administrative Science Quarterly，2001，46（4）：655–684.

❹ MAY D R，GILSON R L，HARTER L M.The psychological conditions of meaningfulness，safety and availability and the engagement of the human spirit at work［J］.Journal of Occupational & Organizational Psychology，2004，77（1）：11–37.

❺ RICH B L，LEPINE J A，CRAWFORD E R.Job engagement：antecedents and effects on job performance［J］.Academy of Management Journal，2010，53（3）：617–635.

测量量表验证了 Kahn 观点的合理性，具有较大的参考价值。

Maslach 是工作倦怠研究的代表学者，他提出了工作倦怠的三维模型：枯竭（长期处于高压力的工作下而产生的疲劳感）、讥诮（对工作不关心，持有冷漠、负面的反应）、自我效能感低落（无法在工作中体会到成就感，对组织失去信心）。根据这三个维度，Maslach 创建了工作倦怠量表（MBI），包括精力枯竭量表、人格解体量表、个人成就感量表三个分量表，分别有 5、9、8 三个题目。作为工作倦怠的对立面，Maslach 将工作投入操作化为精力、卷入、效能感三个维度，并采用工作倦怠量表（MBI）反向计分的方式测量工作投入（Maslach，Leiter，1997）[1]。

Schaufeli 认为 Maslach 关于工作投入的测量方法有欠妥之处，工作投入与工作倦怠并不是直接对立的两极，他们的关系更加复杂，所以应该拥有独立的测量工具。Schaufeli 通过对高水平投入的员工的深度访谈，开发了工作投入量表（WUES），包括活力、奉献、专注三个维度，活力是指精力充沛和心理韧性较强，能将精力、时间持续地投入到工作任务中，遇到困难也能继续坚持；奉献表示个体认为自己的工作具有意义，对投入工作而感到自豪，并勇于承担工作中遇到的困难；专注表现为个体完全沉浸在工作中，甚至没有察觉到时间的流逝。该量表共有 17 个条目（活力维度 6 个，奉献维度 5 个，专注维度6 个），采用 7 点计分方式，表现出良好的信效度（Schaufeli，Salanova，et al.，2002）[2]。之后，Schaufeli 在英国、加拿大等 10 个国家进行了实证检验，研究发现该量表呈现出良好的信效度，适用度较高。2006 年，Schaufeli 将 WUES 精简为 9 个条目（活力维度 3 个，奉献维度 3 个，专注维度 3 个），通过验证性因素分析发现信效度良好。总结发现，WUES 是目前使用最广泛的工作投入测量工具，在不同的文化背景和职业类型中都得到了验证（Jackson，Rothmann，Vijvwe，2006；张轶文，甘怡群，2005）[3][4]。但是，在某些国家，该结构及测量

[1] MASLACH C，LEITER M P.The truth about burnout［M］.San Francisco：Jossey-Bass，1997.

[2] SCHAUFELI W B，SALANOVA M，et al.The measurement of engagement and burnout：a two sample confirmatory factor analytic approach［J］.Journal of Happiness Studies，2002，3（1）：71-92.

[3] JACKSON L T B，ROTHMANN S，VIJVWE F J R V D.A model of work-related well-being for educators in South Africa［J］.Stress and Health，2006，22（4）：263-274.

[4] 张轶文，甘怡群.中文版 Utrecht 工作投入量表（UWES）的信效度检验［J］.中国临床心理学杂志，2005（3）：268-281.

工具却没有获得研究结果的支持（Sonnentag，Sabine，2003）。❶

Shirom 对 Schaufeli 的三维模型提出了不同的看法，认为活力才是工作投入中最重要的因素，因此提出了活力模型，并编制了工作活力量表（SMUM）（Shirom，2003）❷。该量表共 14 个条目，包括体力（5 个条目）、情感能力（4 个条目）、认知活力（5 个条目）三个分量表，内部一致性系数分别是 0.95、0.88、0.72。有学者认为，UWES 和 SMUM 量表是目前最常被采用的测量工具（Wefald，Mills，Smith，et al.，2012）❸。

在国外学者研究的基础上，我国学者提出了适应中国文化背景的工作投入的研究模型。徐艳以企业员工为研究对象编制了《企业员工工作投入问卷》，将工作投入分为兴趣导向、心理认同、工作热忱、积极参与四个维度，每个维度有 2 个条目。陈润龙在 Schaufeli 研究模型的基础上加上了兴趣维度，编制的问卷也具有良好的信效度。详见表 2-6。

综上所述，目前学术界广泛认同的是三维模型，尤其是 Schaufeli 提出的理论模型，单维模型其次，二维、四维模型只获得了极少数学者的青睐。这和工作投入的研究视角有一定的关系，也与不同的文化背景、工作情景相关联。

2.4.3 前因变量

近 30 年来，学者们对工作投入的影响因素展开了大量的研究。通过文献梳理，可以将工作投入的前因变量分为个人因素、工作因素、组织因素、家庭因素。

❶ SONNENTAG, SABINE.Recovery, work engagement, and proactive behavior: a new look at the interface between nonwork and work [J].Journal of Applied Psychology, 2003, 88（3）：518-528.

❷ SHIROM A.Feeling vigorous at work? The construct of vigor and the study of positive affect in organizations [J].Research in Occupational Stress & Well Being, 2003, 3（6）：135-164.

❸ WEFALD A J, MILLS M J, SMITH M R, et al.A Comparison of three job engagement measures: examining their factorial and criterion - related validity [J].Applied Psychology Health & Well - being, 2012, 4（1）：67-90.

表 2-6 工作投入维度汇总

结构	研究者	概念结构
一维	Kanungo（1982）	单维结构 [1]
	Shirom（2003）	工作投入只关注活力因素 [2]
二维	Paullay，Alliger，Stone-Romero（1994）	工作角色投入、工作情境投入 [3]
	Rothbard（2001）	注意、专注 [4]
三维	Kahn（1990）	生理、认知、情绪 [5]
	Maslach，Leiter（1997）	卷入、精力、效能感 [6]
	Britt，Bartone，Adler（2001）	责任感、承诺、绩效影响知觉 [7]
	Schaufeli，Salanova（2002）	活力、奉献、专注 [8]
	May，Gilson，Harter（2004）	身体成分、认知成分、情感成分 [9]
四维	徐艳，朱永新（2007）	兴趣导向、心理认同、工作热忱、积极参与 [10]
	陈润龙（2009）	奉献、兴趣、专注、活力 [11]
其他	Rich，Lepine，Crawford（2010）	一阶三因素（生理、认知、情感）和二阶单因素 [12]

---

[1] KANUNGO R N.Measurement of job and work involvement［J］.Journal of Applied Psychology，1982，67（3）：341–349.

[2] SHIROM A.Feeling vigorous at work? The construct of vigor and the study of positive affect in organizations［J］.Research in Occupational Stress & Well Being，2003，3（6）：135–164.

[3] PAULLAY I M，ALLIGER G M，STONE - ROMERO E F.Construct validation of two instruments designed to measure job involvement and work centrality［J］.Journal of Applied Psychology，1994，79（2）：224–228.

[4] ROTHBARD N P.Enriching or depleting? The dynamics of engagement in work and family roles［J］.Administrative Science Quarterly，2001，46（4）：655–684.

[5] KAHN W A.Psychological conditions of personal engagement and disengagement at work［J］.Academy of Management Journal，1990，33（4）：692–724.

[6] MASLACH C，LEITER M P.The truth about burnout［M］.San Francisco：Jossey-Bass，1997.

[7] BRITT T W，ADLER A B，BARTONE P T.Deriving benefits from stressful events：the role of engagement in meaningful work and hardiness［J］.Journal of Occupational Health Psychology，2001，6（1）：53–63.

[8] SCHAUFELI W B，SALANOVA M，et al.The measurement of engagement and burnout：a two sample confirmatory factor analytic approach［J］.Journal of Happiness Studies，2002，3（1）：71–92.

[9] MAY D R，GILSON R L，HARTER L M.The psychological conditions of meaningfulness，safety and availability and the engagement of the human spirit at work［J］.Journal of Occupational & Organizational Psychology，2004，77（1）：11–37.

[10] 徐艳，朱永新.中国员工工作投入的现状研究［J］.商场现代化，2007（2）：67–68.

[11] 陈润龙.企业员工工作投入问卷的编制［J］.商业文化（学术版），2009（7）：28–29.

[12] RICH B L，LEPINE J A，CRAWFORD E R.Job engagement：antecedents and effects on job performance［J］.Academy of Management Journal，2010，53（3）：617–635.

第一，个人因素，包括人口学特征、心理状态、人格特质、个体恢复等。

（1）人口学特征。人口学特征是学者们的关注点之一。大部分研究表明男性比女性更重视工作，工作投入程度也更高（Rabinowitz, Hall, 1977; Watkins, Tipton, Manus, 1991; Petoru, Demerouti, Peeters, et al., 2012）❶❷❸。年龄与工作投入的关系尚待证实，一些学者指出员工年龄越大，工作投入越高（Rabinowitz, Goodale, 1997）❹。也有学者发现，工作投入会随着年龄的增长而下降，但在60岁以上的年龄段，工作投入却是最高的（Robinson, Perryman, Hayday, 2004）❺。此外，受教育程度（Mannheim, 1987）❻、婚姻状况（Hall, Mansfield, 1975）❼被证实对工作投入有影响。

（2）心理状态。个人心理状态是影响工作投入的重要因素。Kahn认为工作投入主要受心理状态（心理安全、心理意义、心理可获得性）的影响（Kahn, 1990）❽，May进一步发现心理意义的影响最显著（May, 2004）❾。有学者认为，心理资本是个人成长过程中表现出来的一种积极心理状态，能促使员工全身心投入工作中（Ouweneel, Le Blanc, Schaufeli, 2012）。❿它的

❶ RABINOWITZ S, HALL D T.Organizational research on job involvement［J］.Psychological Bulletin, 1977, 84（2）: 265–288.

❷ WATKINS C E, TIPTON R M, MANUS M, et al.Role relevance and role engagement in contemporary school psychology［J］.Professional Psychology: Research and Practice, 1991, 22（4）: 328–332.

❸ PETORU P, DEMEROUTI E, PEETERS M C W, et al.Crafting a job on a daily basis: contextual correlates and the link to work engagement［J］.Journal of Organizational Behavior, 2012, 33（8）: 1120–1141.

❹ RABINOWITZ S, GOODALE H J G.Job Scope and individual differences as predictors of job involvement: independent or interactive?［J］.Academy of Management Journal, 1977, 20（2）: 273–281.

❺ ROBINSON D, PERRYMAN S, HAYDAY S.The drivers of employee engagement［R］.IES Repor, 2004.

❻ MANNHEIM M A.A comparative study of work centrality, job rewards and institutional determinants［J］.Work and Occupations, 1987, 14: 236–260.

❼ HALL D T, MANSFIELD R.Relationships of age and seniority with career variables of engineers and scientists［J］.Journal of Applied Psychology, 1975, 60（2）: 201–210.

❽ KAHN W A.Psychological conditions of personal engagement and disengagement at work［J］.Academy of Management Journal, 1990, 33（4）: 692–724.

❾ MAY D R, GILSON R L, HARTER L M.The psychological conditions of meaningfulness, safety and availability and the engagement of the human spirit at work［J］.Journal of Occupational & Organizational Psychology, 2004, 77（1）: 11–37.

❿ OUWENEEL E, LE BLANC P M, SCHAUFELI W B.Don't leave your heart at home［J］.Career Development International, 2012, 17（6）: 537–556.

主要组成部分：自我效能感（Xanthopoulou, Bakker, Heuven, et al., 2008; Ouweneel, Schaufeli, Blanc, 2013; 许庆贺, 2016）❶❷❸、人格坚韧性（Britt, Adler, Bartone, 2001）❹、乐观（Tims, Bakker, Xanthopoulou, 2011; Cotter, Fouad, 2012; Cole, Cater, Zhang, 2013）❺❻❼、情绪智力（Auxiliadora, Natalio, et al., 2004）❽等都与工作投入显著相关。Bledow 也证实了心理状态的重要性，他以比利时的 55 名软件开发人员为调查对象，发现早上处于消极状态的个人若能保持积极情绪和心境，那么当天的工作投入也会提高（Bledow, Schmitt, Frese, et al., 2011）❾。

（3）人格特质。除了以上提到的乐观、坚韧性等人格特质，低神经质、高外向性、高灵活性三种人格特征正向影响工作投入（Langelaan, Bakker, Doornen, et al., 2006）❿，主动性人格与工作投入的关系也很显著（Petrou, Demerouti, Peeters, et al., 2012; Van Wingerden, Derks, Bakker, 2017; 王胜男，

---

❶ XANTHOPOULOU D, BAKKER A B, HEUVEN E, et al.Working in the sky: a diary study on work engagement among flight attendants［J］.Journal of Occupational Health Psychology, 2008, 13（4）: 345–356.

❷ OUWENEEL E, SCHAUFELI W B, LE BLANC P M.Believe, and you will achieve: changes over time in self - efficacy, engagement, and performance［J］.Applied Psychology Health & Well Being, 2013, 5（2）: 225–247.

❸ 许庆贺.企业员工自我效能感、工作投入与工作 – 家庭增益的关系研究［D］.哈尔滨: 哈尔滨工程大学, 2016.

❹ BRITT T W, ADLER A B, BARTONE P T.Deriving benefits from stressful events: the role of engagement in meaningful work and hardiness［J］.Journal of Occupational Health Psychology, 2001, 6（1）: 53–63.

❺ TIMS M, BAKKER A B, XANTHOPOULOU D.Do transformational leaders enhance their followers' daily work engagement？［J］.Leadership Quarterly, 2011, 22（1）: 121–131.

❻ COTTER E W, FOUAD N A.Examining burnout and engagement in layoff Survivors: the role of personal strengths［J］.Journal of Career Development, 2012, 40（5）: 424–444.

❼ COLE M S, CARTER M Z, ZHANG Z.Leader - team congruence in power distance values and team effectiveness: the mediating role of procedural justice climate［J］.Journal of Applied Psychology, 2013, 98（6）: 962–973.

❽ AUXILIADORA, NATALIO, et al.Self - reported emotional intelligence, burnout and engagement among staff in services for people with intellectual disabilities［J］.Psychological Reports, 2004, 95（2）: 386– 390.

❾ BLEDOW R, SCHMITT A, FRESE M, et al.The affective shift model of work engagement［J］.Journal of Applied Psychology, 2011, 96（6）: 1246–1257.

❿ LANGELAAN S, BAKKER A B, DOORNEN L J P V, et al.Burnout and work engagement: do individual differences make a difference？［J］.Personality & Individual Differences, 2006, 40（3）: 521–532.

2015）❶❷❸。

（4）个体恢复。个体恢复有利于工作投入，当经过足够的休息调整后，个体能更加积极地进入工作状态。Sonnentag 等发现，晚上的良好恢复和下班时的恢复状态都对工作投入有积极影响（Sonnentag，2003；Sonnentag，Mojza，Demerouti，2012）❹❺。恢复的多种方式都能预测工作投入，如在非上班时间进行心理脱离（Ten Brummelhuis，Bakker，2012；Sonnentag，K U Hnel，2016）❻❼、参加恢复活动（Ten Brummelhuis，Bakker，2012）❽，或者在工作时间进行短暂的休息。尤其是针对工作投入低的时间段（K U Hnel，Zacher，De Bloom，et al.，2016）❾和工作积极性不高的个体（Kim，Park，Headrick，2018）❿，小憩的恢复活动对工作投入的作用更加显著。但是，有学者指出心理脱离和工作投入不是简单的直线关系，而是倒 U 型关系，因为当个体进入高水平的心理脱离水平后，需要一段时间适应工作（Shimazu，Matsudaira，

❶ PETROU P, DEMEROUTI E, PEETERS M C W, et al.Crafting a job on a daily basis：contextual correlates and the link to work engagement［J］.Journal of Organizational Behavior，2012，33（8）：1120-1141.

❷ VAN WINGERDEN J, DERKS D, BAKKER A B.The impact of personal resources and job crafting interventions on work engagement and performance［J］.Human Resource Management，2017，56（1）：51-67.

❸ 王胜男.主动性人格与工作投入：组织支持感的调节作用［J］.中国健康心理学杂志，2015，23（4）：524-527.

❹ SONNENTAG S.Recovery，work engagement，and proactive behavior：a new look at the interface between nonwork and work［J］.Journal of Applied Psychology，2003，88（3）：518-528.

❺ SONNENTAG S, MOJZA E J, DEMEROUTI E, et al.Reciprocal relations between recovery and work engagement：the moderating role of job stressors［J］.Journal of Applied Psychology，2012，97（4）：842-853.

❻ TEN BRUMMELHUIS L L, BAKKER A B.Staying engaged during the week：the effect of off‐job activities on next day work engagement［J］.Journal of Occupational Health Psychology，2012，17（4）：445-455.

❼ SONNENTAG S, K U HNEL.Coming back to work in the morning：psychological detachment and reattachment as predictors of work engagement［J］.Journal of Occupational Health Psychology，2016，21（4）：379-390.

❽ TEN BRUMMELHUIS L L, BAKKER A B.Staying engaged during the week：the effect of off‐job activities on next day work engagement［J］.Journal of Occupational Health Psychology，2012，17（4）：445-455.

❾ K U HNEL, ZACHER H, DE BLOOM J, et al.Take a break！Benefits of sleep and short breaks for daily work engagement［J］.European Journal of Work and Organizational Psychology，2016：1-11.

❿ KIM S, PARK Y, HEADRICK L.Daily micro‐breaks and job performance：general work engagement as a cross‐level moderator［J］.Journal of Applied Psychology，2018，103（7）：772-786.

Jonge，et al.，2016）❶。

除此之外，还有一些学者对工作投入的个人影响因素进行了研究，如个人应对策略（Breevaart，Bakker，Demerouti，2014；Zacher，Chan，Bakker，et al.，2015；Breevaart，Bakker，Demerouti，et al.，2016）❷❸❹、核心自我评价（Rich，Lepine，Crawford，2010）❺、生涯适应力（Savickas，Porfeli，2012；Rossier，Zecca，Stauffer，et al.，2012）❻❼、专念（Leroy，Anseel，Dimitrova，et al.，2013）❽等都对工作投入有预测作用，这些研究有利于解释工作投入的自我影响价值。

第二，工作因素。有关工作投入的工作影响因素的研究成果比较丰富，较多学者通过实证的研究方法发现了工作资源（Hakanen，Bakker，Schaufeli，2006；Chen，Chen，2012）❾❿、社会支持（Bakker，Demerouti，Schaufeli，2003；Llorens，Bakker，Schaufeli，et al.，2006；Balduccia，Schaufeli，Franco，

❶ SHIMAZU A，MATSUDAIRA K，JONGE J D，et al.Psychological detachment from work during non - work time：linear or curvilinear relations with mental health and work engagement？［J］.Industrial Health，2016，54（3）：282-292.

❷ BREEVAART K，BAKKER A B，DEMEROUTI E.Daily self - management and employee work engagement［J］.Journal of Vocational Behavior，2014，84（1）：31 - 38.

❸ ZACHER H，CHAN F，BAKKER A B，et al.Selection，optimization，and compensation strategies：interactive effects on daily work engagement［J］.Journal of vocational behavior，2015，87：101-107.

❹ BREEVAART K，BAKKER A B，DEMEROUTI E，et al.Who takes the lead？ A multi - source diary study on leadership，work engagement，and job performance［J］.Journal of Organizational Behavior，2016，37（3）：309-325.

❺ RICH B L，LEPINE J A，CRAWFORD E R.Job engagement：antecedents and effects on job performance［J］.Academy of Management Journal，2010，53（3）：617-635.

❻ SAVICKAS M L，PORFELI E J.Career adapt - abilities scale：construction，reliability，and measurement equivalence across 13 countries［J］.Journal of Vocational Behavior，2012，80（3）：661-673.

❼ ROSSIER J，ZECCA G，STAUFFER S D，et al.Career adapt-abilities scale in a French - speaking Swiss sample：psychometric properties and relationships to personality and work engagement［J］.Journal of vocational behavior，2012，80（3）：734-743.

❽ LEROY H，ANSEEL F，DIMITROVA N G，et al.Mindfulness，authentic functioning，and work engagement：a growth modeling approach［J］.Journal of Vocational Behavior，2013，82（3）：238-247.

❾ HAKANEN J J，BAKKER A B，SCHAUFELI W B.Burnout and work engagement among teachers［J］.Journal of School Psychology，2006，43（6）：495-513.

❿ CHEN C F，CHEN S C.Burnout and work engagement among cabin crew：antecedents and consequences［J］.International Journal of Aviation Psychology，2012，22（1）：41-58.

2011）❶❷❸、内部沟通（Atwater，Carmeli，2009）❹、工作匹配度（Demerouti，Bakker，Nachreiner，et al.，2001）❺、绩效反馈（Schaufeli，Bakker，2004）❻等因素对工作投入的积极作用。此外，工作要求也会影响工作投入，其影响效果取决于员工的认知，当员工将工作要求看作挑战时，则有利于工作投入；当将其看作阻碍时，则会抑制工作投入（Bakker，Sanz‑Vergel，2013）❼。还有学者发现工作要求与工作投入呈现为倒 U 型曲线关系（Swang，2012）❽。

第三，组织因素。关于组织因素与工作投入的研究，包括组织认同（Ötken，Erben，2010）❾、组织支持（Rothmann，Pieterse，2013；Rich，Lepine，Crawford，2010）❿⓫、组织公平（Demerouti，Bakker，Jonge，et al.，2001；Adnan，Sanam，Muhammad，2013）⓬⓭、组织氛围（Xanthopoulou，Bakker，Demerouti，et al.，

❶ BAKKER A，DEMEROUTI E，SCHAUFELI W B.Dual processes at work in a call centre：an application of the job demands‑resources model［J］.European Journal of Work & Organizational Psychology，2003，12（4）：393–417.

❷ LLORENS S，BAKKER A B，SCHAUFELI W B，et al.Testing the robustness of the job demands‑resources model［J］.International Journal of Stress Management，2006，13（3）：378–391.

❸ BALDUCCIA C，SCHAUFELI W B，FRANCO F.The job demands‑resources model and counterproductive work behaviour：the role of job‑related affect［J］.European Journal of Work & Organizational Psychology，2011，20（4）：467–496.

❹ ATWATER L，CARMELI A.Leader‑member exchange，feelings of energy，and involvement in creative work［J］.Leadership Quarterly，2009，20（3）：264–275.

❺ DEMEROUTI E，BAKKER A B，NACHREINER F，et al.The job demands‑resources model of burnout［J］.Journal of Applied Psychology，2001，86（3）：499–512.

❻ SCHAUFELI W B，BAKKER A B.Job demands，job resources，and their relationship with burnout and engagement：a multi‑sample study［J］.Journal of Organizational Behavior，2004，25（3）：293–315.

❼ BAKKER A B，SANS‑VERGEL A I.Weekly work engagement and flourishing：the role of hindrance and challenge job demands［J］.Journal of vocational behavior，2013，83（3）：397–409.

❽ SWANG S.Is there an inverted U‑shaped relationship between job demands and work engagement：hhe moderating role of social support？［J］.International Journal of Manpower，2012，33（2）：178–186.

❾ ÖTKEN A B，ERBEN G S.Investigating the relationship between organizational identification and work engagement and the role of supervisor support［J］.Gazi Üniversitesi İktisadi ve İdari Bilimler Fakültesi Dergisi，2010，10：93–118.

❿ ROTHMANN S，PIETERSE A.Predictors of work‑related well‑being in sector education training authorities［J］.South African Journal of Economic & Management Sciences，2013，10（3）：298–312.

⓫ RICH B L，LEPINE J A，CRAWFORD E R.Job engagement：antecedents and effects on job performance［J］.Academy of Management Journal，2010，53（3）：617–635.

⓬ DEMEROUTI E，BAKKER A B，JONGE J D，et al.Burnout and engagement at work as a function of demands and control［J］.Scandinavian Journal of Work Environment & Health，2001，27（4）：279–286.

⓭ ADNAN R，SANAM K，MUHAMMAD R.Antecedents and consequences of employee engagement：the case of Pakistan［J］.Journal of Business Studies Quarterly，2013，4（4）：183–200.

2009）❶、领导风格及能力（席燕平，2017）❷对工作投入的影响研究。其中，组织公平因素被广大学者所关注，如 Saks 发现程序公平和分配公平对工作投入有显著影响（Saks，2006）。❸组织支持也是一项重要的影响因素，若员工感知到较高的组织支持，即组织对员工的奉献和失败报以积极的看法和正常的预期，则员工不害怕自己的声誉、地位受到损害，便能更加积极地投入到工作中（Edmondson，1999）。❹另外，领导风格及能力对工作投入的影响得到众多学者的研究，真实型领导（Avoliot，Gardner，2005）❺、魅力型领导（Babcock-Roberson M E，Strickland，2010）❻、变革型领导（Ghadi，Fernando，Caputi，2013；Breevaart，Bakker，Demerouti，2014；Breevaart，Bakker，Demerouti，et al.，2016）❼❽❾、自我牺牲型领导（盘颖，2018）❿、包容型领导（薛丁铭，2017）⓫能使员工更加努力地工作，而负面的领导行为与工作投入有负相关

❶ XANTHOPOULOU D，BAKKER A B，DEMEROUTI E，et al.Work engagement and financial returns：a diary study on the role of job and personal resources［J］.Journal of Occupational & Organizational Psychology，2009，82（1）：183–200.

❷ 席燕平.领导风格、员工追随行为与领导效能关系的实证研究［D］.北京：首都经济贸易大学，2017.

❸ SAKS A M.Antecedents and consequences of employee engagement［J］.Journal of managerial psychology，2006，21（7）：600–619.

❹ EDMONDSON A.Psychological safety and learning behavior in work teams［J］.Administrative Science Quarterly，1999，44（2）：350–383.

❺ AVOLIOT B J，GARDNER W L.Authentic leadership development：getting to the root of positive forms of leadership［J］.Leadership Quarterly，2005，16（3）：315–338.

❻ BABCOCK - ROBERSON M E，STRICKLAND O J.The relationship between charismatic leadership，work Engagement，and organizational citizenship behaviors［J］.The Journal of Psychology，2010，144（3）：313–326.

❼ GHADI M Y，FERNANDO M，CAPUTI P.Transformational leadership and work engagement：the mediating effect of meaning in work［J］.The Leadership & Organization Development Journal，2013，34（6）：532–550.

❽ BREEVAART K，BAKKER A B，DEMEROUTI E.Daily self–management and employee work engagement［J］.Journal of Vocational Behavior，2014，84（1）：31–38.

❾ BREEVAART K，BAKKER A B，DEMEROUTI E，et al.Who takes the lead？A multi - source diary study on leadership，work engagement，and job performance［J］.Journal of Organizational Behavior，2016，37（3）：309–325.

❿ 盘颖.自我牺牲型领导对下属工作投入的影响：组织危机条件下的跨层次研究［D］.广州：华南理工大学，2018.

⓫ 薛丁铭，李永鑫.包容型领导对幼儿园教师工作投入的影响［J］.学前教育研究，2017（7）：11–19.

关系（Aryee，Sun，Chen，et al.，2008）❶。Luthans 还发现，管理者的高自我效能感、高管理有效性能为下属的认知与情感带来积极效应，促进工作投入（Luthans，Peterson，2002）❷。

第四，家庭因素。如何追求家庭和工作之间的平衡一直被人们所讨论，说明工作和家庭是分不开的，家庭也会对工作投入产生影响。Rothbard 发现性别在家庭与工作投入之间存在显著差异，女性如果家庭生活幸福，可以更加专注于工作，但工作中的消极情绪也会降低她们对家庭的关注；男性则相反，工作中的负面情绪会增加他们对家庭的投入（Rothbard，2001）❸。还有学者发现，如果夫妻都是上班族，则工作投入和工作倦怠在他们之间存在交叉传递效应（Bakker，Demerouti，Schaufeli，2005）❹。Smith 等更关注家庭结构的预测能力，研究发现单身且无子女家庭结构的员工的工作投入较低（Smith，Dumas，2007）❺。除此以外，良好的家庭关系也能帮助消除工作中的消极情绪，有利于员工保持积极向上的工作状态（Ten Brummelhuis，Bakker，2012）❻。

2.4.4　结果变量

大多学者证实了工作投入的正面效应，它的结果变量可以从工作层面、个人层面进行归纳总结。

第一，工作层面。工作投入对与工作相关的态度、行为及绩效起着重要的

❶ ARYEE S, SUN L Y, CHEN Z X G, et al.Abusive supervision and contextual performance: the mediating role of emotional exhaustion and the moderating role of work unit structure［J］.Management & Organization Review, 2008, 4（3）: 393–411.

❷ LUTHANS F, PETERSON S J. Employee engagement and manager self - efficacy［J］.Journal of Management Development, 2002, 21（5）: 376–387.

❸ ROTHBARD N P.Enriching or depleting ? The dynamics of engagement in work and family roles［J］. Administrative Science Quarterly, 2001, 46（4）: 655–684.

❹ BAKKER A B, DEMEROUTI E, SCHAUFELI W B.The crossover of burnout and work engagement among working couples［J］.Human Relations, 2005, 58（5）: 661–689.

❺ SMITH J E P, DUMAS T L.Debunking the ideal worker myth: effect of temporal flexibility & family configuration on engagement［J］.Academy of Management Meeting, 2007, 1: 1–6.

❻ TEN BRUMMELHUIS L L, BAKKER A B.Staying engaged during the week: the effect of off - job activities on next day work engagement［J］.Journal of Occupational Health Psychology, 2012, 17（4）: 445–455.

作用。

（1）工作态度。大批学者证实了工作投入与工作态度之间存在正相关关系。工作投入有利于提高员工的组织承诺，增强了员工对组织的认同感和归属感（Demerouti, Bakker, Jonge, et al., 2001; Richardsen, Burke, Martinussen, 2006）❶❷。工作投入的程度越高，员工的幸福感（Hallberg, Schaufeli, 2006）❸与工作满意度（Llorens, Salanoval, et al., 2012）❹也越高。工作投入还直接影响员工的留职意愿（Jones, Harter, 2005）❺和离职意愿（Agarwal, Datta, Blake‑Beard, et al., 2012; Yalabik, Popaitoon, 2013）❻❼，工作投入水平高，留职意愿高，离职意愿低。

（2）工作绩效。员工投入工作的时间越长，精力越充沛，工作绩效也越高，学者们已经对此达成了共识（Diefendorff, Brown, Lord, 2002; Evans, Davis, 2015; Darlja, Matej, et al., 2015）❽❾❿。Harter 通过元分析方法，验证

❶ DEMEROUTI E, BAKKER A B, JONGE J D, et al.Burnout and engagement at work as a function of demands and control［J］.Scandinavian Journal of Work Environment & Health, 2001, 27（4）: 279–286.

❷ RICHARDSEN A M, BURKE R J, MARTINUSSEN M.Work and health outcomes among police officers: the mediating role of police cynicism and engagement［J］.International Journal of Stress Management, 2006, 13（4）: 555–574.

❸ HALLBERG U E, SCHAUFELI W B. "Same same" but different？ Can work engagement be discriminated from job involvement and organizational commitment？［J］.European Psychologist, 2006, 11（2）: 119–127.

❹ LLORENS S, SALANOVAL M, et al.About the Dark and Bright Sides of Self‑efficacy: Workaholism and Work Engagement［J］.Spanish Journal of Psychology, 2012, 15（2）: 688–701.

❺ JONES J R, HARTER J K.Race effects on the employee engagement‑turnover Intention relationship［J］.Journal of Leadership & Organizational Studies, 2005, 11（2）: 78–88.

❻ AGARWAL U A, DATTA S, BLAKE‑BEARD S, et al.Linking LMX, innovative work behaviour and turnover intentions［J］.Career Development International, 2012, 17（3）: 208–230.

❼ YALABIK Z Y, POPAITOON, et al.Work engagement as a mediator between employee attitudes and outcomes［J］.International Journal of Human Resource Management, 2013, 24（14）: 2799–2823.

❽ DIEFENDORFF J M, BROWN D J, LORD K R G.Examining the roles of job involvement and work centrality in predicting organizational citizenship behaviors and job performance［J］.Journal of Organizational Behavior, 2002, 23（1）: 93–108.

❾ EVANS W R, DAVIS W D.High‑performance work systems as an initiator of employee proactivity and flexible work processes［J］.Organization Management Journal, 2015, 12（2）: 64–74.

❿ DARLJA A, MATEJ, et al.I want to be creative, but⋯ preference for creativity, perceived clear Outcome goals, work enjoyment, and creative performance［J］.European Journal of Work & Organizational Psychology, 2015, 25（3）: 363–383.

了工作投入与工作绩效的正相关关系，如提高生产力、利润率、顾客满意度及组织整体绩效（Harter，Schmidt，Hayes，2002）❶。Xanthopoulou 等以希腊一家餐厅的员工为研究对象，通过日记法的方式发现工作投入能预测当天的营业额（Xanthopoulou，Bakker，Demerouti，2009）❷。有学者认为，工作投入不能直接影响工作绩效，如 Salanova 等研究发现，工作投入确实会提高工作绩效，但需要组织服务气氛在两者之间发挥中介作用（Salanova，Agut，et al.，2005）❸。

（3）工作行为。工作投入能正向预测员工的组织公民行为，这在多种文化背景下得到证实，如对印度员工的研究（Kataria，Garg，Rastogi，2013）❹，对伊斯坦布尔员工的研究（Findikli，2015）❺，对中国员工的研究（隋楠，2011）❻。工作投入也能促进员工的主动行为，如前瞻行为（主动改变现状、追求学习目标等行为)(Sonnentag，2003）❼、知识管理行为（Shamim，Cang，Yu，2017）❽、创新工作行为（Agarwal，Datta，Blake‐Beard，et al.，2012）❾、主动学

❶ HARTER J K，SCHMIDT F L，HAYES T L.Business‐Unit‐Level relationship between employee satisfaction，employee engagement，and business outcomes：a meta‐Analysis［J］.Journal of Applied Psychology，2002，87（2）：268–279.

❷ XANTHOPOULOU D，BAKKER A B，DEMEROUTI E，et al.Work engagement and financial returns：a diary study on the role of job and personal resources［J］.Journal of Occupational & Organizational Psychology，2009，82（1）：183–200.

❸ SALANOVA M，AGUT S，et al.Linking organizational resources and work engagement to employee performance and customer loyalty：the mediation of service climate［J］.Journal of Applied Psychology，2005，90（6）：1217–1227.

❹ KATARIA A，GARG P，RASTOGI R.Does psychological climate augment OCBs？The mediating role of work engagement［J］.Psychologist Manager Journal，2013，16（4）：217–242.

❺ FINDIKLI M M A .Exploring the consequences of work engagement：relations among OCB‐I，LMX and team work performance［J］.Ege Academic Review，2015，15（2）：229–229.

❻ 隋楠.国企员工工作投入、组织公民行为和责任心对工作家庭冲突的影响［D］.西安：陕西师范大学，2011.

❼ SONNENTAG S.Recovery，work engagement，and proactive behavior：a new look at the interface between nonwork and work［J］.Journal of Applied Psychology，2003，88（3）：518–528.

❽ SHAMIM S，CANG S，YU H.Impact of knowledge oriented leadership on knowledge management behaviour through employee work attitudes［J］.International Journal of Human Resource Management，2017，30（16）：1–31.

❾ AGARWAL U A，DATTA S，BLAKE‐BEARD S，et al.Linking LMX，innovative work behaviour and turnover intentions［J］.Career Development International，2012，17（3）：208–230.

习行为（Bakker，Demerouti E，Brummelhuis，2012）❶。还有学者证实了工作投入对员工建言行为的积极影响（Burke，Koyuncu，Fiksenbaum，et al.，2013；吴道友、高丽丽、段锦云，2014）❷❸。

　　第二，个人层面。从心理健康角度看，大部分研究证明工作投入有利于员工的心理健康，能引起员工积极向上的情感体验，激发积极情绪（Schaufeli，2004；Little，Simmons，Nelson，2007）❹❺，减少焦虑与沮丧（Innstand，Langballe，Falkum，2012）❻。Britt 以士兵为样本进行了 3 项研究，探讨工作投入与压力感及紧张感的关系。2001 年的研究表明，工作投入高的员工能有效地应对压力，并减少紧张情绪（Britt，Adler，Bartone，2001）❼；2003 年的研究进一步证实工作投入对于降低员工紧张情绪的作用，当员工面临压力（家庭压力、工作压力等）时，高工作投入的员工将精力放在了工作任务上，而对压力的认知相对减少，因此由压力产生的负面效应也较小（Britt，Bliese，2003）❽；2005 年的研究发现，工作投入与压力源、紧张感之间存在更加复杂的关系，当压力在一定范围之内，高工作投入的员工能从中获益，降低心理紧张程度；但是当压力超过个人的承受能力，高工作投入的员工会产生超负荷知觉，即感受到更大的

❶ BAKKER A B，DEMEROUTI E，BRUMMELHUIS L L T.Work engagement，performance，and active learning：The role of conscientiousness［J］.Journal of Vocational Behavior，2012，80（2）：555-564.

❷ BURKE R J，KOYUNCU M，FIKSENBAUM L，et al.Antecedents and consequences of work engagement among frontline employees in Turkish hotels［J］.Journal of Transnational Management，2013，18（3）：191-203.

❸ 吴道友，高丽丽，段锦云.工作投入如何影响员工建言：认知灵活性和权力动机的作用［J］.应用心理学，2014，20（1）：67-75.

❹ SCHAUFELI W B.The future of occupational health psychology［J］.Applied Psychology，2004，53（4）：502-517.

❺ LITTLE L M，SIMMONS B L，NELSON D L.Health among leaders：positive and negative affect，engagement and burnout，forgiveness and revenge［J］.Journal of Management Studies，2007，44（2）：243-260.

❻ INNSTAND S T，LANGBALLE E M，FALKUM E.A longitudinal study of the relationship between work engagement and symptoms of anxiety and depression［J］.Stress & Health Journal of the International Society for the Investigation of Stress，2012，28（1）：1-10.

❼ BRITT T W，ADLER A B，BARTONE P T.Deriving benefits from stressful events：the role of engagement in meaningful work and hardiness［J］.Journal of Occupational Health Psychology，2001，6（1）：53-63.

❽ BRITT T W，BLIESE P D.Testing the stress - buffering effects of self - engagement among soldiers on a military operation［J］.Journal of Personality，2003，71（2）：245-266.

压力，进而更有可能产生生理症状（Britt，2005）**❶**。从生理健康角度看，工作投入能使个体保持良好的身体状态，减小患病率（Demerouti，Bakke，Jonge，2001；Schaufeli，Bakker，2004）。**❷❸**

❶ BRITT T W.Self‐engagement，stressors，and health：A longitudinal study ［ J ］.Personality & Social Psychology Bulletin，2005，31（11）：1475–1486.

❷ DEMEROUTI E，BAKKER A B，JONGE J D，et al.Burnout and engagement at work as a function of demands and control ［ J ］.Scandinavian Journal of Work Environment & Health，2001，27（4）：279–286.

❸ SCHAUFELI W B，BAKKER A B.Job demands，job resources，and their relationship with burnout and engagement：A multi‐sample study ［ J ］.Journal of Organizational Behavior，2004，25（3）：293–315.

第三章　关系实践感知的概念界定及其影响因素

3.1　关系实践感知的概念界定

3.1.1　关系现象与关系的分类

一、关系现象

关系（Guanxi）现象根植于传统的儒家思想。费孝通认为，中国传统社会的格局类似于把一块石头丢进水里之后水面上一圈圈推出去的波纹。这种以"己"为中心，依据与自身的亲疏而向外伸展的一轮轮关系网络被称为差序格局。而西方语境中的关系（relationship）根植于西方宗教思想，费孝通将基于这种宗教思想产生的格局称为团体格局。在团体格局中，人际交往所遵从的原则是普遍性原则而非特殊原则。❶

建立长期关系是华人人际交往中的一个重要原则，虽然儒家社会常言"受人滴水之恩，定当涌泉相报"，但是具体回报的时间，却是可长可短。Yeung与Tung认为儒家社会成员中每次交往事件均是普遍联系的，长期的相互利益而非短期的个人获取是华人人际关系的典型特征。双方的关系账户需要保持充裕，以便未来的某一时间方便及时取出。在这个资产负债表中，借方和贷方双

---

❶　费孝通.乡土中国［M］.北京：生活·读书·新知三联书店，1985.

方永远不可能保持平衡状态，因为一旦平衡就意味着双方关系的结束。❶ "关系"就是这样通过双方不断的长期互动得以加强。

二、关系的分类

目前研究者对关系的分类主要有二元、三元以及四元分类方式。

1. 二元分类

在费孝通由"己—家—国—天下"不断外推的"差序格局"概念中，个人人际关系以"己"为中心如同一串同心圆向外逐渐推开。越接近"自己"，关系越亲密，越接近外圈，关系越疏远。在此基础上，费孝通构建了"自己人与外人"的重要二元分类，他的二元分类成为后来华人人际关系研究中的最重要的概念构架。❷

2. 三元分类

黄光国将人际关系分为情感性关系、工具性关系、混合性关系三种类型。所谓情感性关系是一种长久而稳定的社会性关系，例如家庭成员关系就是一种典型的情感性关系；工具性关系指的是个人为了达到某些目的，而和他人进行短暂而不稳定的交往，例如公车司机和乘客之间的关系便是典型的工具性关系，这种关系中，人际交往双方互不知对方的姓名，其间的感情成分十分有限；在混合性关系中，交往双方可能彼此认识，也可能通过第三方认识，双方之间有一定程度的感情成分，但其感情成分又并未达到家庭成员之间的感情深度。这类关系可能包括师生、同事、同学、邻居、同乡等。在黄光国看来，不同类型的关系往往会遵循不同的交往法则。在情感性关系中，人际互动以满足成员对归属感的需求为主，遵循的是"各尽所能，各取所需"的需求法则；在工具性关系中，双方属于"合则来，不合则去"的关系，人际交往坚持的是"童叟无欺"的公平法则；混合型关系介于情感性关系与工具性关系之间，人际交往法则强调的是人情法则。当资源请托者一方要求资源分配者提供资源时，资源支配者往往会依据其所付出的代价、未来有可能的回报以及关系网内

---

❶ YEUNG I Y M，TUNG R L.Achieving business success in confucian societies：The importance of guanxi（connections）[J].Organizational Dynamics，1996，25（2）：54-65.

❷ 黄光国.儒家关系主义［M］.北京：北京大学出版社，2006.

其他人的回应进行比较，以此来决定是否答应请托者的请求。❶

与黄光国相似的思路，杨国枢依关系基础不同提出三类关系：家人关系—熟人关系—生人关系。家人关系是所有关系中的核心关系，生人关系和熟人关系并不存在泾渭分明的界限：生人关系可以通过领养、结拜、认干亲等形式发展成为熟人关系，而熟人关系可能会因为意外事件或交往频率的降低而慢慢成为生人关系。❷

3. 四元分类

Tsui 和 Far 在杨国枢研究的基础上对"生人关系"进一步分解为具有相似人口背景的同质生人和不具相似人口背景的异质生人，并将华人组织中的关系类型区分为家人、熟人、同质生人与异质生人四种类型。前人的研究认为，无论是同质生人还是异质生人，其交往皆是基于输赢的工具计算，但 Tsui 与 Far 对此提出异议，他们认为，同质生人之间的交往将会得到更多的便利，而异质生人之间的交往则是遵循小心谨慎的原则来进行。❸

杨中芳和彭泗清认为人际交往中包括既定关系基础成分（即既定成分）和交往成分。既定成分类似于 Jacobs 所提出的关系基础的概念❹，如同乡、同学、同事、莫逆之交，但这种关系基础涵盖义务性的成分。而交往成分则包括工具成分与情感成分。与以往黄光国的情感性关系—混合性关系—工具性关系的静态分析方法不同，杨中芳主张运用动态的视角看待关系，她认为人际关系是随着时间的延续及交往的次数的增加而发生增减变化的，随着人际信任的深入，人际关系也相应地由浅入深。❺ 在随后的研究中，杨宜音又进一步突出了义务的重要性，将关系依其含有人情（应有之情）及感情（真情）的多寡高低分为四类，分别是高应有之情与高真有之情的"亲情关系"、低应有之情与低真有

---

❶ 黄光国.人情与面子：中国人的权力游戏［M］// 黄光国.中国人的权力游戏.台北：巨流图书公司，1988.

❷ 杨国枢.中国人的社会取向：社会互动的观点［M］// 杨国框，余安邦.中国人的心理与行为：理论与方法篇.台北：桂冠图书公司，1992：110-114.

❸ TSUI A S, FARH J L.Where guanxi matters［J］.Work & Occupations，1997，24（1）：56-79.

❹ Jacobs J B.The concept of guanxi and local politics in a rural Chinese cultural settings［M］//GREENBLATT S L, WILSON R W, WILSON A A.Social interaction in Chinese society.New York：Praeger，1980.

❺ 杨中芳，彭泗清.中国人人际信任的概念化：一个人际关系的观点［J］.社会学研究，1999（2）：1-21.

之情的"市场交换关系"、低应有之情与高真有之情的"友情关系"和高应有之情与低真有之情的"恩情关系"。❶

3.1.2　关系实践及其感知

一、关系实践的概念

现有研究表明，企业人力资源管理决策极易受到关系的影响（Hsiu‐Hua et al.，2007；Hu，Hsu & Cheng，2004；Zhou & Martocchio，2001）❷❸❹。郑伯埙和林家五的研究显示，台湾地区大型家族企业高级管理层和决策层通常是由他的家人以及少数和他有亲信关系的"自己人"所组成，中层管理人员则主要由可作为企业所有者心腹的"自己人"构成，而基层员工的来源一般是与企业所有者没有特殊关系的普通员工（即"陌生人"或"外人"），针对不同类型的员工，组织的人力资源管理方式亦有差别。❺事实上，根据员工类别的不同采取差异化人力资源管理实践不仅仅局限于家族企业。徐玮伶等人以郑伯埙的员工归类标准为基础，设计了八类情境故事作为脚本，要求被试针对八类情境故事回答相应的问题。他们的研究结果发现，组织管理者与下级的亲属关系、忠诚、才能均能显著直接影响信息分享和决策参与（徐玮伶、郑伯埙、黄敏萍，2002）❻。

学者们的研究进一步验证了偏私性人力资源管理实践在华人组织中的普遍

❶ 杨宜音.自己人：一项有关中国人关系分类的个案研究［M］//杨宜音.中国社会心理学评论（第一辑）.北京：社会科学文献出版社，2005：181-205.

❷ HSIU‐HUA H，CHIN‐TIEN H，WEN‐RUEY L，CHEN‐MING C.A policy‐capturing approach to comparing the reward allocation decisions of Taiwanese and U.S. managers［J］.Social Behavior & Personality：An International Journal，2007，35（9）：1235-1250.

❸ HU H，HSU W，CHENG B.Reward allocation decisions of Chinese managers：influence of employee categorization and allocation context［J］.Asian Journal of Social Psychology，2004，7（2）：221-232.

❹ ZHOU J，MARTOCCHIO J J.Chinese and American managers＇compensation award decisions：a comparative policy‐capturing study［J］.Personnel Psychology，2001，54（1）：115-145.

❺ 郑伯埙，林家五.差序格局与华人组织行为：台湾大型民营企业的初步研究［J］."中央研究院"民族学研究所集刊，1999（86）：29-72.

❻ 徐玮伶，郑伯埙，黄敏萍.华人企业领导人的员工归类与管理行为［J］.本土心理学研究，2002（18）：51-94.

存在。Law 等人（2000）的研究表明，上级与下级的私人关系品质能影响主管的管理决策，包括对下级的晋升机会、奖金分配、工作安排等。[1]Hsiu‑Hua 等人（2007）通过对比中国台湾地区和美国的样本后得出结论，对于和自己情感较亲近的下属，台湾地区的上级会分配给他们较多的奖酬，而对于贡献较高的下属，美国的上级分配给他们的奖酬要高于台湾的上级。[2]此外，姜定宇和张菀真的研究也显示，与管理者亲近的圈内人在管理方面将获得更多的决策沟通、照顾支持、宽容犯错与亲信信任，在资源分配方面将获得更多的关键性的协助、更多的提拔机会以及其他资源的使用等（姜定宇、张菀真，2010）[3]。

　　在早期的研究中，虽然组织内存在的关系现象已经得到诸多研究的关注。然而，对于这一极具本土特色的人力资源管理实践，人们的理论建构相对较少，也尚未对组织人力资源管理中存在的关系现象提出较为严谨的概念。在相关文献中学者们常常用组织中的"关系实践"一词形容组织人力资源管理中的关系现象。2004 年，陈昭全等人基于人力资源管理的全程性，从整体性的角度提出了关系导向型人力资源管理实践的概念（Chen，Chen & Xin，2004）[4]，这是对以往仅仅将关系与某单项人力资源管理环节相关联，进行研究的重要突破。所谓关系导向型人力资源管理是指"人力资源管理决策中以私人关系为基础的总体状况"（Chen & Friedman et al.，2011）[5]。在 2004 年的经典文章中，Chen，Chen 和 Xin（2004）运用"通过关系进入公司、依靠关系获得晋升、薪酬与奖金依靠关系来决定、基于关系的任务分配以及绩效评估受关系好坏的影

[1] LAW K S，WONG C，WANG D，WANG L.Effect of supervisor‑subordinate guanxi on supervisory decisions in China：an empirical investigation［J］.International Journal of Human Resource Management，2000，11（4）：751-765.

[2] HSIU‑HUA H，CHIN‑TIEN H，WEN‑RUEY L，CHEN‑MING C.A policy‑capturing approach to comparing the reward allocation decisions of Taiwanese and U.S. managers［J］.Social Behavior & Personality：An International Journal，2007，35（9）：1235-1250.

[3] 姜定宇，张菀真.华人差序式领导与部属效能［J］.本土心理学研究，2010（33）：109-177.

[4] CHEN C C，CHEN Y，XIN K.Guanxi practices and trust in management：a procedural justice perspective［J］.Organization Science，2004，15（2）：200-209.

[5] CHEN Y，FRIEDMAN R，YU E H，SUN F B.Examining the positive and negative effects of guanxi practices：a multi‑level analysis of guanxi practices and procedural justice perceptions［J］.Asia Pacific Journal of Management，2011，28（4）：715-735.

响"五项条目来测量人力资源管理中的关系实践。❶ 企业人力资源管理决策越是以关系为基础,说明人力资源管理的规范性越弱,"人治"气氛越浓(王忠军、龙立荣、刘丽丹,2011)。❷

二、关系实践与高绩效工作系统的区别

以往几乎没有文献对关系导向的人力资源管理实践(关系实践)与高绩效工作系统的区别进行分析,虽然二者都是对组织人力资源管理实践的一种描述,但是从概念的内涵、文化的根基、价值理念等方面看,两者是存在较大的差异的,他们的区别如表 3-1 所示。

表 3-1　关系实践与高绩效工作系统的区别

项目	关系实践	高绩效工作系统
组织文化	特殊主义	普遍主义
管理取向	关系取向	绩效取向
社会结构格局	差序格局	团体格局
管理特征	偏人治	偏法治

值得说明的是,为了叙述方便,本书采用二元的方式阐释关系实践与高绩效工作系统实践的主要特征。但是这并不意味着在现实管理情境中,这两种组织形式以及与此有关的组织文化、管理导向、社会结构格局以及管理特征是非此即彼的。正如翟学伟曾经写道:"中国人的社会认知、社会行为及其儒家思想均不体现二元对立的关系,而近似连续统(continuum)的关系……中国人所谓的差异不是对立的、界限分明的意思,而是各有侧重的意思。" ❸

本书认同此观点。在实际情境中,组织可能会同时具备两种管理特征,但是更加侧重于某一特征。正如 Hofstede(1980)运用权力距离、不确定性避免、个体主义 / 集体主义以及男性化与女性化这四个维度刻画不同国家的文化

---

❶ CHEN C C,CHEN Y,XIN K.Guanxi practices and trust in management:a procedural justice perspective [J].Organization Science,2004,15(2):200-209.

❷ 王忠军,龙立荣,刘丽丹.组织中主管—下属关系的运作机制与效果 [J].心理学报,2011(7):798-809.

❸ 翟学伟.中国人的关系原理:时空秩序、生活欲念及其流变 [M].北京:北京大学出版社,2011:65.

差异❶，每个国家在四个维度上的指数值是存在差异的，即使同样是个体主义的国家，在此维度上的指数也不尽相同。

二者的具体区别如下：

第一，在组织文化方面，采用关系实践的组织通常处于特殊主义浓厚的组织文化氛围中。Parsons 与 Shils 最早提出了普遍主义与特殊主义的概念（Parsons，Shils，1951）❷。在特殊主义盛行的组织中，管理者倾向于根据员工与自身关系的远近将员工区分为自己人和外人，决策时可能会根据与该员工的关系"具体事情具体分析"。与此相反，在普遍主义盛行的组织中，人际亲疏影响不了管理者的决策。管理者强调人力资源管理政策不应因人而异。西方的契约文化影响中国之后，管理者认识到运用普遍主义进行管理的重要性，但是即使组织内部建立了清晰明确的规则，中国人仍然能够灵活地想尽办法将普遍主义变成特殊主义（翟学伟，2011）❸。

第二，在管理取向方面，采用关系实践管理员工的组织管理者通常具有关系取向。梁漱溟很早就认识到关系的重要性，"人一生下来，便有与他相关系之人（父母、兄弟等），人生且将始终在与人相关系中而生活（不能离社会），如此则知，人生实存于各种关系之上"（梁漱溟，2011）❹。之后，杨国枢进一步对关系取向展开了论述，他认为传统的中国人在认识"我是谁"或者"他是谁"时，倾向于在关系中界定身份（杨国枢，1992）❺。传统中国人对关系的存在较为敏感与警觉，在组织中会留意员工之间的关系。每个人都置身于不同的关系之中，关系的不同意味着彼此间的义务的差异。除此之外，员工还倾向于对正式组织中的关系质量进行判断，例如，员工会在判断其与上级关系质量的好坏之后再展开相应合适的互动行为（胡士强、彭纪生、周路路，2010）❻。另

---

❶ HOFSTEDE G H.Culture's consequences：international differences in work-related values［M］.Beverly Hills，CA：Sage，1980.

❷ PARSONS T，SHILS E A.Toward a general theory of action［M］.Cambridge：Harvard University Press，1951：82.

❸ 翟学伟.中国人的关系原理：时空秩序、生活欲念及其流变［M］.北京：北京大学出版社，2011.

❹ 梁漱溟.中国文化要义［M］.上海：上海人民出版社，2011：78.

❺ 杨国枢.中国人的社会取向：社会互动的观点［M］//杨国枢，余安邦.中国人的心理与行为：理论与方法篇.台北：桂冠图书公司，1992：110-114.

❻ 胡士强，彭纪生，周路路.关系取向、面子需求与组织内知识共享——中国情景下知识共享意愿的探讨［J］.上海科学管理，2010（4）：81-86.

外，与重视关系和谐的关系实践不同，采用高绩效工作系统的组织管理者管理的首要任务是提升组织绩效。组织管理者的精力集中于组织战略目标的制定与实施、个人绩效目标的分解。组织至上而下形成了绩效优先的氛围，个体工作中以绩效为导向展开工作。

第三，在社会结构格局方面。采用关系导向型人力资源管理实践的管理者受差序格局精神的影响比较大。差序格局与团体格局这一概念由费孝通先生首创，至今已经成为国际社会学界所最为接受的解释中国传统社会的基本理论。费孝通是用比喻的方式生动而清晰地刻画了传统中国人以自我为中心，以"亲疏远近"为规则的人际相处模式。差序格局的核心特征是人与人之间的差序性互动。❶正如《中庸》第二十章中"仁者，人也，亲亲为大；义者，宜也，尊贤为大。亲亲之杀，尊贤之等，礼所生也"。这一思想便是儒家差异性对待思想的体现。个人与任何其他人交往时，都应遵循亲疏和尊卑的原则（黄光国，2006）❷。因此，尽管儒家强调"一视同仁"，但是传统中国人并非对所有远近的人都采用相同的互动方式，而是在判断与其交往的距离之后，才对等距离的人们采用相同的对待措施（翟学伟，2011）❸。与之相反，采用高绩效工作系统的组织则是以团体格局作为基础。费孝通先生将团体格局比喻成田里捆的柴，"每一根柴在整个挑里都属于一定的捆、扎、把。每一根柴也可以找到同把、同扎、同捆的柴，分扎得清楚不会乱的"。这意味着，团体格局之下组织内的成员之间是平等的，个体的行为在企业中以制度、合同、职位说明书等契约的形式来约束，个体的独立性较高。

第四，在管理特征方面，运用高绩效工作系统的组织强调人力资源管理规章的制定与约束，组织内形成了员工遵守各类人力资源管理规章制度的行为习惯。而采用关系实践的组织，重视人际关系的和谐，在人力资源管理的过程中往往会顾及人情。因此组织中没有形成一套完善的各类规章制度。即便组织存在正式的人力资源管理制度，但对制度遵守的严格程度不如采用高绩效工作系统的组织。

---

❶ 费孝通.乡土中国［M］.北京：生活·读书·新知三联书店，1985.
❷ 黄光国.儒家关系主义［M］.北京：北京大学出版社，2006：135.
❸ 翟学伟.中国人的关系原理：时空秩序、生活欲念及其流变［M］.北京：北京大学出版社，2011.

三、关系实践感知

在人力资源管理研究领域，学者们对人力资源管理实践的认识往往是基于"管理者"视角出发，研究管理实践如何对个体态度与行为产生影响，而鲜有研究从"下属"的视角出发研究个体对组织人力资源管理实践的主观感知。

本书从员工感知的视角提出关系实践感知的概念，原因如下：

第一，中国存在高情境的文化特征的特点（Hall，1976）❶，管理者与成员的沟通倾向于采用模糊和含蓄的方式，对非语言沟通的依赖性较强，这就使得管理者眼中的关系实践与下属的关系实践感知存在一定程度的差距。

第二，不同员工对关系实践感知的主观感知也有所差异。个体对组织关系实践的感知依赖于其搜索信息、提取线索与处理信息的方法。在模糊的工作场景中，更易使得不同员工对组织人力资源管理的主观感知差异较大。

第三，人力资源管理实践可以被看作是一种象征性的或者信号的功能，通过给员工发送一系列信息来让员工去理解和定义他们的工作场景。根据意义建构理论（Weick，1995）❷，当组织通过正式或非正式的方式传递信息时，员工通过对信息的搜寻、加工处理进而产生理解，由于每个员工获取信息渠道的不一致，信息加工方式的异同，不同员工对于同一人力资源管理政策将有不同的解释（Guzzo & Noonan，1994）❸。

第四，由于个体之间价值观与经验的相异，这也使得他们对组织人力资源管理过程中存在的关系实践的理解存在偏差（Den Hartog et al.，2012）❹。

因此，本书认为，所谓关系实践感知（也称关系导向的人力资源管理实践感知）是员工对组织以人际关系亲疏程度所导致的人力资源管理实践的总体情况的主观感知。

员工的关系实践感知具有以下特点：第一，员工关系实践感知是一个动态

❶ HALL E T.Beyond culture［M］.Garden City，NY：Doubleday Anchor Books，1976.

❷ WEICK K E.Sensemaking in organizations［M］.Thousand Oaks，CA：sage Publications，1995.

❸ GUZZO R A，NOONAN K A . Human resource practices as communications and the psychological contract［J］. Human Resource Management，1994，33（3）：447-462.

❹ DEN HARTOG D N，BOON C VERBURG RM et al.. HRM，communication，satisfaction and perceived performance：a cross - level test［J］.Journal of Management，2012，39（6）：1637-1665.

持续的过程；第二，员工的关系实践感知的结果由受所感知的客观环境的预期，以及感受者的个性与经历、提取线索与处理信息的方法等因素的影响；第三，即使组织员工都嵌入同一组织环境，但不同员工对关系实践感知的主观感知均有所差异。

3.2 关系实践感知的影响因素

3.2.1 研究假设

一、组织规模与关系实践感知

对于关系实践感知的影响因素研究，传统的管理学理论无法全面解释，我们在此引入社会学的制度主义理论。

社会学视角下的制度主义理论认为，制度的载体既包括正式的程序、规则、规范等正式制度，而且还包括一系列由文化模式和认知图式、传统习俗、惯例等构成的非正式制度（Scott，2001）❶。个体被深深嵌入这种由成文或不成文的、风俗和惯例所组成的制度世界之中。制度一旦形成，就具有自我维持的特性和抵制变迁的倾向（甄志宏，2004）❷。因此，制度影响着个体行动者的每一次行动偏好，决定着个体的行动选择，甚至有时，个体采取某种行动时并未意识到他的行动是受这些制度（如文化、惯例等）的影响，而将他采取这种行为视为理所当然。

制度主义理论强调制度的重要性，认为并非人力资源管理的所有活动都是组织根据战略目标理性决策的行为，事实上，人力资源管理活动是受到诸多外力影响的结果（Wright & McMahan，1992）❸。

❶ SCOTT W R, Institutions and Organizations（2nd Eds）[M]. Thousand Oaks, CA: Sage, 2001.

❷ 甄志宏. 正式制度与非正式制度的冲突与融合——中国市场化改革的制度分析 [D]. 长春：吉林大学，2004.

❸ WRIGHT P M, MCMAHAN G C. Theoretical perspectives for strategic human resource management [J]. Journal of Management, 1992, 18: 295-320.

组织人力资源管理实践的选择受组织规模的影响（蒋春艳、赵曙明，2004；Fields，Chan，Akhtar，2000）❶❷，规模较大的组织更倾向于采用"非市场"的文化和传统（Ding，Goodall，Warner，2000）❸。因此，我们可以提出假设：

假设 1　组织规模越大，员工关系实践感知程度越强。

二、组织层级与关系实践感知

在层级性组织结构中，人力资源管理的决策信息在自上而下的传递过程中，以及组织层级的不断增长和信息传递链条的不断延长会导致信息的失真，加大组织信息的不透明度。层级越多，上下级关系越复杂，来自正式渠道人力资源管理实践信息的缺失就越多，人力资源管理的关系现象便越有机会产生。在这样的情形下，基层的员工了解人力资源管理实践信息的需求也就随之变得强烈，当需求未能得到满足时，员工便会基于其自身主观理解构建关系实践感知。信息缺失越多，员工人力资源管理实践感知的程度便越强。与之相反，当组织结构呈现扁平化特征时，上下级沟通更加顺畅，员工对人力资源管理关系实践的主观感知也将降低。综上推理，本书提出如下假设：

假设 2　组织层级数越多，员工关系实践感知程度越强。

三、组织年龄与关系实践感知

在大多数研究中，企业年龄是作为控制变量进行处理的，但在制度主义的视角下，企业年龄也是影响我国当前人力资源管理实践的重要因素之一（Fields，Chan，Akhtar，2000）❹。制度主义理论认为，组织历史越长，越有难

---

❶ 蒋春艳，赵曙明.企业特征、人力资源管理与绩效：香港企业的实证研究［J］.管理评论，2004（10）：22–31.

❷ FIELDS D，CHAN A，AKHTAR S. Organizational context and human resource management strategy：a structural equation analysis of Hong Kong firms［J］.International Journal of Human Resource Management，2000，11：264–277.

❸ DING D Z，GOODALL K，WARNER M. The end of the "iron rice-bowl"：whither Chinese human resource management［J］.International Journal of Human Resource Management，2000，11：217–236.

❹ FIELDS D，CHAN A，AKHTAR S. Organizational context and human resource management strategy：a structural equation analysis of Hong Kong firms［J］.International Journal of Human Resource Management，2000，11：264–277.

以改变的制度惯性（Ding, et al., 2000）❶。制度的干预会影响组织的人力资源管理实践（Mitsuhashi, Park, Wright, Chua, 2000）❷。由于路径依赖的作用，组织的人力资源管理实践在很多方面仍然留有传统文化的烙印。中华民族是农耕民族，中国社会被认为是一个"熟人社会"，在这个熟人社会中，人与人之间有着千丝万缕的联系，长期的农耕生活要求人们将"情"作为日常生活人际交往的核心（翟学伟, 2005）❸，人情是"人之常情"，人情既是个人与他人进行人际交往时馈赠对方的一种交换资源，也是个人与其他人相处的一种社会规范（黄光国, 2013）❹。另一方面，人与人之间的人际交往深受儒家传统文化的影响。当前阶段，尽管不少组织已经采用了现代的人力资源管理实践，但是人与人之间的人际交往仍然深受传统文化的影响，至今我们仍然能够在组织中找到传统基于关系的人际相处模式，而且组织历史越悠久，这种印记越是明显。因此，组织历史越悠久，员工的关系实践感知程度越强，反之亦然。

基于以上分析，本书提出下列假设：

假设 3　组织年龄越长，员工关系实践感知程度越高。

四、权力距离氛围与关系实践感知

"关系"是中国社会最突显的社会文化行为现象，其文化根源在于我们以血缘亲疏及其派生出的故、近关系为中心行事的"差序格局"。在差序格局框架下，管理者倾向于照顾自己的亲近故交，并将之视为自己的社会义务和自我价值的重要组成部分。这种社会行为方式带入到组织中，就形成了管理者在薪酬分配、绩效评估、提拔晋升和任务指派等方面做出有利于与自己具有亲近关系的下属的实践行为。已有研究表明在中国组织中，除了工作业绩，和上级的

❶ DING D Z, GOODALL K, WARNER M. The end of the "iron rice‐bowl"：whither Chinese human resource management［J］. International Journal of Human Resource Management，2000，11：217–236.

❷ MITSUHASHI H, PARK H J, WRIGHT P M, et al. Line and HR executives' perceptions of HR effectiveness in firms in the People's Republic of China［J］. International Journal of Human Resource Management，2000，11（2）：197–216.

❸ 翟学伟. 人情、面子与权力的再生产［M］. 北京：北京大学出版社，2005.

❹ 黄光国. 中国人的人情关系［G］∥文崇一，萧新煌. 中国人：观念与行为. 北京：中国人民大学出版社，2013：353.

"关系"对员工的绩效评估、晋升等有客观的影响（Law et al., 2000）❶。

1980 年 Hofstede 在其经典文献中提出了比较不同国家文化的文化维度框架，其中权力距离维度是区别不同国家文化的一个重要维度，所谓权力距离指某一社会中个体对于权力组织中不平等分配的接受程度（Hofstede，1980）❷。东西方国家个体出于对权力的理解相异，在这个维度上的分值差异很大。与西方人不同，根植于中国传统文化情境的个体比较容易接受权力的差异性以及由权力差异所连接的人力资源管理决策，因此，组织权力距离氛围对个体的关系实践感知有着正向影响作用。因此，我们提出：

假设 4　组织权力距离氛围对组织关系实践具有积极关联。

3.2.2 测量工具

一、关系实践感知

关系实践感知的测量采用 Chen 等学者于 2004 年开发的量表❸，该量表是目前应用非常普遍的量表，信度与效度见本书第四章内容。

二、组织规模

组织规模指组织的人数，在问卷中我们用"单位各类正式在职职工大约__人"语句对组织的人员进行测量。在数据处理时，我们用员工人数的自然对数进行回归，以避免直接使用原始数据夸大员工人数的影响程度。

三、组织层级数

在问卷中，我们用"从最底层员工到最高领导，单位一共有多少级别？"

❶ LAW K S, WONG C, WANG D, et al.Effect of supervisor - subordinate guanxi on supervisory decisions in China: an empirical investigation [J].International Journal of Human Resource Management, 2000, 11（4）: 751-765.

❷ HOFSTEDE G H.Culture's consequences: international differences in work - related values [M].Beverly Hills, CA: Sage, 1980.

❸ CHEN C C, CHEN Y, XIN K.Guanxi practices and trust in management: a procedural justice perspective [J].Organization Science, 2004, 15（2）: 200-209.

语句进行测量。问卷填写者在"3 级或以下、4 级、5 级、6 级、7 级以上进行"这些在选项中进行选择。

四、组织年龄

组织年龄是组织自创办至今的年数（谢凌玲，2009）❶，在问卷中，我们用"单位从建立以来到现在大约有 ＿＿＿＿ 年"语句进行测量。

五、权力距离

对个体权力距离价值观的测量，采用的是 Farh 等（Farh, Hackett, Liang, 2007）❷ 所使用的 6 条目量表。采用 5 点量表。这一量表最初是由 Dorfman 和 Howell（1988）❸ 开发的。在针对华人世界的研究中广泛应用。国内研究应用也很多（谢俊，储小平，汪林，2012）。❹ 问卷具体条目内容见附录一。用验证性因素分析对其单维性进行检测，6 个条目的载荷分别为，0.58、0.68、0.81、0.64、0.57、0.77，均在 0.001 水平显著。模型拟合情况，$x^2/df = 30.16/9$，p < 0.001，CFI=0.98，TLI=0.96，RMSEA=0.071，SRMR=0.029，可以说拟合优异。一致性信度系数为 0.83。

六、控制变量

本研究以所有权性质作为控制变量。1 代表私营企业，2 代表国有企业，3 代表股份制企业，4 代表合资企业，5 代表外资企业，6 代表集体所有企业。

---

❶ 谢凌玲．人力资源管理实践的影响因素［M］.北京：知识产权出版社，2009.
❷ FARH J L, HACKETT R D, LIANG J . Individual‐Level Cultural Values as Moderators of Perceived Organizational Support‐Employee Outcome Relationships in China：Comparing the Effects of Power Distance and Traditionality［J］. Academy of Management Journal，2007，50（3）：715‐729.
❸ DORFMAN P W, HOWELL J P.Dimensions of national culture and effective leadership patterns：Hofstede revisited［J］.Advances in International Comparative Management，1988，10（3）：127‐150.
❹ 谢俊，储小平，汪林．效忠主管与员工工作绩效：反馈寻求行为和权力距离的影响［J］.南开管理评论，2012，15（2）：31‐38.

3.2.3 研究样本

一、预试样本

1. 预试样本的对象选择及数据收集过程

本研究采用 MBA 学员为初步研究的调查对象。因为 MBA 学员来自不同的企业，是一个方便的、可以将本研究调查的组织范围最大化的群体。问卷采用完全匿名形式，以保护被调查对象的私人信息以及减少应答偏差。调查工作基本在课后（部分为课中），学员集中于教室时进行。一共发放了 350 份问卷，收回 256 份，回收率约 73%。在回收的问卷中，由于缺失值等原因，最终可用问卷为 231 份，有效率约 90%。

2. 预试样本的个人信息

如表 3-2 所示，初步研究样本中 56.89% 的被试者为男性，女性被试者为 43.11%；被试者基本属于中青年群体，年龄平均数为 32.49 岁；已婚比例为 74.43%，；由于样本来自于 MBA 群体，因此被试者受教育程度较高，98.21% 的被试者均是大学以上学历；被试者的职位层次多来自管理层，基层和中层管理岗位占到 60.09%，一线员工比例占到 25.56%。

表 3-2 预试研究被试者的人口统计特征

项目	观测数值	分组	频率	百分比（%）	均值	方差	最小值	最大值
性别	225	男	128	56.89	1.43	0.50	1	2
		女	97	43.11				
年龄	221				32.49	4.92	23	45
婚姻	223	未婚	54	24.22	1.77	0.45	1	3
		结婚	166	74.43				
		离婚	3	1.35				
教育程度	223	高中	2	0.90	3.22	0.52	1	4
		中专	2	0.90				
		大学	162	72.64				
		研究生	57	25.56				

续表

项目	观测数值	分组	频率	百分比（%）	均值	方差	最小值	最大值
职位层次	223	基层一线	57	25.56	2.43	1.03	1	4
		基层领导	44	19.73				
		中层领导	90	40.36				
		高层领导	32	14.35				

3. 预试研究的样本企业信息

在 231 份问卷当中，有来自云南省、河南省、广东省、湖北省、四川省、山东省、福建省、浙江省、江西省、辽宁省等 14 个省的 184 家不同企业；来自同一家企业被试者最多有 8 个人；样本企业人数平均为 1338 人；组织发展历史的平均数为 22 年；组织层次的范围从 3 级或以下到 7 级或以上，共分 5 级，7 级以上企业超过了 35%，说明本样本中大型组织较多（见表 3-3）。国有企业占被调查企业的 48.87%，其次是私企（超过 22%），金融业和制造业较多，分别占样本的 24.89% 和 17.19%（见表 3-4）。

表 3-3 初步研究样本企业的规模、年龄和组织层级特征

项目	观测值数	分组	频率	百分比（%）	均值	方差
组织规模	224				1337.69	3193.98
历史	223				22	20.55
组织层次	223	3 级以下	24	10.76	3.37	1.44
		4 级	52	23.32		
		5 级	44	19.73		
		6 级	24	10.76		
		7 级以上	79	35.43		

表 3-4 预试研究样本企业的所有制和行业分布　　　　单位：家

所有制行业	私营企业	国有企业	股份制企业	合资企业	外资企业	集体所有	合计
批发零售业	8	6	0	0	2	0	16
住宿餐饮业	0	1	0	0	0	0	1
制造业	8	18	8	2	2	0	38

续表

所有制行业	私营企业	国有企业	股份制企业	合资企业	外资企业	集体所有	合计
金融业	4	24	20	2	1	4	55
生物（医药）	5	1	2	1	3	1	13
信息业（IT、软件、通信）	6	9	1	1	3	0	20
采矿业	2	5	0	0	0	0	8
建筑业	6	16	0	0	1	1	24
交通运输邮政业	0	12	0	0	2	0	14
文化体育娱乐业	1	4	1	1	0	0	7
农林牧渔业	4	3	0	0	0	1	8
电力、燃气、水生产供应业	1	4	0	1	0	1	7
教育	4	5	0	0	0	0	9
其他	0	0	0	0	0	1	1
合计	49	108	33	8	14	9	221

二、正式研究样本

为检验关系实践感知形成的影响因素，本研究收集了 86 家企业的嵌套数据。嵌套性是本书数据收集的主要特殊要求，即既要收集多个组织单位，又要在每家单位收集多个个体的数据（因为本研究的很多组织水平变量是通过个体测量的）。这是一项规模较大、较复杂的田野数据收集工作。本研究最后可用于分析的企业个数为 79 家。有效个体样本规模达到 2117 人。

1. 样本地理分布

样本的地理分布如表 3-5 所示，本研究在 10 个省区、直辖市的 23 个城市收集了有效企业数据。

表 3-5　正式研究样本企业的地理分布

省份/直辖市	频率	百分比（%）	城市	频率	百分比（%）
北京	3	3.80	北京	3	3.80
广东	5	6.34	深圳	3	3.80
			广州	1	1.27
			肇庆	1	1.27

续表

省份 / 直辖市	频率	百分比（%）	城市	频率	百分比（%）
云南	27	34.18	安宁	1	1.27
			楚雄	3	3.80
			大理	2	2.53
			昆明	18	22.78
			丽江	3	3.80
辽宁	1	1.27	大连	1	1.27
江苏	23	29.13	靖江	1	1.27
			泰州	1	1.27
			无锡	20	25.32
			南京	1	1.27
河南	9	11.39	南阳	3	3.80
			平顶山	1	1.27
			驻马店	1	1.27
			郑州	4	5.06
山东	4	5.06	潍坊	4	5.06
浙江	5	6.33	宁波	1	1.27
			温州	4	5.06
河北	1	1.27	唐山	1	1.27
湖北	1	1.27	武汉	1	1.27
合计	79	100	合计	79	100

2. 被调查的企业构成

表 3-6 和表 3-7 归纳了被调查组织的基本类型特征（有缺失值）。其中上市公司占 21.13%，私营企业占 52.24%，国营企业占 22.39%，股份制企业占 13.43%，合资和外资企业占 11.94%。本研究调查的企业样本具有明显的多样性特征，使研究结果的适应面较广。

表 3-6 正式研究样本企业的组织特征

组织特征	均值	方差	最小值	最大值
组织规模	602.07	1399.34	15	10000
历史	14.99	14.67	1	66

	分组	频率	百分比（%）	
是否上市	上市	15	21.13	
	非上市	56	78.87	
组织层次	3级以下	24	10.76	
	4级	52	23.32	
	5级	44	19.73	
	6级	24	10.76	
	7级以上	79	35.43	

表 3-7 正式样本中企业的所有制和行业构成　　　　　　单位：家

行业	私营企业	国有企业	股份制企业	合资企业	外资企业	集体所有	合计
批发零售业	3	1	0	0	1	0	5
住宿餐饮业	2	0	2	0	0	0	4
制造业	15	4	2	3	0	0	24
金融业	0	0	0	0	0	0	0
生物（医药）	3	1	1	0	0	0	5
信息业（IT、软件、通信）	5	1	1	0	1	0	8
采矿业	0	0	1	0	0	0	1
建筑业	2	4	1	0	0	0	7
交通运输邮政业	1	2	1	2	0	0	7
文化体育娱乐业	1	0	0	0	0	0	1
农林牧渔业	0	1	0	0	0	0	1
电力、燃气、水生产供应业	0	0	0	0	0	0	0
教育	1	0	0	0	0	0	1
其他	2	1	0	0	0	0	3
合计	35	15	9	5	3	0	67

3. 被调查员工构成

对组织信息的收集我们编制了专门的问卷，请各企业的人力资源高管填写（因其掌握规模人数等信息），即每个单位由一个人填写。

对组织关系实践感知和组织权力距离的填答，为使收集到的数据具有代表性，本研究在执行过程中尽可能地涵盖组织中的所有部门，并且力求既有基层一线员工，也包含各个层次的管理者。在这样的设计下，基层员工大致占 70%，基础、中层、高层管理者大致占 30%；属于业务部门的员工大致占47%，行政科室的占 16%，属于研发部门的占 5%（见表 3-8）。总体来说，本研究做到了使调查的员工对组织全员具有良好的代表性。

表 3-8 被试者的构成特征

项目	观测值数	分组	频率	百分比（%）	均值	方差	最小值	最大值
性别	2117	男	1144	54.04	1.49	0.55	1	2
		女	973	45.96				
年龄	2057				31.08	9.40	1	68
婚姻	2056	未婚	718	34.92	2.28	4.30	1	3
		结婚	1306	63.52				
		离婚	32	1.56				
教育程度	2047	高中	299	14.61	2.60	0.80	1	4
		中专	331	16.17				
		大学	1310	64.00				
		研究生	107	5.23				
职位层次	2043	基层一线	1457	71.32	1.45	0.80	1	4
		基层领导	353	17.28				
		中层领导	206	10.08				
		高层领导	27	1.32				

续表

项目	观测值数	分组	频率	百分比（%）	均值	方差	最小值	最大值
部门	2085	生产、销售、服务、项目等一线业务部门	974	46.71	2.59	1.97	1	7
		财务、人事、办公室等行政科室	375	17.99				
		后勤、保障部门	165	7.91				
		党群部门	79	3.79				
		研发部门	157	7.53				
		其他	267	12.81				
		规划、决策等部门	68	3.26				

3.2.4 数据分析与结果

一、预试样本分析结果

通过回归分析，在控制所有制的基础上（所有制本身的效应不显著，单独估计其 $F = 1.42$，$p = 0.21$），发现组织规模、组织层级数，以及组织年龄对关系实践感知的效应均不显著。但是组织权力距离对关系实践感知的效应显著（回归系数 = 0.55，标准误 = 0.08，$p < 0.001$）。

由于预试样本仅仅在每个组织中抽取了一人进行数据收集，其结果仅具有有限的参考意义。我们进一步注意到，组织规模与组织年龄和组织层级数之间有显著积极的相关关系，提示这三者对关系实践感知的效应可能具有交叠性。

二、正式研究分析结果

我们首先对关系实践感知的 ICC（1）和 RWG 进行了计算分析。结果关系实践感知的 ICC（1）达到 0.29，平均 RWG 和 RWGj 分别达到 0.72 和 0.86。这些指标充分说明：（1）组织成员对组织的关系实践有一致性感受；（2）不同组织的关系实践程度具有实质差异（组间变异）。这些结果为对关系实践感知的组织因素的分析提供了前提依据。

我们也对权力距离的 ICC（1）、ICC（2）和 RWG 等指标进行了测算。结果其 ICC（1）为 0.15（p ＜ 0.001）。数据库 2 的结果为 0.82。RWG 范围从 0.27 到 0.95，中位数为 0.67。综合三个多水平指标，可以认为组织权力距离存在显著的组织间变异，组织内成员的评定具有较高一致性。适合通过聚合作为组织水平的权力距离的测量，并进行相关分析。

然后我们进行了多层线性模型分析。以关系实践感知为个体水平的结果变量，在控制所有制的基础上，将组织规模、组织层级数、组织年龄和组织权力距离作为组织水平的影响因素纳入分析。结果组织规模的效应为正，且显著（见表 3-9）。说明随着组织规模的增长，组织成员的关系实践感知增强。研究假设 1 得到支持。

但是研究假设 2 和假设 3 没有得到支持。因为组织层级数和组织年龄对关系实践感知的跨水平效应不显著（见表 3-9）。

作为可能更近距离地影响组织关系实践感知的具有组织文化或组织氛围意义的组织权力距离对关系实践感知的效应显著（见表 3-9）。研究假设 4 得到预试样本和正式研究的一致支持。这提示关系实践是权力距离因素的反映。权力距离可能造成组织管理者资源分配的"任意"性，并通过我国社会关系文化导致了组织更多的关系实践并影响员工对之的知觉。

表 3-9　影响关系实践感知的多层线性模型分析结果

组织层控制变量		模型
所有制	1. 私营	基线对比
	2. 国有	0.28（0.15）
	3. 股份制	0.19（0.17）
	4. 合资企业	0.31（0.24）
	5. 外资企业	0.15（0.20）
	6. 集体所有	0.97（0.50）
自变量（组织层）		
组织规模（取自然对数）		0.17（0.05）***
组织层级数		–0.08（0.05）

续表

组织层控制变量	模型
组织年龄	−0.00（0.00）
权力距离	1.15（0.21）***
截距	−0.61（0.41）
组织层残差	0.12（0.03）
个体层残差	1.81（0.06）

注：* 表示 P ＜ 0.05，** 表示 P ＜ 0.01，*** 表示 P ＜ 0.001。

由于组织规模与组织层级数和组织年龄具有积极相关关系，我们进行了分别估计组织层级数和组织年龄的效应的追加分析。结果，组织层级数单独的效应仍不显著。但组织历史的单独效应显著。提示组织历史的效应可能反映在了组织规模的效应中。

总的来说，我们基于制度主义所预见的几个可能影响组织关系实践感知的组织因素，它们对关系实践感知的跨水平效应大部分得到了基于多层线性模型分析的实证支持。据我们所知，虽然对关系实践的种种影响结果的研究已有不少，但对其前因变量的研究一直处于空白。对关系实践感知的前因的研究能帮助管理者找到组织变革的方向（如必要的话），提升组织效率。更具体地说，减少组织臃肿和过度的权力中心化，能避免过高的关系实践感知。

第四章 关系实践感知对员工态度的影响：
横截面研究

4.1 理论假设

4.1.1 关系实践感知与员工态度

员工对人力资源管理实践的主观感知而非客观的人力资源管理实践是其工作态度的重要影响因素（Jiang，Hu，Liu，et al，2017）[1]。在本章中，我们期望探讨员工感知的关系实践对员工的态度有何影响。

在华人组织中，管理者会根据关系亲密程度、下属的忠诚度以及下属的才能将下属划分为"自己人"与"外人"，并在资源分配、雇用关系等人力资源管理实践等各方面进行差别对待（郑伯埙，1995）[2]。这种偏私型人力资源管理关系实践，虽然会让某些下属获得更多的资源与自由度，使得少部分圈内人的工作动机得以增强（谢凌玲，2014）[3]，但却让更多下属因此不能获得应有的资源分配。

由于不同下属关系实践感知存在一定的差异，会触发下属成员之间的冲突

---

[1] JIANG K，HU J，LIU S，et al. Understanding Employees' Perceptions Of Human Resource Practices：Effects Of Demographic Dissimilarity To Managers And Coworkers［J］. Human Resource Management，2017，56（1）：69‑91

[2] 郑伯埙. 差序格局与华人组织行为［J］. 本土心理学研究，1995（3）：142‑219.

[3] 谢凌玲. 公务员圈内人身份感知对任务绩效的影响研究——基于差序格局理论［J］. 北京航空航天大学学报·社会科学版，2014，27（6）：7‑14.

（Li & Liao，2014）❶，导致下属消极的工作态度和工作结果（刘军、章凯、仲理峰，2009；于伟、张鹏，2016）❷❸。Bozionelos 与 Wang 的研究表明，当员工相信与管理者私人关系的好坏会影响绩效评估时，员工对组织的薪酬制度持消极态度（Bozionelos，Wang，2007）❹，樊耘等学者的研究也证实以关系为导向的人力资源管理实践在态度方面会降低员工对组织的信任和情感承诺（樊耘、颜静、张旭，2014）❺。Chen 等的研究发现，人力资源管理过程中存在的关系实践对员工的工作满意度有显著的负向影响作用（Chen，Chen，Xin，2014）❻。

综合以上，我们提出以下假设：

假设 1　员工关系实践感知对工作满意度具有显著的负向影响作用。

假设 2　员工关系实践感知对工作投入具有显著的负向影响作用。

4.1.2　组织公平的中介作用

组织公平理论的开拓研究者 Adams 最早将人们的公平知觉现象引入工作实践领域，他认为个体在工作场景中时常将本人的投入回报比值与他人的投入回报比值进行对比（Adams，1965）❼。之后，诸多学者沿此思路将组织公平理论的研究从一维扩展至二维、三维与四维。鉴于 Adams 在研究中主要围绕分配公平而忽略了员工在进行公平性判断时还重视分配过程的规则与公平，程序

---

❶ LI A N，LIAO H.How do leader‑member exchange quality and differentiation affect performance in teams？ An integrated multilevel dual process model［J］.The Journal of Applied Psychology，2014，99（5）：847‑866.

❷ 刘军，章凯，仲理峰.工作团队差序氛围的形成与影响：基于追踪数据的实证分析［J］.管理世界，2009（8）：92‑101.

❸ 于伟，张鹏.组织差序氛围对员工漠视行为的影响：职场排斥和组织自尊的作用［J］.中央财经大学学报，2016（10）：122‑128.

❹ BOZIONELOS N，WANG L.An investigation on the attitudes of Chinese workers towards individually based performance‑related reward systems［J］.International Journal of Human Resource Management，2007，18（2）：284‑302.

❺ 樊耘，颜静，张旭.组织公平与人力资源管理关系实践的交互作用机制研究［J］.预测，2014（1）：15‑20.

❻ CHEN C C，CHEN Y，XIN K.Guanxi practices and trust in management：a procedural justice perspective［J］.Organization Science，2004，15（2）：200‑209.

❼ ADAMS J S.Inequity in social exchange［J］.Advances in Experimental Social Psychology，1965，2（4）：267‑299.

公平的概念随后提出（Leventhal & Cleary，1980；Thibaut & Walker，1975）❶❷。Bies 和 Moag 在此基础上提出了互动公平这一新的维度，将组织公平感扩展至三个维度（Bies & Moag，1986）❸。进入 20 世纪 90 年代，学者们对组织公平感的内涵有了新的认识，互动公平维度被进一步拆解为人际公平和信息公平两个层面（Greenberg，1990）❹，研究结果也进一步证实了组织分配公平感、程序公平、人际公正与信息公平这四个维度能够有效预测不同的结果（Colquitt，2001）❺。

能否让员工感觉公平是理解人力资源管理差异化会带来积极还是消极结果的核心（Liden，Erdogan，Wayne，et al，2006）❻。已有大量文献证实员工个人的组织公平感与其工作态度显著正相关，如工作满意度、组织承诺、工作投入、信任等（Wesolowski & Mossholder，1997；Mossholder，Benett & Martin，1998）❼❽。

社会交换理论为研究组织公正影响工作态度提供了有力的理论基石，该理论强调了社会交换在人类社会活动中的重要性，与经济交换相比，社会交换不看重短期的利益，而更注重长期的情感上的满足。Blau 指出，人们被期望从对方获取回报，并因此而自愿采取某种行为。互惠原则是社会交换的核心原则，交换如要持续进行，社会交换双方需要持续投入，不可能出现单方面长期

❶ LEVENTHAL H，CLEARY P D.The smoking problem：A review of the research and theory in behavioral risk modification［J］.Psychological Bulletin，1980，88（2）：370-405.

❷ THIBAUT J，WALKER L.Procedural justice：A psychological analysis［M］.Hillsdale：Erlbaum，1975.

❸ BIES R J，MOAG J F.Interactional justice：Communication criteria of fairness［M］.Greenwich：JAI Press，1986.

❹ GREENBERG J.Organizational justice：Yesterday，today，and tomorrow［J］.Journal of Management，1990，16（2）：399-432.

❺ COLQUITT J A. On the dimensionality of organizational justice：A construct validation of a measure［J］. Journal of Applied Psychology，2001，86（3）：386-400.

❻ LIDEN R C，ERDOGAN B，WAYNE S J，et al. Leader - member exchange，differentiation，and task interdependence：Implications for individual and group performance［J］. Journal of Organizational Behavior，2006，27（6）：723‐746.

❼ WESOLOWSKI M A，MOSSHOLDER K W. Relational demography in supervisor - subordinate dyads：Impact on subordinate job satisfaction，burnout，and perceived procedural justice［J］. Journal of Organizational Behavior，1997，18：351-362.

❽ MOSSHOLDER K W，BENETT N，MARTIN C L.A multilevel analysis of procedural justice context［J］. Journal of Organizational Behavior，1998，19：131-141.

提高服务而没有回报的情况。一旦个体察觉到对方的报酬低于预期，或者对方停止提供报酬，个体将减少某种行动，甚至停止行动（Blau，1964）。❶ 因此，当员工感觉组织公平的时候，他对组织的总体满意程度更高，工作投入程度也更高，愿意为组织做出积极的努力。

差序格局的存在，使得华人社会组织的人力资源管理过程中存在偏私实践，与管理者关系好的群体成员更易获得组织资源支持、职位晋升的机会、参加培训指导的机会和学习发展的机会。员工会将自己实际获得的报酬与应获得的报酬进行比较（Lawler，1970）❷，管理者的差别对待易使员工知觉不公平，实际结果与预期差距过大会导致对工作态度的消极，在这样的情境中，容易造成员工工作满意度的降低以及工作努力程度的降低（Liden，Erdogan，Wayne，et al，2006）❸。

根据上述分析，我们提出下列假设：

假设3-1　分配公平感知在员工关系实践感知与满意度之间的关系中起着中介作用。

假设3-2　程序公平感知在员工关系实践感知与满意度之间的关系中起着中介作用。

假设3-3　信息公平感知在员工关系实践感知与满意度之间的关系中起着中介作用。

假设3-4　人际公平感知在员工关系实践感知与满意度之间的关系中起着中介作用。

假设4-1　分配公平感知在员工关系实践感知与工作投入之间的关系中起着中介作用。

假设4-2　程序公平感知在员工关系实践感知与工作投入之间的关系中起着中介作用。

---

❶　BLAU P M. Exchange and power in social life［M］.New York：Wiley，1964.

❷　LAWLER E E，HALL D T.Relationship of job characteristics to job involvement，satisfaction and intrinsic motivation［J］.Journal of Applied Psychology，1970，54（4）：305–312.

❸　LIDEN R C，ERDOGAN B，WAYNE S J，et al. Leader - member exchange，differentiation，and task interdependence：Implications for individual and group performance［J］. Journal of Organizational Behavior，2006，27（6）：723 - 746.

假设 4-3　信息公平感知在员工关系实践感知与工作投入之间的关系中起着中介作用。

假设 4-4　人际公平感知在员工关系实践感知与工作投入之间的关系中起着中介作用。

4.1.3　权力距离的调节作用

关系实践与组织公平感的关系强度可能受中西方文化背景的影响。人力资源管理过程中的关系实践是否会让员工感觉公平，在很大程度上受其他因素的制约（Chen，He & Weng，2015）。❶因此，在探讨关系实践与组织公平感的关系时，还要关注调节因素的影响作用。

权力距离最初作为一个重要的衡量国家层面的文化价值观构念，反映了集体层面对于权力分配不平等的接受和承认程度（Hofstede，1980）❷，之后这一构念被引入人力资源管理与组织行为学领域，反映了个体层面对于上级管理者权力差异的价值观念（Dorfman，Howell，1988；Clugston，Howell & Dorfman，2000）❸❹。

在跨文化研究中，人们普遍认为程序公平受东西方文化差异的影响较大。现有文献曾深入比较中西方个体公平感的差异。西方每个个体对于公平的判断具有一定的普同性（黄光国，1991）❺，然而在关系取向的华人社会，员工对组织管理实践的理解以及程序公平的感知并非完全就事论事（张志学，2006）❻。这是因为华人对地位差距与关系远近的感知可能会影响到中国人对公平性的

❶ CHEN X P，HE W，WENG L C.What is wrong with treating followers differently？The basis of leader - member exchange differentiation matters［J］.Journal of Management，2015，44（3）：409–412.

❷ HOFSTEDE G H.Culture's consequences：international differences in work - related values［M］.Beverly Hills，CA：Sage，1980.

❸ DORFMAN P W，HOWELL J P.Dimensions of national culture and effective leadership patterns：Hofstede revisited［J］.Advances in International Comparative Management，1988，10（3）：127–150.

❹ CLUGSTON M，HOWELL J P，DORFMAN P W.Does cultural socialization predict multiple bases and foci of commitment？［J］.Journal of Management，2000，26（1）：5–30.

❺ 黄光国.儒家关系主义：文化反思与典范重建［M］.北京：北京大学出版社，2006.

❻ 张志学.中国人的分配正义观［J］.中国社会心理学评论，2006（3）：157–190.

判断（严奇峰，1993）❶。从儒家的地位伦理的角度看，儒家的仁是一种差序的爱，那么与之相伴的是，个人也会因关系的远近而倾向于对不同的人采取不同的公平标准（黄光国，1991）❷。因此，中国人的公平观是以"差等"为内核的，而西方的公平观是以"平等"为内核的（高良谋、王磊，2013）❸。

低权力距离个体以普遍主义为原则，公平与不公平的界限较为清晰，一旦感知到管理者的特殊决策给予某些员工额外的照顾时，员工有强烈的不公平感。❹而对于高权力距离个体而言，员工能够容忍少数管理者集中较多权力，倾向于接受上下级之间的不平等管理决策，更可能接受管理者因人情和私人关系而采取的关系实践（姜定宇、张菀真，2010）❺。因此，我们认为权力距离会减弱关系实践感知对组织公平感的负面影响。权力距离较高的员工面对管理者的偏私型人力资源管理决策时，负面的组织公平感可能会减弱。

由此，我们提出以下假设：

假设5-1　权力距离在员工关系实践感知对分配公平感知的负向关系中起着负向调节作用。对于权力距离高的员工，员工关系实践感知对分配公平感知的负向影响将减弱；对于权力距离低的员工，员工关系实践感知对分配公平感知的负向影响将增强。

假设5-2　权力距离在员工关系实践感知对程序公平感知的负向关系中起着负向调节作用。对于权力距离高的员工，员工关系实践感知对程序公平感知的负向影响将减弱；对于权力距离低的员工，员工关系实践感知对程序公平感知的负向影响将增强。

假设5-3　权力距离在员工关系实践感知对信息公平感知的负向关系中起着负向调节作用。对于权力距离高的员工，员工关系实践感知对信息公平感知的负向影响将减弱；对于权力距离低的员工，员工关系实践感知对信息公平感

❶　严奇峰.互动平衡理论——从儒家伦范与正义观点探讨本土之和谐人际互动关系［J］.中原学报，1993，22（12）：41-51.
❷　黄光国.儒家关系主义：文化反思与典范重建［M］.北京：北京大学出版社，2006.
❸　高良谋，王磊.偏私的领导风格是否有效？——基于差序式领导的文化适应性分析与理论延展［J］.经济管理，2013（4）：183-194.
❹　CHEN X P，HE W，WENG L C.What is wrong with treating followers differently？The basis of leader-member exchange differentiation matters［J］.Journal of Management，2015，44（3）：409-412.
❺　姜定宇，张菀真.华人差序式领导与部属效能［J］.本土心理学研究，2010（33）：109-177.

知的负向影响将增强。

假设 5-4　权力距离在员工关系实践感知对人际公平感知的负向关系中起着负向调节作用。对于权力距离高的员工，员工关系实践感知对人际公平感知的负向影响将减弱；对于权力距离低的员工，员工关系实践感知对人际公平感知的负向影响将增强。

4.2　问卷的设计与变量的测量

4.2.1　问卷的设计

一、共同方法偏差的控制

在社会科学领域，研究者常常使用问卷法进行研究，这将不可避免地带来一定程度的共同方法偏差问题。所谓共同方法偏差指的是"因为同样的数据来源或评分者、同样的测量环境、项目语境以及项目本身特征所造成的预测变量与效标变量之间人为的共变"（周浩、龙立荣，2004）❶。我们采用 Harman 的"单因子检验法"来检验本研究的共同方法偏差。这种方法是将问卷中所有变量——关系实践感知、工作满意度、权力距离、工作投入、组织公平感的测量条目放在一起进行探索因子分析，若数据中有相当数量的共同方法偏差问题，则在因子分析时，会出现旋转后得到的第一个主成分解释大部分的变异的情况，从表 4-1 的数据来看，最大的一个因子的特征根值为 2.223，它解释的变异量为 44.461%，并不占大多数。因此，虽然我们的研究采取自我报告形式，但这种方法造成的同源偏差问题不足以影响我们的研究结论。

---

❶　周浩，龙立荣. 共同方法偏差的统计检验与控制方法［J］. 心理科学进展，2004，12（6）：942-950.

表 4-1　总方差解释

成分	初始特征值			提取载荷平方和		
	总计	方差百分比（%）	累积（%）	总计	方差百分比（%）	累积（%）
1	2.223	44.461	44.461	2.223	44.461	44.461
2	1.145	22.908	67.369	1.145	22.908	67.369
3	0.664	13.279	80.648			
4	0.569	11.382	92.030			
5	0.399	7.970	100.000			

注：提取方法为主成分分析法。

二、社会赞许偏差的控制

由于本研究的研究主题涉及"关系实践"等敏感性量表，易出现问卷填写者的社会赞许性问题，即问卷填写者倾向于根据社会价值观判断作答而非自己实际情况作答，从而影响测验结果的真实性。我们采用以下方法以避免或减少社会赞许性问题：

在现场发放问卷之前，向填写问卷者强调本研究的学术性意义。同时，在问卷的指导语中，也告知了本研究的匿名性。

在问卷的布局设计中，先将客观题目置于问卷的起始题项。之后，在主观题目中，将敏感性题目放置于问卷的后半部分。

对问卷的每一条目认真审视，使每一条目的语句描述都具有客观性，以免刺激问卷填写者在此问题上的敏感性。

4.2.2　变量的测量工具

本研究共涉及关系实践感知、工作满意度、工作投入、组织公平感、权力距离五个变量。以下分别对这些变量测量工具展开分析。

一、关系实践感知

关系实践感知是典型的中国本土构念。Chen 率先开发了关系实践感知的量表❶，该量表在中国情境的运用得到学术界的普遍认同。本研究采用此量表，计分方式采用李克特五级量表，1 表示非常不符合，5 表示非常符合。分值愈低，表明员工感知到的组织内部的关系实践现象愈少；分值愈高，表明员工感知到的关系实践愈严重。具体测量条目如表 4-2 所示。

表 4-2　关系实践感知的测量题项

编号	题项
t1gxprac1	很多人是通过关系进入我们单位的
t1gxprac2	很多人是通过关系得到升职的
t1gxprac3	我单位员工的工资奖金主要靠关系来决定
t1gxprac4	我单位工作任务的分配大多靠关系决定
t1gxprac5	我单位员工绩效评价的结果大多受到关系的影响

二、工作满意度

关于工作满意度量表的开发，目前学者提出的维度划分方式主要有单维度（Alder，1985）❷、双维度（Dineen，2007）❸、五维度（Smith，1969）❹ 等多种维度的划分。

由于本书主要考察关系实践感知对员工的整体满意度是否产生影响以及产生何种影响，不需要区分内部满意度或是外部满意度，也无需过度细化，因此，本书采用单维概念，选用涂红伟、严鸣、周星在中国情境下调查所采用的量表，见表 4-3（涂红伟、严鸣、周星，2015）❺。

---

❶ CHEN C C, CHEN Y, XIN K.Guanxi practices and trust in management：A procedural justice perspective ［J］.Organization Science，2004，15（2）：200–209.

❷ ALDER S, SKOV R, SAIVEMINI S.Job characteristics and job satisfaction：When becomes consequence. ［J］.Organization Behavior and Human Decision Procession，1985，35：266–278.

❸ DINEEN B R, NOE R A, SHAW J D, DUFFY M K, WIETHOFF C.Level and dispersion of satisfaction in teams：Using foci and social context to explain the satisfaction - absenteeism relationship ［J］.Academy of Management Journal，2007，50：623–643.

❹ SMITH P C, KENDALL L M, HULIN C L.Measurement of satisfaction in work and retirement ［M］. Chicago：Rand McNally，1969：1–7.

❺ 涂红伟，严鸣，周星.工作设计对知识型员工和体力工作者的差异化影响：一个现场准实验研究 ［J］.心理学报，2011，43（7）：810–820.

表 4-3　工作满意度的测量题项

编号	题项
t1satis1	我对目前工作的这家单位总体上感到满意
t1satis2	与我来我单位之前的预想相比，我对单位的各方面情况还是很满意的
t1satis3	与我期望的理想中状态相比，我对我单位的各方面情况很满意的

三、工作投入

工作投入是指个体在心理上投入其工作的程度（Lodahl，Kejner，1965）。❶

2002 年，Schaufeli 等学者开发了包括活力、奉献、专注三个维度的工作投入量表（Utrecht Work Engagement Scale，UWES），这是目前在中西方情境中使用最广泛的测量工具。❷ 由于该项目题项较多，Bledow，Schmitt 与 Frese 对此量表条目进行了精简，简化后的量表共有 5 个条目（Bledow，Schmitt & Frese，2011）❸。考虑到篇幅限制，我们采用了 Bledow，Schmitt 与 Frese 的量表，如表 4-4 所示。

表 4-4　工作投入的测量题项

编号	题项
t1we1	工作时我感觉精力充沛
t1we2	工作中我感觉活力十足
t1we3	我工作时充满激情
t1we4	工作总能激励我
t1we5	我工作时全神贯注

❶ LODAHL T M，KEJNER M.The definition and measurement of job involvement［J］.Journal of Applied Psychology，1965，49（1）：24–33.

❷ SCHAUFELI W B，SALANOVA M，GONZA LEZ‐ROMA V，BAKKER A B.The measurement of burnout and engagement：a confirmatory factor analytic approach［J］.Journal of Happiness Studies，2002，3：71–92.

❸ BLEDOW R，SCHMITT A，FRESE M，et al.The affective shift model of work engagement［J］.Journal of Applied Psychology，2011，96（6）：1246–1257.

四、组织公平感

组织公平感的测量量表颇为丰富，存在单维结构（Adams，1965）❶、二维结构（Leventhal，1980）❷、三维结构（Bies & Moag，1986）❸ 与四维结构（Greenberg，1990）❹ 等多种维度的量表。2001 年，Colquitt 编制了基于分配公平、程序公平、互动公平与信息公平四维度的组织公平感量表（Colquitt，2001）❺，我国学者张秀娟与汪纯孝也以此为基础编制了中国情境下的问卷（张秀娟、汪纯孝，2005）❻。考虑到 Colquitt 在中西方文化情境均得到广泛运用，我们主要采用 Colquitt 所编制的经典量表，对个别词语进行了适应本土情境的修订，详见表 4-5。

表 4-5　组织公平感的测量题项

编号	维度	题项
t1justice1	分配公平	我的工作回报反映了投入工作的努力情况
t1justice2		我的工作回报相对于我已完成的工作是合适的
t1justice3		我的工作回报反映了我对组织的贡献
t1justice4		根据我的工作业绩来看，我的工作回报是合理的
t1justice5	程序公平	在单位制定人力资源管理制度时，我能表达观点
t1justice6		单位在通过人力资源管理制度时，普通员工能够参与
t1justice7		我单位人力资源管理制度的执行是落实到位的
t1justice8		我单位的人力资源管理制度不对任何人有偏见

❶ ADAMS J S.Inequity in social exchange［J］.Advances in Experimental Social Psychology，1965，2（4）：267-299.

❷ LEVENTHAL H，CLEARY P D.The smoking problem：A review of the research and theory in behavioral risk modification［J］.Psychological Bulletin，1980，88（2）：370-405.

❸ BIES R J，MOAG J S.Interactional justice：Communication criteria of fairness［J］.Research on Negotiation in Organization，1986（1）：43-55.

❹ GREENBERG J.Organizational justice：Yesterday，today，and tomorrow［J］.Journal of Management，1990，16（2）：399-432.

❺ COLQUITT J A. On the dimensionality of organizational justice：A construct validation of a measure［J］.Journal of Applied Psychology，2001，86（3）：386-400.

❻ 张秀娟，汪纯孝.人际关系与职务晋升公正性［M］.北京：北京大学出版社，2005：220-242.

续表

编号	维度	题项
t1justice9		公司领导会就人力资源管理的程序和过程与我坦诚交流
t1justice10	信息公平	公司领导会充分解释人力资源管理的程序和过程
t1justice11		领导对关于人力资源管理制度的制定与执行的解释很有道理
t1justice12		我对人力资源管理的细节有疑问时，领导会耐心地解释
t1justice13		领导会以礼待人
t1justice14	人际公平	领导会以让人觉得有尊严的方式对待员工
t1justice15		领导会避免不恰当的言论
t1justice16		领导会尊重他人

五、权力距离

目前学术界普遍认同的权力距离的量表来自 Dorfman 与 Howell 开发的量表（Dorfman & Howell，1988）❶。因此，本研究采用这两位学者的量表，详见表4-6。

表4-6　权力距离的测量题项

编号	题项
t1powerd1	领导在做绝大多数决定时，是不需要征询下属意见的
t1powerd2	领导应该拥有一些特权
t1powerd3	上级频繁征求下属的意见是不明智的
t1powerd4	上级应避免与下属有工作之外的交往
t1powerd5	下属一般不应该反对上级的决定
t1powerd6	上级不应该把重要的事情授权给下属去解决

六、控制变量

Chen（2004）的研究发现，关系实践感知与组织态度之间的关系会受到结果有利性的影响。除此之外，性别与年龄也会对变量之间的关系有一定的影响，因此，我们将结果有利性、性别与年龄作为控制变量。结果有利性的量表来自于 Chen（2004），量表由两条语句构成，分别是"单位关于人力资源管理

❶　DORFMAN P W，HOWELL J P.Dimensions of national culture and effective leadership patterns：Hofstede revisited［J］.Advances in International Comparative Management，1988，10（3）：127-150.

的政策和程序都对我有利"与"单位的决策时常对我有利"。❶

4.3 研究样本

为扩大样本的覆盖面，本研究的研究对象不对单位性质进行控制，以增加其代表性。本研究同时采用纸质问卷与网络问卷（问卷星）为主要发放方式，发放对象包括 MPA 学生与公司员工，在发放的过程中我们强调了问卷的匿名性。本研究共收回问卷 422 份。在录入问卷前，本研究根据如下标准剔除了无效问卷：（1）信息缺失较多；（2）大量相同选项；（3）数据呈某种规律，如呈 Z 字型等。最后得到有效问卷 370 份，问卷有效率为 87.7%。

样本的基本构成如下：在性别方面，154 名女性参与调查，有效百分比为 41.62%，216 名男性参与调查，有效百分比为 58.38%；员工年龄分别是 25 岁及以下（52.16%）、26~30 岁（37.30%）、31~35 岁（8.11%）、36 岁及以上（2.43%）；教育程度方面，调查对象的学历主要为本科学历，有效百分比为 57.57%，高中或中专及以下学历者为零。在单位性质方面，调查对象的来源分布广泛，他们分别来自政府部门（124 人，有效百分比为 33.51%）、事业单位（71 人，有效百分比为 19.19%）、国有企业（92 人，有效百分比为 24.86%）、民营企业（63 人，有效百分比为 17.03%）、外资企业（12 人，有效百分比为 3.24%）、非营利组织（8 人，有效百分比为 2.16%），见表 4-7。

表 4-7　样本基本信息描述性统计

特征	特征值	频率（人）	有效百分比（%）
性别	男	216	58.38
	女	154	41.62
年龄	25 岁及以下	193	52.16
	26~30 岁	138	37.30
	31~35 岁	30	8.11
	36 岁及以上	9	2.43

❶ CHEN X，CHEN C C.On the intricacies of the Chinese guanxi：a process model of guanxi development［J］.Asia Pacific Journal of Management，2004，21（3）：305-324.

续表

特征	特征值	频率（人）	有效百分比（%）
教育程度	高中或中专及以下	0	0
	大学专科	11	2.97
	本科	213	57.57
	硕士及以上	146	39.46
单位性质	政府部门	124	33.51
	事业单位	71	19.19
	国有企业	92	24.86
	民营企业	63	17.03
	外资企业	12	3.24
	非营利组织	8	2.16

4.4　数据分析与结果

4.4.1　信度分析

在社会科学领域，信度分析是开展定量研究的前提条件，我们采用 Cronbach's Alpha 并同时参考 CITC 值来判断题项的信度。量表的信度越高，表示量表的内部一致性与稳定性越高。根据吴明隆的观点，分量表信度系数的值至少需要在 0.50 以上，最好能大于 0.60，总体量表的内部一致性系数的值在 0.70 以上为佳，如果能高于 0.80 则更为理想。❶ 卢纹岱认为，当 CITC 值小于 0.30 时，就应该删除。❷

一、关系实践感知

关系实践感知的信度分析如表 4-8 所示。关系实践感知 Cronbach's α 值为 0.867，每条目删除时的 Cronbach's α 值均低于关系实践感知量表的

---

❶ 吴明隆. 问卷统计分析实务——SPSS 操作与应用［M］. 重庆：重庆大学出版社，2010：244.

❷ 卢纹岱.SPSS for windows 统计分析（第 3 版）［M］.北京：电子工业出版社，2006.

Cronbach's α 值，CITC 值在 0.641 至 0.723 之间，据此判断，量表信度理想，保留所有条目，见表 4-8。

表 4-8　关系实践感知的信度分析

题项编号	处理	CITC	删除该项后的 α 值	量表 α 值
t1gxprac1	保留	0.641	0.854	0.867
t1gxprac2	保留	0.687	0.841	
t1gxprac3	保留	0.720	0.833	
t1gxprac4	保留	0.723	0.833	
t1gxprac5	保留	0.696	0.838	

二、组织公平感

组织公平感由分配公平、程序公平、信息公平与人际公平四个维度构成。由表 4-9 可知，组织公平感总量表的 Cronbach's α 值为 0.885，分配公平的分量表 Cronbach's α =0.703。其中条目 3 "我的工作回报反映了我对组织的贡献"虽然 CITC 值小于 0.5，但是分配公平感量表的信度值已经大于 0.7。因此，将条目 3 保留。

同样，我们对程序公平、信息公平与人际公平分量表的维度进行了分析。程序公平分量表 Cronbach's α =0.770。条目 5 至条目 7 的 CITC 大于 0.50，条目 8 的 CITC 值虽然小于 0.50，但由于程序公平量表的信度值已经高于 0.7，因此，条目 5 至条目 8 均得到保留。信息公平与人际公平维度的信度值均令人满意，我们保留所有条目。

表 4-9　组织公平感的信度分析

变量	维度	题项编号	CITC	删除该项后的 α 值	处理	维度 α 值	量表 α 值
组织公平感	分配公平	t1justice1	0.615	0.600	保留	0.703	0.885
		t1justice2	0.676	0.582	保留		
		t1justice3	0.406	0.875	保留		
		t1justice4	0.648	0.596	保留		

续表

变量	维度	题项编号	CITC	删除该项后的 α 值	处理	维度 α 值	量表 α 值
组织公平感	程序公平	t1justice5	0.608	0.696	保留	0.770	
		t1justice6	0.675	0.656	保留		
		t1justice7	0.568	0.719	保留		
		t1justice8	0.447	0.776	保留		
	信息公平	t1justice9	0.687	0.871	保留	0.881	
		t1justice10	0.788	0.830	保留		
		t1justice11	0.802	0.828	保留		
		t1justice12	0.706	0.862	保留		
	人际公平	t1justice13	0.815	0.912	保留	0.928	
		t1justice14	0.811	0.913	保留		
		t1justice15	0.851	0.900	保留		
		t1justice16	0.852	0.900	保留		

三、工作满意度

工作满意度的信度分析结果如表4-10所示。从表4-10可看出，工作满意度的所有题项CITC值都远远高于阈值，量表的Cronbach's α值为0.897，条目删除时的Cronbach's Alpha值都低于工作满意度的Cronbach's Alpha值，此结果令人满意，保留全部条目。

表4-10　工作满意度的信度分析

题项编号	CITC	处理	删除该项后的 α 值	量表 α 值
t1satis1	0.756	保留	0.887	0.897
t1satis2	0.845	保留	0.809	
t1satis3	0.793	保留	0.856	

四、工作投入

工作投入的信度分析结果如表4-11所示。工作投入的Cronbach's α值为 0.908，CITC 值都在 0.6 以上，尽管 t1we5 删除后该量表的 Cronbach's α 值可以提升至 0.941，但由于工作投入量表的 Cronbach's α 值已经非常理想，所以没有必要删除此条目。故保留所有条目。

表 4-11　工作投入的信度分析

题项编号	CITC	删除该项后的 α 值	处理	量表 α 值
t1we1	0.840	0.873	保留	0.908
t1we2	0.881	0.865	保留	
t1we3	0.841	0.871	保留	
t1we4	0.801	0.880	保留	
t1we5	0.525	0.941	保留	

五、权力距离

权力距离的信度分析结果如表 4-12 所示。权力距离的 Cronbach's α 值为 0.761，CITC 值均高于阈值 0.30，尽管 t2powerd4 删除后该量表的 Cronbach's α 值略有提升，但提升幅度较小，考虑到目前权力距离的 Cronbach's α 值已高于 0.70，因而我们仍然保留所有条目。

表 4-12　权力距离的信度分析

题项编号	处理	Citc 值	删除该项后的 α 值	量表 α 值
t2powerd1	保留	0.542	0.715	0.761
t2powerd2	保留	0.503	0.726	
t2powerd3	保留	0.563	0.711	
t2powerd4	保留	0.335	0.769	
t2powerd5	保留	0.569	0.709	
t2powerd6	保留	0.514	0.724	

4.4.2　效度分析

由于本书采用的是成熟的量表，这些量表已经得到广泛的应用，并且由相关专家对问卷进行了进一步审核，量表的内容效度得到基本的保证，所以，我们没有必要采用探索性因子分析方法，而是采用验证性因子方法来进行效度分析。

本次研究涉及关系实践感知、组织公平感、权力距离、工作投入、工作满意度这五个变量。其中除了组织公平感变量具有 4 个维度之外，其余 4 个变量均是单一维度。为验证组织公平感的效度，考察其是否能够由 4 个维度构成，本书运用 STATA 软件，采用验证性因子方法进行分析，所得结果如表 4-13 所示。从表可知，x^2/df 为 3.38（小于 4）、CFI 为 0.94（大于 0.9）、TLI 为 0.92（大于 0.9），RMSEA 为 0.080（小于等于 0.08），上述拟合指标均达到标准，由此表明具有四维度的组织公平感模型拟合度较好。

表 4-13　组织公平感的验证性因子分析结果

x^2/df	x^2	df	P	RMSEA	CFI	TLI	SRMR
3.38	331.66	98	0.00	0.080	0.94	0.92	0.054

其次，为了验证关系实践感知、组织公平感、权力距离、工作投入、工作满意度这五个变量的区分效度，我们采用竞争模型比较法，通过比较各种嵌套模型的拟合度来进行分析。我们共构建了五个模型，分别是五因子模型（$x^2/df=2.84$，P=0.00，RMSEA=0.072，CFI=0.91，TLI=0.89，SRMR=0.077）、四因子模型 A（组合工作投入与工作满意度为一个因子，$x^2/df=5.61$，P=0.00，RMSEA=0.114，CFI=0.76，TLI=0.073，SRMR=0.118）、四因子模型 B（组织公平感与工作满意度为一个因子，$x^2/df=3.93$，P=0.00，RMSEA=0.091，CFI=0.85，TLI=0.83，SRMR=0.076）、四因子模型 C（权力距离与关系实践感知为一个因子，$x^2/df=3.81$，P=0.00，RMSEA=0.089，CFI=0.85，TLI=0.83，SRMR=0.100）与一因子模型（$x^2/df=11.50$，P=0.00，RMSEA=0.172，CFI=0.43，TLI=0.38，SRMR=0.171），详见表 4-14。

结果显示五因子模型对于数据的拟合效果最佳且所有因子负载均达到显著水平，说明本书所选择的测量量表具有较好的效度。

表 4-14　构念测量模型的整体拟合效果

模型	x^2/df	x^2	df	P	RMSEA	CFI	TLI	SRMR
五因子模型	2.84	625.41	220	0.00	0.072	0.91	0.89	0.077
四因子模型 A（工作投入＋工作满意度）	5.61	1255.63	224	0.00	0.114	0.76	0.73	0.118

模型	x^2/df	x^2	df	P	RMSEA	CFI	TLI	SRMR
四因子模型 B（组织公平感 + 工作满意度）	3.93	880.12	224	0.00	0.091	0.85	0.83	0.076
四因子模型 C（权力距离 + 关系实践）	3.81	853.55	224	0.00	0.089	0.85	0.83	0.100
一因子模型	11.50	2644.42	230	0.00	0.172	0.43	0.38	0.171

4.4.3　相关分析

在进行回归分析之前，我们运用 SPSS23.0 统计软件进行相关分析，结果如表 4-15 所示。关系实践感知与组织公平感、工作满意度、工作投入变量具有显著的正相关关系，与权力距离呈显著的负相关关系。

表 4-15　变量的相关性分析

相关性	1	2	3	4	5
关系实践感知	1				
组织公平感	−0.357***	1			
工作满意度	−0.262***	0.583***	1		
工作投入	−0.243***	0.440***	0.487***	1	
权力距离	0.170**	0.076	0.076	0.142**	1

注：** 在 0.01 级别（双尾），相关性显著；*** 在 0.001 级别（双尾），相关性显著。

4.4.4　员工关系实践感知对员工态度的影响

一、员工关系实践感知对工作满意度的影响

我们采用层次回归方法进行分析。首先，将控制变量（性别、年龄与结果有利性）放入模型 1 中，然后，将自变量关系实践感知放入模型 2 中，进行回归分析，回归分析结果如表 4-16 所示。可见，加入控制变量后，模型的拟合系数 R 方的变化为 0.139，且 F 变化量具有显著性水平，说明在增加控制变量后，模型的解释力有所增加。

观察表中数据可知，关系实践感知对工作满意度具有显著的负向影响（标准化回归系数 Beta 值为 −0.259***），说明员工的关系实践感知越高，其工作满意度越高。假设 1 成立。

表 4−16　关系实践感知对工作满意度的回归分析

变量	模型 1	模型 2
性别	−0.070	−0.069
年龄	0.038	0.008
结果有利性	0.287***	0.281***
关系实践感知		−0.259***
R 方	0.082	0.148
调整 R 方	0.074	0.139
R 方变化量	0.082	0.066
F 变化量	10.652***	27.847***

注：* 表示 P ＜ 0.05，** 表示 P ＜ 0.01，*** 表示 P ＜ 0.001。

二、员工关系实践感知对工作投入的影响

我们同样采用层次回归方法进行分析。

首先，在模型 11 中，我们放入控制变量（性别、年龄与结果有利性），然后，我们将自变量关系实践感知放入模型 12 中，进行回归分析，回归分析结果如表 4−17 所示。可知，加入控制变量后，模型的拟合系数 R 方的变化为 0.147，且 F 变化量 24.690 具有显著性水平，由此可判断，在增加控制变量后，模型的解释力增加了。

如表 4−17 所示，关系实践感知对工作投入具有显著的负向预测作用（标准化回归系数 Beta 值为 −0.244***），说明员工的关系实践感知越高，其工作投入越高。假设 2 成立。

表 4−17　关系实践感知对工作投入的回归分析

变量	模型 11	模型 12
性别	−0.057	−0.056
年龄	0.073	0.045
结果有利性	0.300***	0.294***
关系实践感知		−0.244***

续表

变量	模型 11	模型 12
R 方	0.088	0.147
调整 R 方	0.081	0.138
R 方变化量	0.088	0.059
F 变化量	11.584***	24.690***

注：* 表示 P ＜ 0.05，** 表示 P ＜ 0.01，*** 表示 P ＜ 0.001。

4.4.5 组织公平感的中介作用

一、组织公平感在关系实践感知与员工满意度间关系的中介作用分析

1. 分配公平的中介作用

我们采用 Baron 和 Kenny（1986）❶ 的分析方法进行中介作用的检测。第一步，将控制变量放入模型 1 后，用自变量关系实践感知对因变量工作满意度进行回归（模型 2），结果显示，关系实践感知对工作满意度具有显著的负向影响（β = –0.259***）；第二步，用自变量关系实践感知对中介变量分配公平进行回归（模型 B），关系实践感知对分配公平有显著的负向影响（β = –0.190***）；第三步，将自变量关系实践感知和中介变量分配公平同时对因变量工作满意度进行回归（模型 4）。在第三步中，如果分配公平的回归系数显著，而关系实践感知的回归系数不显著，则说明分配公平起完全中介作用。如果分配公平以及关系实践感知的回归系数都显著，并且关系实践感知的回归系数减弱，则表明分配公平起部分中介的作用。数据显示，第一步和第二步回归系数均是显著，且第三步中关系实践感知的回归系数减弱，由此可见，分配公平在关系实践感知与工作满意度的关系中起着部分中介作用，详见表 4–18。假设 3–1 得到支持。

❶ BARON，R M，KENNY，D A. The Moderator - Mediator Variable Distinction in Social Psychological Research：Conceptual，Strategic，and Statistical Considerations［J］.Journal of Personality and Social Psychology，1986，51（6）：1173–1182.

表 4-18　分配公平在关系实践感知与工作满意度之间的中介作用检验

变量	分配公平		工作满意度		
	A	B	模型 1	模型 2	模型 4
性别	−0.023	−0.022	−0.070	−0.069	−0.061
年龄	−0.047	−0.069	0.038	0.008	0.033
结果有利性	0.432***	0.428***	0.287***	0.281***	0.122*
关系实践感知		−0.190***		−0.259***	−0.189***
分配公平					0.370***
R 方	0.195	0.231	0.082	0.148	0.254
调整 R 方	0.188	0.222	0.074	0.139	0.243
R 方变化量	0.195	0.036	0.082	0.066	0.172
F 变化量	28.921***	16.505***	10.652***	27.847***	40.947***

注：* 表示 P ＜ 0.05，** 表示 P ＜ 0.01，*** 表示 P ＜ 0.001。

2. 程序公平的中介作用

根据相同的检验步骤，我们对组织公平的另外三个维度即程序公平、信息公平与人际公平的中介作用进行检验。

由于之前我们已经验证了关系实践感知对工作满意度具有显著的负向影响（模型 2），接下来，我们需要验证关系实践感知对程序公平的影响的显著性，从模型 D 的回归结果可看出，其回归系数是显著的（β ＝ −0.314***）；在模型 6 中，我们将关系实践感知与程序公平同时放入模型，我们发现，关系实践感知的标准化回归系数下降至 −0.134**，表明分配公平在关系实践感知与工作满意度之间的关系中起着部分中介的作用，详见表 4-19。说明假设 3-2 成立。

表 4-19　程序公平在关系实践感知与工作满意度之间的中介作用检验

变量	程序公平		工作满意度		
	C	D	模型 1	模型 2	模型 6
性别	−0.057	−0.057	−0.070	−0.069	−0.042
年龄	−0.020	−0.057	0.038	0.008	0.032
结果有利性	0.468***	0.461***	0.287***	0.281***	0.083
关系实践		−0.314***		−0.259***	−0.134**
程序公平					−0.134**

续表

变量	程序公平		工作满意度		
	C	D	模型 1	模型 2	模型 6
R 方	0.222	0.319	0.082	0.148	0.249
调整 R 方	0.216	0.312	0.074	0.139	0.239
R 方变化量	0.222	0.097	0.082	0.066	0.175
F 变化量	33.975***	50.874***	10.652***	27.847***	41.423***

注：* 表示 $P < 0.05$，** 表示 $P < 0.01$，*** 表示 $P < 0.001$。

3. 信息公平的中介作用

如模型 F 所示，关系实践感知对信息公平的影响具有显著性（ $\beta =$ $-0.306***$ ）；我们观察到，与模型 2 比，在模型 8 中，关系实践感知的回归系数虽然也具有显著性，但是其标准化回归系数（ $\beta = -0.159**$ ）进一步减弱，由此证明信息公平在关系实践感知与工作满意度之间的关系中起着部分中介的作用，详见表 4-20。假设 3-3 成立。

表 4-20　信息公平在关系实践感知与工作满意度之间的中介作用检验

变量	信息公平		工作满意度		
	E	F	模型 1	模型 2	模型 8
性别	0.001	0.000	–0.070	–0.069	–0.069
年龄	–0.062	–0.096*	0.038	0.008	0.038
结果有利性	0.422***	0.414***	0.287***	0.281***	0.146**
关系实践		–0.306***		–0.259***	–0.159**
信息公平					0.325***
R 方	0.190	0.282	0.082	0.148	0.224
调整 R 方	0.183	0.274	0.074	0.139	0.213
R 方变化量	0.190	0.093	0.082	0.066	0.142
F 变化量	27.829***	46.001***	10.652***	27.847***	32.495***

注：* 表示 $P < 0.05$，** 表示 $P < 0.01$，*** 表示 $P < 0.001$。

4. 人际公平的中介作用

如模型 H 所示，关系实践感知对人际公平的负向影响具有显著性（β =
−0.360***）；我们发现，与模型 2 比，在模型 10 中，关系实践感知的回归系
数虽然也具有显著性，但是其标准化回归系数下降至 −0.128**，我们证实，人
际公平感在关系实践感知与工作满意度之间的关系中起着部分中介的作用，详
见表 4−21。假设 3−4 成立。

表 4−21　人际公平在关系实践感知与工作满意度之间的中介作用检验

变量	人际公平		工作满意度		
	G	H	模型 1	模型 2	模型 10
性别	0.039	0.040	−0.070	−0.069	−0.083*
年龄	0.022	−0.020	0.038	0.008	0.015
结果有利性	0.237	0.228***	0.287***	0.281***	0.196***
关系实践		−0.360***		−0.259***	−0.128**
人际公平					0.366***
R 方	0.058	0.186	0.082	0.148	0.256
调整 R 方	0.050	0.177	0.074	0.139	0.246
R 方变化量	0.058	0.128	0.082	0.066	0.175
F 变化量	7.378***	55.989***	10.652***	27.847***	41.847***

注：* 表示 P ＜ 0.05，** 表示 P ＜ 0.01，*** 表示 P ＜ 0.001。

二、组织公平感在关系实践感知与工作投入间关系的中介作用分析

1. 分配公平的中介作用

如表 4−22 所示。第一步，将控制变量放入模型 11 后，用自变量关系实
践感知对因变量工作投入进行回归（模型 12），结果显示，关系实践感知对
工作投入具有显著的负向影响（β = −0.244***）；第二步，用自变量关系实
践感知对中介变量分配公平进行回归（模型 B），关系实践感知对分配公平
有显著的负向影响（β = −0.190***）；第三步，用自变量关系实践感知和中
介变量分配公平一起对因变量工作投入进行回归（模型 14）。数据显示，第
一步和第二步回归系数均显著，且第三步中关系实践感知的回归系数减弱
（−0.196***），由此可见，分配公平在关系实践感知与工作投入的关系中起着

表 4-22 组织公平在关系实践感知与工作投入之间的中介作用检验

变量	模型 11	模型 12	模型 13	模型 14	模型 15	模型 16	模型 17	模型 18	模型 19	模型 20
性别	-0.057	-0.056	-0.050	-0.050	-0.038	-0.042	-0.065	-0.065	-0.074	-0.071
年龄	0.073	0.045	0.088*	0.063	0.080	0.057	0.097*	0.069	0.064	0.049
结果有利性	0.300***	0.294***	0.171**	0.186**	0.168**	0.199***	0.209***	0.237***	0.221***	0.229***
关系实践		-0.244***		-0.196***		-0.186***		-0.211***		-0.136**
分配公平			0.299***	0.254***						
程序公平					0.258***	0.184**				
信息公平							0.209***	0.130**		
人际公平									0.351***	0.300***
R 方	0.088	0.147	0.161	0.197	0.134	0.082	0.124	0.163	0.207	0.223
调整 R 方	0.081	0.138	0.151	0.186	0.124	0.074	0.114	0.151	0.198	0.212
R 方变化量	0.088	0.059	0.072	0.108	0.052	0.082	0.035	0.074	0.116	0.132
F 变化量	11.584***	24.690***	30.665***	24.036***	21.236***	10.627***	14.416***	15.776	52.153***	30.130

注：* 表示 P < 0.05，** 表示 P < 0.01，*** 表示 P < 0.001。

部分中介作用。假设 4–1 得到支持。

2. 程序公平的中介作用

由于之前我们已经验证了关系实践感知对工作投入显著的负向影响（模型 12），也验证关系实践感知对程序公平的影响的标准回归系数的显著性（β＝ –0.314***，模型 D）；本研究将关系实践感知与程序公平同时放入模型 16，关系实践感知的标准化回归系数下降至 –0.186***，表明程序公平在关系实践感知与工作投入之间的关系中起着部分中介的作用。假设 4–2 成立。

3. 信息公平的中介作用

模型 12 的数据显示，关系实践感知能够对工作投入起显著的负向预测作用。同时如前所述，模型 F 也显示了关系实践感知对信息公平的负面影响（β＝ –0.306***）；与模型 12 比，在模型 18 中，关系实践感知的标准回归系数（β＝ –0.211***）进一步减弱，证实信息公平在关系实践感知与工作投入之间的关系中起着部分中介的作用。假设 4–3 得到支持 。

4. 人际公平的中介作用

在前面的数据处理中，我们已知晓了关系实践对工作投入的负向影响作用（模型 12），同时前面验证的模型 H 也证实了员工关系实践感知对人际公平负向影响的显著性（β＝ –0.360***）；将模型 2 与模型 20 进行比较之后，我们发现，模型 20 中关系实践感知的标准化回归系数较模型 2 有所下降（β＝ –0.136**），结果显示，人际公平在关系实践感知与工作投入之间的关系中起着部分中介的作用。由此可判断假设 4–4 成立。

4.4.6　权力距离的调节作用

一、权力距离在关系实践感知与分配公平感关系中的调节作用

为验证权力距离的调节作用，我们首先将关系实践感知与权力距离进行中心化处理。其次，构建模型 21，模型 21 为"关系实践感知"对"分配公平感"的回归方程。

再次，我们以"关系实践感知"与"权力距离"作为自变量，以"分配公平感"为因变量，构建回归模型 22，R 方变化量为 0.020，F 变化量显著，说明模型 22 加入权力距离后，模型的解释力显著提高。

最后，我们构建模型 23，我们将"关系实践感知""权力距离"与"关系实践感知与权力距离的乘积项"放入模型对"分配公平感"进行回归，标准化系数不显著，假设 5-1 未获得支持，详见表 4-23。

表 4-23 权力距离在关系实践感知与分配公平关系中的调节作用的检验

变量	模型 21	模型 22	模型 23
关系实践感知	−0.183***	−0.207***	−0.209***
权力距离		0.144**	0.132*
关系实践感知 × 权力距离			0.084
调整 R 方	0.031	0.048	0.053
R 方变化量	0.033	0.020	0.007
F 变化量	12.658***	7.784**	2.671

注：* 表示 P ＜ 0.05，** 表示 P ＜ 0.01，*** 表示 P ＜ 0.001。

二、权力距离在关系实践感知与程序公平感关系中的调节作用

我们运用同样的方法，验证权力距离在关系实践感知与程序公平感关系中的调节作用。我们在中心化处理之后，构建了模型 31、32 与 33。其中模型 31 为"关系实践感知"对"程序公平感"的回归方程。在模型 33 中，我们将"关系实践感知""权力距离"与"关系实践感知与权力距离的乘积项"放入模型对"程序公平感"进行回归，R 方变化量为 0.032，F 变化量显著，说明模型 33 加入乘积项后，模型的解释力比模型 32 显著提高，说明模型 33 交互作用是显著的，详见表 4-24。

表 4-24 权力距离在关系实践感知与程序公平关系中的调节作用的检验

变量	模型 31	模型 32	模型 33
关系实践感知	−0.299***	−0.315***	−0.319***
权力距离		0.090	0.065
关系实践感知 × 权力距离			0.181***
调整 R 方	0.087	0.093	0.122

续表

变量	模型 31	模型 32	模型 33
R 方变化量	0.090	0.008	0.032
F 变化量	36.033***	3.180	13.451***

注：* 表示 P＜0.05，** 表示 P＜0.01，*** 表示 P＜0.001。

我们进一步看模型 33 的结果。VIF 均接近于 1，说明本研究不存在多重共线性问题。关系实践感知的标准化回归系数为 –0.319，且显著，说明关系实践感知越高，员工的组织程序公平感越低；权力距离的标准化回归系数不显著，说明权力距离对程序公平感知没有影响。乘积项的标准化回归系数为 0.181 且显著。假设 5-2 获得支持。

三、权力距离在关系实践感知与信息公平感关系中的调节作用

采用同样的步骤，我们构建了模型 41、42、43。模型 43 的 R 方变化量为 0.024，且显著，因此我们具体看模型 43 的结果。

如表 4-25 所示，在模型 43 中，关系实践感知的标准化回归系数为 –0.303，且显著；权力距离的标准化回归系数未达到显著，说明权力距离并不影响信息公平感。乘积项的标准化回归系数为 0.155 且显著。假设 5-3 获得支持。

表 4-25　权力距离在关系实践感知与信息公平关系中的调节作用的检验

变量	模型 41	模型 42	模型 43
关系实践感知	–0.287***	–0.301***	–0.303***
权力距离		0.078	0.056
关系实践感知 × 权力距离			0.155**
调整 R 方	0.080	0.084	0.105
R 方变化量	0.083	0.006	0.024
F 变化量	32.933***	2.382	9.640**

注：* 表示 P＜0.05，** 表示 P＜0.01，** 表示 P＜0.001。

四、权力距离在关系实践感知与人际公平感关系中的调节作用

我们构建了模型 51、模型 52 与模型 53，进一步验证权力距离在关系实践感知与人际公平感关系中的调节作用。模型 53 的 R 方变化量为 0.011，且显著，因此我们具体看模型 53 的结果。

在模型 53 中，关系实践感知的标准化回归系数为 -0.385，且显著，说明关系实践感知越高，员工的组织程序公平感越低；权力距离的标准化回归系数不显著，说明权力距离对程序公平感知没有产生影响。乘积项的标准化回归系数为 0.107，且显著，详见表 4-26。假设 5-4 获得支持。

表 4-26　权力距离在关系实践感知与人际公平关系中的调节作用的检验

变量	模型 51	模型 52	模型 53
关系实践感知	-0.365***	-0.383***	-0.385***
权力距离		0.106*	0.091
关系实践感知 × 权力距离			0.107*
调整 R 方	0.131	0.140	0.149
R 方变化量	0.133	0.011	0.011
F 变化量	56.314***	4.693*	4.852*

注：* 表示 $P < 0.05$，** 表示 $P < 0.01$，*** 表示 $P < 0.001$。

第五章 员工关系实践感知形成的
动态过程：质性研究

以往的研究往往基于管理者的视角（尤其是人力资源管理者的视角）考察组织的人力资源管理实践，而忽略了员工的主观心理感知。考虑到个体的态度和行为主要决定于人们对现实的感知而非现实本身，有必要从员工的视角探究员工感知的关系实践。更进一步地，我们需要解决的问题是：关系实践感知是如何形成的？

鉴于此，本研究以意义建构理论为基础，以质的研究方法探讨员工关系实践感知的形成过程。

5.1 意义建构理论与关系实践感知

意义建构理论（Sense Making Theory）最早可追溯到 20 世纪初（Dewey，1922）❶，到了 20 世纪 70 年代左右，意义建构理论已成为一个颇受关注的研究主题（Garfinkel，1967）❷。之后，Weick 率先将意义建构理论应用到组织的管理研究中，为组织中的个体如何理解组织环境提供了一个替代传统的解释路径（Weick，1990，1993）❸❹。

❶ DEWEY J.Human nature and conduct [M].Mineola, NY：Dover, 1922.

❷ GARFIFINKEL H.Studies in ethnomethodology [M].Englewood Cliffs, NJ：Prentice‑Hall, 1967.

❸ WEICK K E.The vulnerable system: an analysis of the tenerife air disaster [J].Journal of Management, 1990, 16（3）：571–593.

❹ WEICK K E.The collapse of sensemaking in organizations: the mann gulch disaster [J].Administrative Science Quarterly, 1993, 38（4）：628–652.

意义建构是一个不断评估和解释的过程，是"个体试图从其环境中阐释各种线索的社会建构过程"（Maitlis，2005）❶。类似地，Cornelissen 也指出，"意义建构是指一个解释建构的过程，人们可以通过这些过程来解释组织内部和外部的事件和问题，这些事件和问题对他们来说是令人惊讶、复杂或令人困惑的"（Cornelissen，2012）❷。Louis 也指出，"意义建构可以看作是一个由一段时间内发生的一系列事件组成的循环周期。该周期始于个人形成的有意或无意的对未来事件的预测。随后，个人所经历的一些事件可能与当初所预测的情形有所出入，这又引发了对不同的事件或突发事件进行解释或事后预测的需求"。总体而言，学者们对意义构建的定义包含以下特征：第一，线索在意义建构过程中通常起着核心性的关键作用；第二，个体的意义建构离不开其所嵌入的社会环境；第三，人们通过各种活动去理解与阐释某种情形，而反过来，又作用于其所追求理解的环境（Maitlis & Christianson，2014）❸。

意义建构理论的基本观点认为，当组织成员面对本质上模棱两可的事件时，个体会感到惊讶、困惑、焦虑或紧张，因此，组织环境越复杂，意义建构就越显得关键，意义建构是有效揭示关于信息是如何产生和解释的一种社会心理进程的方法，这一理论的提出填补了重要的组织管理理论的空白（Weick，2005；Weick，1993）❹❺。因此，意义建构理论被广泛运用于组织变革领域（Gioia，Chittipeddi，1991）❻、公共危机事件（Christianson et al.，2009；Weick，

❶ MAITLIS S.The social processes of organizational sensemaking［J］.Academy of Management Journal，2005，48：21–49.

❷ CORNELISSEN J.Sensemaking under pressure：the influence of professional roles and social accountability on the creation of sense［J］.Organization Science，2012，23（1）：118–137.

❸ MAITLIS S，CHRISTIANSON M.Sensemaking in organizations：taking stock and moving forward［J］.The Academy of Management Annals，2014，8（1）：57–125.

❹ WEICK K E.Managing the unexpected：complexity as distributed sensemaking［M］// MCDANIEL R R，DRIEBE D J.Uncertainty and surprise in complex systems：questions on working with the unexpected.Berlin：Springer Verlag，2005：51–65.

❺ WEICK K E.The collapse of sensemaking in organizations：the mann gulch disaster［J］.Administrative Science Quarterly，1993，38（4）：628–652.

❻ GIOIA D A，CHITTIPEDDI K.Sensemaking and sensegiving in strategic change initiation［J］.Strategic Management Journal，1991，12（6）：433–448.

1988；Gephart，1993）❶❷❸ 等领域。

意义建构是组织员工重要的心理活动，事实上，意义的形成在员工关系实践感知中也起着关键性的作用，因为相对于正式的人力资源管理政策与实践，关系实践通常具有隐蔽性与不确定性，为了解释组织环境的不同线索，识别组织各种人力资源管理实践之间的关系，以便了解组织环境中发生的事情，建立一个较为稳定的认知，并对这种认知做出一定的反应。在这种高度不确定的情境下，人们越有可能积极主动地参与到关系实践的意义建构中。遗憾的是，根据笔者对文献的整理，目前尚未有学者以意义建构理论为视角，探讨员工关系实践感知形成的动态过程。在这一研究中，我们将运用扎根理论研究方法对此进行探索。

5.2　研究设计

5.2.1　研究方法

本研究的主要目的是对中国社会的组织中出现的"关系实践感知"现象进行探究。在此研究中我们将遵循扎根理论的研究原则，主要使用归纳法分析材料和形成理论，通过与研究对象（员工）互动，对其行为和意义建构获得解释性理解（陈向明，2000）❹。即在系统收集资料的基础上，寻找反映这一现象的核心概念，然后通过在这些概念之间建立起联系而形成理论。

采用这种研究方法的原因如下。

首先，尽管在本土管理研究中，有学者曾对关系实践进行过探讨，但目

❶ CHRISTIANSON M K, FARKAS M T, SUTCLIFFE K M, WEICK K E.Learning through rare events： significant interruptions at the Baltimore & Ohio railroad museum［J］.Organization Science，2009，20 （5）：846-860.

❷ WEICK K E.Enacted sensemaking in crisis situations［J］.Journal of Management Studies，1988，25 （4）：305-317.

❸ GEPHART R P.The textual approach：risk and blame in disaster sensemaking［J］.Academy of Management Journal，1993，36（6）：1465-1514.

❹ 陈向明.质的研究方法与社会科学研究［M］.北京：教育科学出版社，2000.

前尚未有研究从意义建构理论的视角探讨个体主观感知的关系实践形成的动态过程，因此需要以探索而非验证的方式开发理论。与定量研究相比，质性研究能够深入解释个体的复杂心理形成过程与组织的复杂现象过程，以扎根理论为原则的质性研究方法是开发新理论的有效方法。事实上，在意义建构的研究文献中，质性研究是普遍采用的研究路径（Cornelissen，2012；Monin，Noorderhaven，Vaara，Kroon，2013）❶❷。

其次，先前关系实践的研究大多从管理者的角度出发，而本研究采用自下而上的研究视角探讨员工对于关系实践的个体主观感知，而每个员工对组织客观关系现象的逻辑解释并不一致，根据扎根理论原则，运用访谈的方法有益于我们对个体的主观感知形成过程获得深入了解。本研究将为之后关于员工关系实践感知动态过程的定量研究奠定基础。

5.2.2　研究对象的选择

本研究采用了在质性研究中运用最为广泛的研究方法——"目的性抽样"（Glaser & Strauss，1967）❸。本研究的理论抽样主要历经两个时间段，第一阶段共计访谈 22 名员工，第二阶段访谈用于理论饱和度检验，访谈了 3 名员工，根据资料分析发现已达到理论饱和，新搜集的数据不再能产生新的理论见解，也不再能揭示核心理论类属新的属性，我们就终止了访谈。我们对访谈对象选择标准是：（1）受访者应是曾经具有关系实践感受的员工；（2）受访者应包含不同工作经验的员工，既包括初入职场的新进员工，又包括阅历丰富的资深员工；（3）受访者应包括不同性别；（4）受访者应覆盖不同性质的单位，既包括公共部门，又包括非公共部门。通过上述挑选原则，共 25 名来自不同单位的员工接受访谈。从访谈样本来看（见表 5-1），11 名为男性员工，14 名为女性

❶　CORNELISSEN J.Sensemaking under pressure: the influence of professional roles and social accountability on the creation of sense [J].Organization Science，2012，23（1）：118–137.

❷　MONIN P，NOORDERHAVEN N，VAARA E，KROON D.Giving sense to and making sense of justice in postmerger integration [J].Academy of Management Journal，2013，56：256–284.

❸　GLASER B G，STRAUSS A L.The discovery of grounded theory: strategies for qualitative research [M]. New York: Aldine，1967.

员工；年龄分布于不同年龄阶段；基层员工 18 名，中层干部 7 名。样本具有较好的代表性，满足本研究的研究需要。

表 5-1 样本情况汇总表

特征	特征值	数量（人）
性别	男	11
	女	14
年龄	25 岁及以下	4
	26~30 岁	10
	31~35 岁	7
	36 岁及以上	4
教育背景	高中及大专	3
	本科	14
	硕士	8
单位性质	政府机关	7
	事业单位	9
	国有企业	5
	私营企业	3
	外资企业	1
行政级别	基层员工	18
	中层干部	7

5.3 数据访谈过程

研究资料的采集方法主要以深度访谈为主。本研究基于员工对关系事件的感知开展研究，所以在访谈过程中我们采用了叙述史的方式，引导被访谈者对关系实践感知过程进行叙述，访谈的重点是关系实践信息的获取、情绪、态度、人际互动和行为等，期望通过这些信息解读组织中员工的意义建构过程。由于访谈的内容较为敏感，因而我们是在与访谈对象建立信任的基础之上进行访谈的，力求在轻松的访谈氛围中获取真实有用的信息。访谈采用半结构化形式，平均每次访谈时间为 50~70 分钟，每次访谈均有录音，并进行记录，最后将所有的录音都转录成文字稿。

5.4 数据整理与分析

为了有效揭示员工关系实践意义建构的过程，我们首先以 Weick 界定的意义建构基本原则为依据，从每篇个案录音的文字稿中识别出可编码的文本段落。然后，以我们的研究目标为指导，探究哪些因素影响员工的关系实践感知，进而采取扎根理论技术进行编码和分析。但在进入编码阶段后，我们不会仅仅局限于初始的假设和问题，而是根据调研资料中自然涌现的主题进行提取。这是一个归纳的过程，自下而上将资料不断地进行浓缩，使资料的主题自然浮现。根据 Strauss 等（1990）❶ 的研究建议，我们对原始数据进行了反复多次的分析、编码对比、理论回顾，从开放式编码—轴心编码—选择式编码三个步骤，数据与理论得以相互检验和不断比较逐步得到充实和系统化。最终获得关系实践中员工意义建构动态过程的模型。表 5-2 显示了我们在构建模型过程中的具体思路。

表 5-2　关系实践感知的动态形成过程的数据编码

一级概念	二级主题	维度
●留心单位的人事现象 ●自己分析	观察推测	感知诱发阶段
●基础性关系现象 ●非基础性关系现象	亲历	
●工作场所 ●非工作场所	听说	
●回忆过往经历 ●与程序进行对比 ●现在制度越来越规范	现实与以往经历的比较	主观理解阶段
●同事优先批假	自身与他人的比较	
●国家文化 ●中国大环境	原因归结	
●组织文化 ●人与人之间的关系—环扣—环		
●地域差异		

---

❶ STRAUSS, ANSELM, JULIET, CORBIN. Basils of qualitative research：grounded theory procedures and techniques［M］. Newbury Park，California：Sage Publications，1990.

续表

一级概念	二级主题	维度
●岗位特点 ●结果导向的技术部门不需要走关系 ●工作任务分配粗放	原因归结	主观理解阶段
●大事小事领导拍板 ●公司的决策我们最后一个知道 ●领导拍板 ●领导说了算 ●开会时员工有意见领导不开心		
●关系的人际润滑作用 ●人际圈子让你情感有依赖	积极感知	感知形成阶段
●难受 ●不公	负面感知	
●我生完孩子，上级给我她孩子不穿的衣服 ●领导因为我干活多、说话少喜欢我 ●上下级每天中午一起吃饭 ●和上级保持不远不近的关系 ●与领导平时不太接触 ●领导工作之余和员工一起运动 ●我因为会干活招领导喜欢	上下级关系	情境因素
●工作范围之内无条件服从上级 ●工作范围之外不会服从上级 ●希望下属忠诚 ●希望下属不来回跳槽 ●我会尊敬领导，请示领导 ●有必要尊敬领导	传统性	
●老板坐电梯有优先权 ●员工之间电子邮件行文规范	层级性	组织特点
●大事小事领导拍板 ●公司的决策我们最后一个知道 ●领导说了算 ●下放权力 ●开会时员工有意见领导不开心	权力集中	
●官网会公布招聘与绩效考核信息 ●普通员工不知晓绩效考核如何评定 ●涉及调整人际关系时普通员工不清楚 ●对员工的奖励完全按照制度执行	透明性	
●出差地点与补助规范标准	规范性	
●每月聚餐	工作之外活动	非正式活动

5.5　研究结果

通过对访谈资料的编码与逻辑链条的梳理，我们构建了员工关系实践感知的意义构建动态过程模型（见图 5-1）。

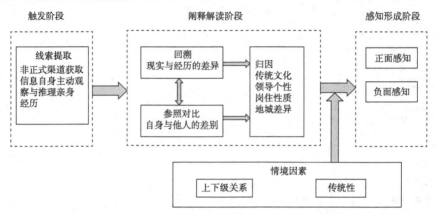

图 5-1　员工关系实践感知的意义构建动态过程模型

首先，我们发现员工关系实践感知形成的动态过程包括三个阶段：触发阶段、阐释解读阶段与感知形成阶段。在触发阶段，员工通过对环境线索的提取，触发了其主动的意义构建行为。员工线索提取的主要来源有三方面：观察、亲历与偶遇。在阐释解读阶段，一方面，员工倾向于回溯过往，将已有经验与当前经历进行对比；另一方面，员工还会以他人为参照物，进行参照对比。另外，我们还发现员工对组织关系实践的归因的不同影响着员工的感知。当员工将组织关系实践的发生归因于诸如传统文化、地域因素、岗位性质等外部因素，员工关系实践感知的程度会更弱。在感知形成阶段，员工对关系实践的感知判断可从积极感知和负面感知两方面进行评价。我们还发现，员工关系实践感知形成还受上下级关系、传统性、岗位性质等因素的影响。

以下详细介绍三个阶段及影响因素。

5.5.1　触发阶段

人们多是根据情境中的信号或者线索开始对组织事件进行构念的

（Maitlis，2005）。❶根据我们的数据发现，组织员工对关系实践进行意义建构多始于一个触发事件，例如人员职位变动，这既包含现有员工职位调动（晋升），也包含新员工的入职。与之前大多数研究指出关系实践与员工的奖金、晋升、培训等人力资源各个模块相关不同，在访谈研究中我们发现，员工的工资、奖金发放与培训直接与其职级相关，如一位被访谈者提到"在培训的时候，基本上人人都是平等的"。另一位也提到在奖金方面"就是大锅饭，大家都一样，奖金也是。在钱上不会有区别"。所以关系实践在这几方面并不能触发员工进行意义建构。而人员职位的变动则因其不确定性和模糊性，成为员工意义建构的主要触发事件。如一位访谈者谈道："我主要的感受是惊讶为主。我觉得我听了这些呢，会思考为什么这个人会被放在这个位置上的原因。"

在该阶段，员工扫描组织环境，根据组织环境中的线索中提取有用信息进而抽丝剥茧一步步为整个组织的关系现象的意义建构提供基础。员工的线索主要来自三个方面。

一是从他人获取信息。由于关系实践的发生并非公开，员工通常会通过非正式的各种渠道了解相关信息，或与相关人员沟通，以了解自己所处的情境。其中一位访谈者谈到，我们公司"前一阵人力（资源部）有个女同事离职带孩子去了，就空了一个职位，后来（这个岗位）就来了一个小姑娘，学历也一般，没什么工作经验，刚出学校门的那种（人），听人说是……"

非正式渠道就是指员工通过从他人处获取消息。而他人这一渠道则大致分为两类人群，一类是对企业内部人员有一定了解的员工的亲戚、朋友，而另一类占有较大比例的是置身于企业内的员工与领导。后一信息来源群体还会呈现以下两个特点：（1）谈话的场所多是私下的两人场合。如一位受访者谈道："聊这个事，一般都是两个人的场合，比如说我和某一个同事一块儿，我们俩可能聊得私密一点。因为两个人的话，在一个封闭的空间里面，可能就会拉近点距离，但是在大家聚会四五个人一起就不会说的事。"（2）信息的来源多是在公司里的"老员工"，"一般都是待了五年啊十来年，对公司整体情况比较了解的，对于企业内这个交错盘根的东西都比较懂了"。值得注意的是，由于信

---

❶ MAITLIS S.The social processes of organizational sensemaking［J］.Academy of Management Journal，2005，48：21-49.

息获取的来源并非当事者本人而是组织的其他员工，而信息经过多次非正式传播，因此道听途说的信息并不一定准确真实，有时甚至以讹传讹。

二是自身主动观察与推理。在日常一般情境中，人们对于情境的认知较为稳定，在处理该种情境时通常是依靠惯性反应。但是，当周围情境不可预测或者呈现出模糊复杂的特点时，人们将会产生诸多的疑问，并有意识地从未知中构建出一个认知秩序来理解当下情境。因此，人们面对的环境越是模糊不确定，人们越有可能通过主动地观察和挖掘信息来帮助其理解情境（Fiske，Taylor，1991）❶。中国具有高语境文化的特点，即人们在沟通中倾向于通过以间接的方式进行，希望对方从环境中寻找到隐藏的信息，或者能够听懂弦外之音（Hall，1990）❷。当沟通环境呈现出模糊的特点时，员工倾向于主动观察周围的人和事，关注组织的异常信号，并将各种线索联系起来进行组织现象的解读。例如，有位受访者曾经说："你看着这样的现象，再联想一下程序，一看就知道是咋回事啊，对不对？"但观察获得的信息相对是比较表面的，正如一些受访者提到的，"真正有关系的人都比较低调，前期你都不太清楚，真正都是走到了最后的时候，才会有传言出来"。"关系不是你平时就能看出来的，每个人平常都是不显山不露水。"

三是亲身经历。线索提取的最后一种途径是来自员工本人的亲身经历。在访谈中有一名访谈者坦言自己就曾经经历过此类事件。一方面，由于对关系实践的感知来自员工本人亲身经历，因此该经历对员工态度的影响将更加强烈；另一方面，由于个体对组织整个关系实践的感知是建立在过去亲身经历的基础上的，员工会受到其现有认知的限制，更容易受到晕轮效应的影响，由本人亲自经历的某一关系实践推测整个组织的关系实践，从而对真实的现象造成曲解。

以上三种信息渠道的获取并不完全是孤立的，它们经常交织在一起共同发挥作用。例如，为了理解组织内的真实关系现象，员工可能花费很多的精力，通过多种渠道与其他组织成员分享信息或获取信息，其中包括创造时机与组织其他成员共同交流。

---

❶ FISKE S T，TAYLOR S E.Social cognition［M］.New York：McGraw-Hill，1991.

❷ HALL E T.Understanding cultural differences［M］.Yarmouth，ME：Intercultural Press，1990.

5.5.2　阐释解读阶段

一、现实回溯

由于接触模糊或者意外事件的经验较少，员工在阐释解读过程中倾向于有意识的、带有反省的意义建构。不少访谈者将当前现象与前几年的现象进行对比，通过对比来理解当前所发生的事件。"我毕业的那年，或者是我毕业的前几年吧，那种关系现象会更严重一点，最近几年转变很多。其实我也想考一个公务员，去摸了一下大概的流程，（毕竟关系现象）已经比之前好很多了。""我觉得这个也是可以接受的，并且也是普遍存在的一个现象。当然现在很多东西越来越规范，所以现在这种情况会越来越少。"

二、参照对比

访谈者还会以其他同事作为参照物，进行参照对比。"同样是向单位请事假，我得一趟又一趟地去医院开各种证明，为什么她什么证明都不开就能得到人事部的批准，我就不能？"有时被访者选择有限的同事进行参照对比，选择的有限性很大程度影响着员工的感知。换言之，这种感知是"主观判断"的结果。

众多访谈者常常将能力和关系进行比较，认为能力比关系重要。有受访者谈到了自身绩效强也有助于得到领导的赏识："我可能运气比较好，我可能当村官的时候，包括我现在这个工作单位，比较招领导喜欢。当然，为什么领导喜欢我，因为我是会干活，也能干活的那种。那如果我是一个什么也不会，不会干活的，那领导肯定也不会喜欢我，也不会用我的。这肯定的。所以我觉得如果领导赏识你，还是因为你是有能力的，不是因为溜须拍马。这是我这么认为的，因为我也是那种不会溜须拍马，也不爱溜须拍马的。还是有能力重要吧，因为你有能力了，你说话稍微差点，但是会慢慢去培养你的，如果你没有能力，那你人际关系再好，也只是溜须拍马的这么一个人。因为我上班这几年，感觉就是这样的。"

三、归因

主观理解的第二个重要阶段就是员工对于关系实践发生的原因诊断，我们根据访谈资料，总结出被访者的四大归因。

1. 中国传统文化

受访过程中有多名受访者普遍谈到中国传统文化的影响。一位被访谈者谈道："根据我们现在的文化背景和历史发展渊源，我觉得这种现象是没办法杜绝的。""中国之前的体制不就是这样嘛，讲究一个家庭社会，大家对这种亲情看得比较重。"

2. 领导个性

如有人谈道："笔试反正多少分就是多少分，但是面试就不知道了，反正就看面试官的态度呗，我觉得不太透明。"领导在组织的多个环节通常享有较大的自由裁量权，那么员工对于关系实践的感知也就与领导者的个性息息相关，对于集权程度比较高的，往往会增强员工对于组织内关系实践的感知。

3. 岗位性质

部分受访者将关系实践的差异归结为不同部门之间的岗位差异。"技术部门还是靠技术说话的，技术水平高自然就会得到升职，因为技术部门是结果导向的，如果技术不行而得到升职的话，对整个项目会有影响……组员都是在组长设计的技术框架下开发的，组长的技术直接关系到整个项目的质量。……刚刚提到的特殊贡献奖，具体怎么评定呢？比如你有个想法并做了出来，展示给领导后被领导采用，直接为公司的 App 带来了直观的用户量，那么这个增长的用户量就是一个衡量的标准。还有就是程序的崩溃率很高，通过你的优化，崩溃率得到了很大的改善，这也是一个（公司特殊贡献奖评奖的）衡量标准。评奖的过程是公平的，由个人申请，组长提报，领导根据数据来评选，数据是负责产品的同事提供的，所以这些数据很具有说服力。"另一位访谈者也进一步分析了业务单位和职能单位的差异，"因为我们是业务单位，我觉得还比较融洽，因为我们的工作也是目标导向，就是你干好自己的活，然后你工作的结果是最能反映你的行为的。你是不是努力了，是不是认真了，一看这个结果就能看出来，不需要领导说偏向你，你就能怎么样；或者说领导照顾你，你就能怎么样"。

4.地域差异

亦有一些受访者在反思关系实践现象产生的原因和所处地域有关。"其实在小地方更是注重关系和人脉。比如平时的工作中，如果你家里有亲戚在这个行业，或者别人无意中发现你家里有这种关系，无形中会对你有一些不一样的对待。""大城市也许会好一些，会看重你的能力。""北京人事关系会更简单一点，因为它相对小地方来说，更公平而且透明。""毕竟城市特点不一样，我在的这个地方多少和北上广不同，它的市场化没有那么的深入。"

从受访者的访谈结果分析，大部分受访者对组织出现关系现象的原因解释为其难以控制的文化、地域、岗位等原因。根据归因理论（Green，Mitchell，1979）❶，归因主要分为外部情境归因与内部归因（Martinko，Gardner，1987）❷。与内部归因的感情色彩浓厚不同，当人们认为某类现象的发生是个体难以自我控制的外部环境时，归因者将较为冷静和客观。

5.5.3　感知形成阶段

一、积极感知

研究发现，有受访者认为不违反制度的圈子情感交流有一定益处。有的受访者直言："每个人都有自己的人际圈子啊，你只要说不是去做坏事，只要不违反制度，只要不违规，那就没有那么大的副作用。人际圈子让你有人陪（情感上的依赖）。你失恋的时候，有人陪你哭吧，就是这么简单的道理。长时间不生活在一个圈子里，就丧失了人际交往的能力。"也有受访者说："哪个领导不愿意重用能出活（能干）的下属呢，干得不好，谁愿意提拔你呢？干活干得好，上级就赏识，上级就会提拔，这种知遇之恩会让下属工作更卖力，我觉得还是可以接受的。"

---

❶ GREEN S G, MITCHELL T R.Attributional processes of leader – member interactions［J］.Organizational Behavior and Human Performance, 1979, 23: 429–458.

❷ MARTINKO M J, GARDNER W L.The leader – member attribution process［J］.Academy of Management Review, 1987, 12（2）: 235–249.

二、负面感知

研究还发现关系实践感知的形成是负面的。首先，当受访者所感知的关系现象离本人越近，或者该事件乃本人亲历，受访者对关系实践的负面感知程度较强，会认为该事件不公平，对其产生困扰，如前文中谈到的因为请假手续多对其产生的负面感知到目前仍然记忆犹新。其次，某事件的发生离本研究访谈的时间越接近，受访者的负面感知越强烈。

5.5.4 情境因素

我们的数据显示，在员工意义建构过程中会受到上下级关系等因素的影响。

一、上下级关系

在访谈中，受访者频频提及上级与其之间的关系。与西方的上下级关系仅限于工作场所内部之间的关系不同，中国情境中的上下级关系除了雇用合同规定的关系之外，还包括工作时间之外的上下级之间的情感互动。甚至在受访者心目中，只有进入上级的生活圈子才能够称得上是较好的上下级关系。例如，一名受访者说："我是出纳嘛，我的会计主管我们关系就处得挺好的，比如她孩子比我孩子大点，我生完孩子之后她把好多原来她孩子不穿的小衣服啊、小推车啊都给我了。"还有不少受访者将是否和领导出去吃饭视为评价上下级关系好坏的标准之一。"我们的领导，就像我的主管和我们的经理，他们都是有家庭的，只不过不住在公司，他们俩中午一块去吃饭。但是我们几个后来新进来的这些人，我们其实一直是落单的，所以我们经常和领导一起出去吃饭，感情都还挺不错的。"

根据访谈数据，当受访者与上级保持较好的关系时，更可能理解上级的一些做法。如一名访谈者提到，"有些领导他偏好于喜欢那种性格外向的人，那你性格内向的话，你本来自己不主动去跟领导打招呼啊，或者说自己跟他们有什么联系的话，那领导的精力也是有限的，他除了要工作，平时还要处理一些同事之间的问题，他可能也没有那么多心思来关注你。但是如果说能力特别强，工作表现特别好的人，那又不一样。"反之如果自我感觉和上级关系一般，则会不易带情绪看待组织的关系现象。"（我们部门）管理模式相对来说偏等级化，所以下级对上级都很敬畏，有距离感，尤其人事部门，做事需严谨，说话要斟酌，工作一旦出了问题，需要逐层追责，从这个角度来看，下级犯错，上级会直接追责，所以常常是工作上围着领导转，生活上敬而远之。"

二、传统性

此外，个体的传统性也是影响个体关系实践意义建构的因素之一。"我之前也在外企实习过，无论是在外企还是在中国的民营企业里面，你对领导的尊敬是非常有必要的。特别是你在做一些事情的时候，比如说你看到这个事情有必要由你的上级领导审批，审批之后再去做，因为这个后果会影响到公司的利益。公司投了成本去做这件事，如果最后的回报并不好，是因为你在中间出了这么一个环节，因为你做这个决定之前没有跟你的上级领导去沟通，这种情况就是你作为下属没有尽到应尽的义务，我觉得这样是不对的……我觉得跟上级领导有必要尊敬，因为像我的话，刚入职场，上级在很多方面都会给你意见，因为毕竟他们有很丰富的人生阅历了。做什么事情，应该怎么去做，他会给你一些建议。你这边的话，比如我拿一个问题去问我的领导，我会把问题陈述一遍，然后附带上我的看法和建议，如果领导说合适，你再去做。这样一是展示了你的能力，因为你的方案已经给出来了；二是领导觉得你很尊重他。像这种事情应该汇报的，你要跟他汇报，我觉得这种跟上级的沟通方式是有必要的。"

第六章　关系实践感知的变化对员工态度变化的影响：动态演化研究

6.1　理论假设

6.1.1　员工关系实践感知的动态性

组织行为学中几乎所有的构念都具有内在的动态性特征（George，Jones，2000）。[1] 近年来，管理领域尤其是人力资源管理与组织行为学领域中动态性研究成为新兴的研究热点，诸如组织公平感（David，Daniel，Skarlicki，2013；Shin，Du，Choi，2015；Holtz，Brian，Harold，Crystal，2009）[2][3][4]、工作满意度（Chen，Ployhart，Thomas，et al.，2011）[5] 与工作投入（Alessandri，Consiglio，

---

[1] GEORGE J M, JONES G R. The role of time in theory and theory building [J]. Journal of Management, 2000, 26（4）: 657–684.

[2] DAVID A. JONES, DVNIEL P. SKARLICKI. How perceptions of fairness can change [J]. organizational psychology review, 2013, 3: 138–160.

[3] SHIN Y, DU J, CHOI J N. Multi–level longitudinal dynamics between procedural justice and interpersonal helping in organizational teams [J]. Journal of Business & Psychology, 2015, 30（3）: 513–528.

[4] HOLTZ, BRIAN C, HAROLD, Crystal M. Fair today, fair tomorrow？A longitudinal investigation of overall justice perceptions. [J]. Journal of Applied Psychology, 2009, 94（5）: 1185–1199.

[5] CHEN G, PLOYHART R E, THOMAS H C, et al. The power of momentum: A new model of dynamic relationships between job satisfaction change and turnover intentions [J]. Academy of Management Journal, 2011, 54（1）: 159–181.

Luthans，et al.，2018；Bal，De Cooman & Mol，2013）❶❷ 等核心构念的动态性特性得到充分重视，从动态性视角对人力资源管理实践的开拓性研究取得了初步成果（Piening，Baluch & Salge，2013）❸。遗憾的是，在中国本土的人力资源管理实践研究中，该议题尚未得到人们的关注。人们的关系实践感知是一成不变的吗？尽管前人尚未对此进行细致与深入的探索性研究，但从我们的访谈数据看，很多员工对人力资源管理实践认识的形成和发展有一个动态的变化过程，无论是员工从刚入职的"局外人"的身份转变为了解组织内部运作的"局内人"，抑或是从"圈外人"到"圈内人"身份的互换改变，员工对组织存在的关系实践的认识都会随着时间的流逝而发生变化。在第五章的质性研究中，我们发现，员工关系实践感知的形成会经历线索提取、回溯、参照对比等一系列的动态过程，因此，员工关系实践感知的形成与发展具有动态性。由此，我们提出下列假设：

假设 1　员工的关系实践感知程度随时间的推移而发生动态变化。

6.1.2　关系实践感知的变化与员工工作满意度、工作投入的变化

中国普遍存在特殊主义，然而近年来由于西方人力资源管理功绩制思潮的不断涌入，人力资源管理实践的偏私性实践的合法性开始面临严峻挑战（Chen，Chen & Xin，2004）❹。当员工知觉到组织在实施偏私性人力资源管理实践时，会产生怎样的反应呢？本书第四章横截面的研究结果表明，关系实践感知对员工的工作满意度与工作投入均呈负面影响。

---

❶ ALESSANDRI G，CONSIGLIO C，LUTHANS F，et al. Testing a dynamic model of the impact of psychological capital on work engagement and job performance［J］. Career Development International，2018（3）：33-47.

❷ BAL P M，DE COOMAN R，MOL S T.Dynamics of psychological contracts with work engagement and turnover intention：The influence of organizational tenure［J］. European Journal of Work and Organizational Psychology，2013，22（1）：107-122.

❸ PIENING E P，BALUCH A M，SALGE T O. The relationship between employees' perceptions of human resource systems and organizational performance：Examining mediating mechanisms and temporal dynamics.［J］.Journal of Applied Psychology，2013，98（6）：926-947.

❹ CHEN C C，CHEN Y，XIN K. Guanxi practices and trust in management：a procedurd justice perspective［J］.Organization Science，2004，15（2）：200-209.

进一步思考，随着员工逐渐掌握越来越多的组织信息，他们对组织中存在的关系导向人力资源管理实践的感知也将随之发生变化。那么员工这种变化是否会带来其态度的负向变化，进而不利于组织的正常运作？对此，目前尚无研究从动态角度探讨此议题。

虽然目前尚无专门文献，但根据我们前期搜索，在 2011 年发表于 AMJ 的一篇文章中，Chen 与其合作者 Ployhart 等人以螺旋变化理论（Spirals Theory，Lindsley & Brass et al.，1995）为基础展开研究。螺旋变化意味着某管理现象随着时间的推移而系统地、持续地变化（Lindsley & Brass et al.，1995）❶。具体而言，系统的增加代表着螺旋上升，而系统的减少表明螺旋下降。员工某时间点的工作态度会以该阶段初期的时间点为参照点产生变化，这种变化将呈持续动态上升或下降趋势。

在组织中，员工态度的螺旋上升或下降与管理实践的感知的变化息息相关，而并不仅仅取决于管理实践感知当期的状态。随着个人对其组织的熟悉，工作组织的实际情况更容易浮出水面（Ashforth，Rogers，Pratt，Pradies，2014）❷。如果员工关系实践感知的初始感知值是 1（运用利克特五点量表评价），半年之后，其员工关系实践感知的感知值仍然为 1，我们预测由于关系实践感知并未发生实质性变化，关系实践感知对员工态度的负面影响并不会发生较大变化。而假设员工关系实践感知的初始感知值是 1，半年之后，其员工关系实践感知的感知值增加为 3，那么我们预测关系实践感知的变化也可能对员工的心理产生冲击和震荡。归根结底，员工关系实践感知的变化会影响员工的心理，导致员工的满意度进一步下降，工作投入进一步降低。

根据上述分析，我们提出如下假设：

假设 2　随着时间的推移，员工关系实践感知的变化将会负面影响员工的工作满意度的变化。

假设 3　随着时间的推移，员工关系实践感知的变化将会负面影响员工的工作投入的变化。

---

❶ LINDSLEY D H，BRASS D J，THOMAS J B.Efficacy - performing spirals：A multilevel perspective［J］. Academy of Management Review，1995，20（3）：645-678.

❷ ASHFORTH B E，ROGERS K M，PRATT M G，PRADIES C.Ambivalence in organizations：A multilevel approach［J］.Organization Science，2014，25：1453-1478.

6.1.3 组织公平感变化的中介作用

为进一步揭示员工对关系导向型人力资源管理实践感知的心理历程，本书参照"关联性""重要性""普遍性"（Kehoe，Wright，2013）[1] 的三个标准，拟选择公平感作中介变量，探究员工感知的关系导向型人力资源管理实践在变化时，是否通过公平感对员工态度的变化进一步产生负面影响。这主要基于以下方面考虑：（1）人们对组织关系现象的第一反应便是认为"不公平"，在有关以关系为导向的人力资源管理实践的文献中，员工的公平感是研究者们最常涉及的结果变量（Wu & Chaturvedi，2009）[2]；（2）员工公平的知觉是其态度的重要影响因素，尤其是表现在工作满意度、管理信任与情感承诺方面，公平感对其具有较强的预测力（Viswesvaran & Ones，2002；McFarlin & Sweeney，1992；Sweeney & McFarlin，1993）[3][4][5]；（3）公平感与员工态度之间的关系在中国情境也得以大量证实（刘小禹、孙健敏、苏琴，2011；樊耘、颜静、张旭，2014）[6][7]。

以往运用横截面方法对关系实践的研究受到方法学上的局限，无法充分地把握关系实践感知的动态性质。了解人力资源管理实践，不仅需要考察一个时

---

[1] KEHOE R R, WRIGH P M.The impact of high - performance human resource practices on employees' attitudes and behaviors [J].Journal of Management, 2013, 39（2）: 366–391.

[2] WU P C, CHATURVEDI S.The role of procedural justice and power distance in the relationship between high performance work systems and employee attitudes: a multilevel perspective [J].Journal of Management, 2009, 35（5）: 1228–1247.

[3] VISWESVARAN C, ONES D S.Examining the construct of organizational justice: a meta–analytic evaluation of relations with work attitudes and behaviors [J].Journal of Business Ethics, 2002, 38: 193–203.

[4] MCFARLIN D B, SWEENEY P D.Distributive and procedural justice as predictors of satisfaction with personal and organizational outcomes [J].Academy of Management Journal, 1992, 35（3）: 626–637.

[5] SWEENEY P D, MCFARLIN D B.Workers' evaluation of the ends' and the means': an examination of four models of distributive and procedural justice [J].Organizational Behavior and Human Decision Processes, 1993, 55（1）: 23–40.

[6] 刘小禹，孙健敏，苏琴.工作感受和组织公平对员工组织承诺与职业承诺影响的跨层次研究 [J].经济科学, 2011（1）: 114–125.

[7] 樊耘，颜静，张旭.组织公平与人力资源管理关系实践的交互作用机制研究 [J].预测, 2014（1）: 15–20.

间的绝对水平，还需要检查其随时间的变化（Boswell，Shipp，Payne & Culbertson，2009）❶。尽管近年来，一些学者将态度变量引入人力资源管理及组织公民行为的动态研究领域，例如，Eisenberger，Stinglhamber，Vandenberghe，Sucharski 与 Rhoades 发现，员工感知的组织支持水平在不同时间内发生了显著变化。❷然而人们对人力资源管理中存在的关系实践与员工态度的动态关系知之甚少，进一步地，对于关系实践感知之间的作用机制更是鲜少涉及（Holtz & Harold，2009）❸。

先前的研究表明，从纵向看分配公平和程序公平与满意度之间的动态关系具有显著性（Ambrose，Cropanzano，2003）❹，我们期望关系实践感知的变化在纵向上将触发组织公平感变化，进一步导致工作满意度与工作投入的变化。我们预计，无论其初始水平如何，随着时间的推移，关系实践感知的增加将与组织公平感的降低相关，而组织公平感的降低将与员工满意度与工作投入的降低相关。当组织成员意识到组织的关系实践随着时间的推移变得越来越多时，组织公平感将随着时间的推移而逐渐减弱，相反，当员工意识到组织关系实践随着时间的推移而逐渐减弱时，他们的组织公平感也随着时间的流逝而增强，进而导致工作满意度变化程度的增强。同样，我们预计随着时间的推移，员工关系实践感知的增强的变化将驱动组织公平感中四个维度的减弱的变化，这将进一步使得工作投入的变化也随着时间的推移而减弱。

根据上述分析，我们提出如下假设：

假设 4　随着时间的推移，组织公平的变化将在员工关系实践感知的变化与员工的工作满意度的变化的负向关系中起着中介作用。

假设 5　随着时间的推移，组织公平的变化将在员工关系实践感知的变化

❶ BOSWELL W R，SHIPP A J，PAYNE S C，CULBERTSON S S.Changes in newcomer job satisfaction over time：examining the pattern of honeymoons and hangovers［J］.Journal of Applied Psychology，2009，94：844 – 858.

❷ EISENBERGER R，STINGLHAMBER F，VANDENBERGHE C，SUCHARSKI I.，RHOADES L.Perceived supervisor support：contributions to perceived organizational support and employee retention［J］.Journal of Applied Psychology，2002，87：565–573.

❸ HOLTZ，BRIAN C，HAROLD，CRYSTAL M. Fair today，fair tomorrow？ A longitudinal investigation of overall justice perceptions.［J］.Journal of Applied Psychology，2009，94（5）：1185–1199.

❹ AMBROSE M L，CROPANZANO R S.A longitudinal analysis of organizational fairness：an examination of reactions to tenure and promotion decisions［J］.Journal of Applied Psychology，2003，88：266 –275.

与员工的工作投入的负向变化中起着中介作用。

6.2　研究工具

本研究共涉及关系实践感知、工作满意度、工作投入、组织公平感四个变量。测量工具如下。

关系实践感知的测量采用的是 Chen 开发的量表，包括"很多人是通过关系进入我们单位的""很多人是通过关系得到升职的"等条目 ❶；工作满意度采用的是涂红伟等学者的量表，包括"我对目前工作的这家单位总体上感到满意""与我来我单位之前的预想相比，我对单位的各方面情况还是很满意的"等条目 ❷；在工作投入量表的使用方面，我们采用了 Bledow，Schmitt 与 Frese 的量表，包括"工作时我感觉精力充沛""工作中，我感觉活力十足"等条目 ❸；在组织公平感的测量方面，本书主要采用 Colquitt 所编制的经典量表 ❹，对个别词语进行了适应本土情境的修订，包括"我的工作回报反映了投入工作的努力情况""我的工作回报相对于我已完成的工作是合适的"等条目。上述量表的信度与效度值在本书第四章已做说明，均符合研究要求。

6.3　研究样本

为了考察员工的关系实践感知及其有关的工作态度变量在一段时期内的变化趋势，我们采用动态设计方法对有关变量进行重复测量，以便我们测量同一个体的变量随着时间的推移所发生的变化。

我们的测量分为两次进行。测量的间隔时间是调查研究的时候要考虑的因

---

❶ CHEN C C，CHEN Y，XIN K.Guanxi practices and trust in management：a procedural justice perspective ［J］.Organization Science，2004，15（2）：200–209.

❷ 涂红伟，严鸣，周星 . 工作设计对知识型员工和体力工作者的差异化影响：一个现场准实验研究 ［J］. 心理学报，2011，43（7）：810–820.

❸ BLEDOW R，SCHMITT A，FRESE M，et al.The affective shift model of work engagement［J］. Journal of Applied Psychology，2011，96（6）：1246–1257.

❹ COLQUITT J A. On the dimensionality of organizational justice：A construct validation of a measure ［J］. Journal of Applied Psychology，2001，86（3）：386–400.

素之一，在本项研究中，两次测量的时间间隔为半年左右。为确保在匿名的情况下匹配重复测量的数据，调研时我们在问卷上请调查对象结合其个人情况创造其独有编号。我们的问卷如下所示：

本项研究为动态追踪研究，为了保证能够在匿名的情况下匹配数据，需要创造一个属于你的编号。编号为"母亲姓氏的前三个拼音字母＋手机号码后四位"。（请您打消顾虑，科研人员绝对没有能力也没有兴趣识别您的身份）

母亲姓氏的前三个拼音字母 _____（如果你母亲姓 zhang，那么头三个字母就是 zha，如只有两个字母就只填两个）；

您手机后四位数字 _____（如果后四位数字是 2531，那么你的编码是：zha2531）。

动态研究的调查难点在于多次测量必然带来一定的损耗量，我们在首次测量时，通过纸质问卷与问卷星相结合的方法发放问卷，获得有效问卷 370 份，第二次发放问卷获得有效问卷 199 份问卷，经过配对，最终获得配对成功的问卷 87 份。

6.4 数据分析与结果

6.4.1 潜变化分值模型分析特征与本研究分析策略

研究由一个变量的变化对另一个变量的变化的影响效应，需要用到潜变化分值模型（Latent Change Score Modeling，LCS）。潜变化分值模型的特征主要是将变量的变化当作潜变量处理，从而得到变化量的"真分数"，减除测量误差导致的变化分数的无效部分（Castro‐Schilo，Grimm，2018）❶。但潜变化结构须通过两个以上的时间点的测量来构造。其中包括了前一时间点的分数对潜变

---

❶ CASTRO‐SCHILO L & GRIMM K J. Using residualized change versus difference scores for longitudinal research［J］. Journal of Social and Personal Relationships，2018，35（1）：32–58.

化结构的比例效应（Proportional Change）（Klopack，Wickrama，2019）❶；前一时间点的分数与后一时间点分数之间的自动回归路径；潜变化结构对后一时间点的分数的回归路径等新增的路径设定。如果模型中包含两个以上的潜变化结构并且需要估计它们之间的影响关系时，除了传统模型中的变量间因果路径外，还将包括各变量的前一时间的分数对各潜变化结构的相伴效应（Coupling Effect）（Taylor，Bedeian，Cole & Zhang，2017）❷；潜变化结构之间的交叉滞后效应（Crossed‑Lagged Effect）；多时间隔的潜变化结构分数之间的关系相关的路径（对相同时间间隔，通常用潜变化截距和潜变化斜率对它们的统一路径和恒定参数来捕捉）等新增的考虑。一句话，LCS虽然原理上属于结构方程模型的扩展应用，但相比一般模型空前复杂（见图6-1、图6-3）。

　　本研究只有两个时间点的数据，属于最基本的LCS应用情景（Henk & Castro‑Schilo，2016）❸。尽管如此，分析仍然是复杂的。类似Taylor等的研究，我们采用了稳步推进的策略。❹首先，我们对各个变量分别进行了包含潜变化结构的测量模型分析（也可视为包含潜变化模型的验证性因素分析）；其次，我们对研究所假设的组织公平感的变化中介关系实践感知变化与工作满意感变化和工作投入变化的中介模型中的两两潜变化关系模型进行了分别的估计（即估计了5个两两变化关系模型）；在此基础上，以工作满意度变化和工作投入变化为结果变量进行了两个中介模型估计（分别估计一是为减小模型复杂性，保证运算可能性，二是因为样本量较小）（由于关系实践感知变化对组织公平感变化的效应没有得到支持，中介模型没有继续分析）。

❶ KLOPACK E T & WICKRAMA K. Modeling Latent Change Score Analysis and Extensions in Mplus: A Practical Guide for Researchers [J]. Structural Equation Modeling: A Multidisciplinary Journal, 2020, 27（1）: 97–110.

❷ TAYLOR S G, BEDEIAN A G, COLE M S, ZHANG Z. Developing and testing a dynamic model of workplace incivility change [J]. Journal of Management, 2017, 43（3）: 645–670.

❸ HENK C M & CASTRO–SCHILO L. Preliminary detection of relations among dynamic processes with two‑occasion data [J]. Structural Equation Modeling: A Multidisciplinary Journal, 2016, 23（2）: 180–193.

❹ TAYLOR S G, BEDEIAN A G, COLE M S & Zhang Z. Developing and testing a dynamic model of workplace incivility change [J]. Journal of Management, 2017, 43（3）: 645–670.

6.4.2 关系实践感知、组织公平、工作投入与工作满意度的潜变化测量结构

对于关系实践感知的潜变化结构模型，我们也分两步进行了估计。第一步中，没有构造潜变化结构，只是构造了时间点 1 和时间点 2 的关系实践感知的潜变量。跟单一时间点的验证性因素分析不同的是，设定了各个条目在前后两个时间点的潜变量上的因子载荷保持不变（即相同）；设定了各条目前后两个时间点的误差相关。初步检验的结果，发现条目 2（即"很多人是通过关系进入我们单位的"）在限制载荷相同和残差跨时间点相同后，导致奇异的结果（方差大于 1），提示其测量性能在跨时间点的检测下不好。根据条目内容（其余四条均与分配结果有关，参见第四章表 4-2），和考虑这一问卷的总条目数，以及其较高的内部一致性，决定剔除该条目。结果剩余 4 个条目构成的模型拟合优秀（见表 6-1）。各个条目在两个时间点的载荷都在 0.001 水平显著，最低值为 0.607。这些结果说明，关系实践感知问卷不仅在单一时间点的测量信效度可靠，且具有跨时间测量的稳定性。

表 6-1　不含变化结构的测量模型拟合情况

模型	x^2/df	x^2	df	P	RMSEA	CFI	TLI	SRMR
关系实践感知	1.69	37.21	22	0.02	0.038	0.99	0.98	0.078
组织公平感	1.46	32.14	22	0.08	0.031	0.99	0.99	0.069
工作满意度	2.75	27.49	10	0.00	0.060	0.99	0.98	0.086
工作投入	3.10	31.02	10	0.00	0.066	0.97	0.96	0.112

第二步，构造了潜变化结构，并在第一步模型的基础上，设定了恒定比例变化效应（即时间点 1 的关系实践感知对关系实践感知变化的影响）、自回归效应（时间点 1 的关系实践感知对时间点 2 的关系实践感知的影响，回归系数设定为 1）、潜变化结构对时间点 2 的关系实践感知的贡献（回归路径设定为 1）（见图 6-1）。结果这一模型的拟合比第一步的测量模型更优（Delta x^2=10.32，Delta df = 1，p < 0.001）（见表 6-2）。这说明考虑关系实践的变化是必要的，更符合数据反映出来的实际。

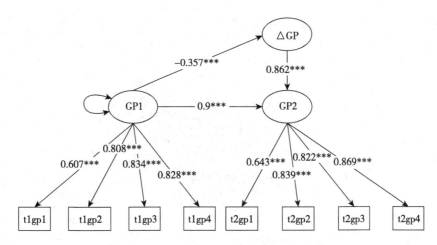

图 6-1　关系实践感知的潜变化结构测量模型

注：（1）*** 表示 P ＜ 0.001；（2）GP 即关系实践感知，△GP 即关系时间感知的变化；（3）显变量中 t1、t2 分别表示时间点 1 和 2，潜变量中 1 和 2 表示时间点 1 和 2；图中报告的是标准化后的系数；（4）为减轻图形复杂度，省略了残差项。

表 6-2　有变化结构的测量模型拟合情况及潜变化参数估计

模型	$x^2/$ df	x^2	df	P	RMSEA	CFI	TLI	SRMR	潜变化方差	潜变化均值
关系实践感知	1.26	26.49	21	0.19	0.023	0.99	0.99	0.061	0.87***	0.23**
组织公平感	1.53	32.06	21	0.06	0.033	0.99	0.99	0.068	0.90***	−0.02
工作满意度	2.93	26.40	9	0.00	0.063	0.99	0.98	0.082	0.80***	−0.09
工作投入	1.61	14.48	9	0.11	0.035	0.99	0.99	0.069	0.93***	0.37***

注：** 表示 P ＜ 0.01，*** 表示 P ＜ 0.001。

进一步考察关系实践变化的均值和变差这两个重要参数。结果，其均值为正（0.229），且显著（p ＝ 0.008），提示在我们的样本中，关系实践感知总的趋势是在增强。即从研究的时间点 1 到时间点 2，样本人群呈现出关系实践感知增高的总趋势。这种趋势从图 6-2 中可以看出。进一步考察变化的方差，为 0.873，也到达显著水平（p ＜ 0.001）。说明样本人群中，关系实践感知的变化具有显著的差异性。这种差异从图 6-2 中同样可以看到直观的表现——虽然总趋势是增加，但一些人呈现出减少的趋势。这两个参数的检验完全支持研究假设 1，即员工的关系实践感知程度随时间的推移而发生动态变化。

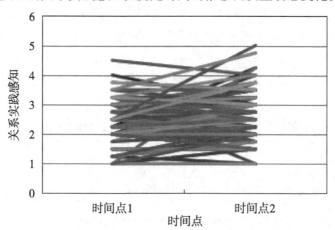

图 6-2　样本中关系实践感知随时间变化的趋势

跟关系实践感知的变化类似，对组织公平感的变化，模型拟合优秀（见表6-2）。其变化的均值 –0.02（p＞0.05），说明组织公平感在本样本人群中并未明显表现出某种趋势。其方差为 0.90，达到显著水平（见表6-2），说明组织公平感的变化在样本人群中具有显著的差异性。

工作满意度的变化，模型拟合优秀（见表6-2），变化的均值为 –0.09（p＞0.05），方差为 0.80（p＜0.001）。说明工作满意感的变化在样本人群中有显著差异，但没有呈现出一致趋势。工作投入的变化模型拟合优秀（见表6-2），变化的均值为 0.37（p＜0.001），变差为 0.93（p＜0.001）。说明工作投入在样本人群中在研究的时间点 1 到时间点 2 期间总体上呈上升趋势，但个体间差异明显。

6.4.3　关系实践感知变化对工作满意度变化和工作投入变化的效应

对于研究假设 2，我们在测量模型的基础上设定了时间点 1 的关系实践感知对工作满意度变化的预测路径；时间点 1 的工作满意度对关系实践感知变化的预测路径（控制反向因果关系；并且更主要的是设定了关系实践感知变化对工作满意度变化的影响路径。结果模型拟合优秀（见表6-3）。进一步考察，发现关系实践感知变化对工作满意度变化的路径系数为 –0.07，未达到显著水平（p = 0.489）。这与我们的研究假设 2，即随着时间的推移，员工关系实践感知的变化将会负面影响员工的工作满意度的变化相悖。研究假设 2 没有得到支持。

对于研究假设 3，采用类似模型设定，发现模型拟合也优秀（见表 6-3），关系实践感知的变化对工作投入的变化的效应为 –0.140，且 p = 0.219。也就是说，虽然如我们预测的那样，关系实践感知的变化会负向影响工作投入的变化，但这一效应没有达到统计显著水平。因此我们的研究假设 3，随着时间的推移，员工关系实践感知的变化将会负面影响员工的工作投入的变化没有得到支持。

表 6-3　动态变化影响关系的模型拟合情况

模型	x^2/df	x^2	df	P	RMSEA	CFI	TLI	SRMR
关系实践感知变化 – > 组织公平感变化	2.78	283.83	102	0.00	0.061	0.92	0.91	0.102
组织公平感变化 – > 工作满意度变化	2.92	215.85	74	0.00	0.063	0.95	0.93	0.101
组织公平感变化 – > 工作投入变化	2.26	167.06	74	0.00	0.051	0.95	0.94	0.087
关系实践感知变化 – > 工作满意度变化	1.46	108.23	74	0.01	0.031	0.99	0.98	0.067
关系实践感知变化 – > 工作投入变化	1.45	107.07	74	0.01	0.030	0.98	0.98	0.067
组织公平感变化 – > 工作投入变化和工作满意度变化	2.21	355.75	161	0.00	0.050	0.95	0.94	0.090

6.4.4　关系实践感知变化对组织公平感变化的效应

为检验组织公平感变化在关系实践感知变化与满意度变化和工作投入变化间的中介作用。我们首先进行了关系实践感知变化对组织公平感变化的效应的检验。按上述的模型设定方式，模型拟合结果可以接受（见表 6-3）。但是与我们的预期不同的是，关系实践感知变化对组织公平感变化的路径系数为 0.020，不显著（p = 0.86）。说明关系实践感知的变化并不能预测组织公平感的变化。

由于对中介变量的效应不显著，研究假设 4 和假设 5 包含的中介模型已无法继续分析。假设 4 和假设 5 没有得到支持。

6.4.5 组织公平感变化对工作满意感和工作投入变化的效应

虽然自变量对中间变量的效应没有得到支持，但是我们的中介效应假设中还包含了中介变量对结果变量的效应假设，这一部分的实证检验也有其自身的含义和启示作用。因此我们对组织公平感变化是否影响满意感和工作投入的变化进行了追加分析。结果这两个模型的拟合都可以接受（见表 6-3）。组织公平感变化对工作满意感变化的路径系数为 0.73，达到显著水平（$p < 0.001$），说明组织公平感变化对工作满意感的变化有显著积极的影响。组织公平感变化对工作投入变化的路径系数为 0.39，达到显著水平（$p < 0.001$），也支持了组织公平感变化对工作投入变化有显著的正向影响。

这两个模型检验的结果，说明随着工作者组织公平感的升高或降低，其工作满意感和工作投入水平也相应地升高和降低。

在分开检验的基础上，我们尝试对组织公平感变化对工作满意感和工作投入变化的预测效应进行整体模型估计，以便减少分开估计造成的偏差，虽然整体模型变得更为复杂。结果如图 6-3 所示，分析结果与两两分开的模型高度一致。组织公平感变化对工作满意感变化有正向预测作用，路径系数为 0.333（$p < 0.001$）；对工作投入的变化也有正向预测作用，路径系数为 0.391（$p < 0.001$）。而这一模型的拟合也良好（见表 6-3）。

这些结果不仅对我们研究中包含的部分主张给予了支持，也说明了变化研究的独特重要意义。

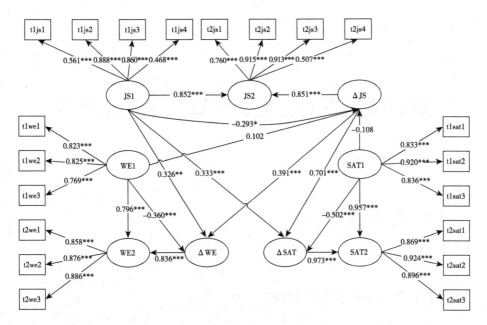

图 6-3　组织公平感变化对工作满意感和工作投入变化的预测模型评估

　　注：（1）* 表示 P ＜ 0.05，** 表示 P ＜ 0.01，*** 表示 P ＜ 0.001；（2）JS 组织公平感，SAT 即工作满意感，WE 即工作投入，△ 表示变化结构；（3）显变量中 t1、t2 分别表示时间点 1 和 2，潜变量中 1 和 2 表示时间点 1 和 2；图中报告的是标准化后的系数；（4）为减轻图形复杂度，省略了残差项。

第七章 研究结论、实践启示与创新性

7.1 研究结论与讨论

7.1.1 何为关系实践感知?

随着华人本土研究的兴起，关系现象得到持续关注，研究者对此也投入极大的热情。但从整体上看，大多数文献仅是在研究中涉及某单项人力资源管理工作所存在的关系现象，而用系统、整体的观点专门以"关系实践"为主题进行的研究极少。在这有限的文献中，研究者对关系实践的概念进行了初步界定，但是关系导向型人力资源管理实践的内涵尚不明晰，这在一定程度上会影响关系实践未来研究的深度和广度。

选择"组织文化、管理取向、社会结构格局、管理特征"等维度，对关系实践与高绩效工作系统两个概念进行了对比分析，本书认为，在组织文化方面，采用关系实践的组织通常处于特殊主义浓厚的组织文化氛围中，而在普遍主义盛行的组织中，人与人之间亲疏难以影响管理者的决策；在管理取向方面，采用关系实践管理员工的组织管理者以关系为取向，而采用高绩效工作系统的组织管理者将提升组织绩效作为组织的首要任务；社会结构格局方面，采用关系导向型人力资源管理实践的管理者受差序格局的影响比较大，与之相反，采用高绩效工作系统的组织则是以团队格局作为基础；最后，在管理特征方面，运用高绩效工作系统的组织强调人力资源管理规章的制定与约束，而采用关系实践的组织没有形成一套完善的规章制度，或者即使组织存在一系列人力资源管理制度，但对制度遵守的严格程度不如采用高绩效工作系统的组织。

综上所述，本书指出，所谓员工的人力资源管理关系实践感知，简称关系实践感知，是指员工对组织以人际关系亲疏程度所导致的人力资源管理实践的总体情况的感知。

7.1.2　关系实践感知的基本前因变量有哪些？

在第三章中，本书对关系实践感知的影响因素进行了论述。本研究通过对79家企业4253名员工的调查发现，组织规模与组织权力距离对员工的关系实践感知具有显著的负面影响，说明组织规模越大、组织权力距离越大，组织内员工的关系实践感知越强。在组织规模方面，组织规模能够显著地正向解释关系实践感知，说明组织规模越大，员工的关系实践感知越强。组织层级数与关系实践感知呈反向显著的相关关系，即组织层级数越少，员工的关系实践感知越强，这与我们的假设正好完全相反。同时组织权力距离能够显著地正向预测员工的关系实践感知，说明组织权力距离越大，员工的关系实践感知越强；最后，组织年龄与员工关系实践感知的显著性关系没有得到验证。

7.1.3　关系实践感知如何影响员工的态度？

在第四章中，本书从静态层面探讨了关系实践感知的结果变量与中介变量。尽管有研究对关系导向型人力资源管理实践感知对员工态度的影响机制进行过探讨，但总体上研究较为有限，在众多态度性结果变量中，只对管理信任、程序公平感等变量进行过考察，一些重要的态度变量并未涉及，如工作满意度等，这些未讨论过的变量对于员工的行为影响都是极为重要的。本书证实了关系实践感知对员工工作投入与满意度的负面影响，并验证了组织公平感的中介作用，这为本书的下一步研究奠定了基础。

7.1.4　关系实践感知是如何动态形成的？

在第五章中，我们运用扎根理论方法，将员工关系实践感知的形成分为三个阶段，即触发阶段、阐释解读阶段与感知形成阶段。通过这个模型刻画了员工意义建构的完整过程，首先由触发事件诱发员工感知组织内的关系实践，员工通过观察的基础，主要从他人处听说获取相关信息。对于获得的信息进行主观理解，一方面会对事件进行定义，另一方面也会自发判断事件发生的缘由，从而形成感知。我们还发现在员工进行意义建构过程中，员工的上下级关系和传统性特质因素会在其进行主观理解时产生影响。以往意义建构理论的研究主要集中在公共危机领域与战略变革领域，本研究从意义建构视角出发，将员工关系实践感知的形成视为一种意义建构过程，构建了一个完整的理论框架，弥补了研究中的不足之处。

7.1.5　关系实践感知的变化对员工态度变化的影响机制如何？

通过对既有关于关系实践感知文献的全面回顾，我们发现，以往研究几乎都是采用横截面数据，而无法充分抓住关系实践随时间变化的特征，个体关系实践的变化对于理解其动态特征尤为关键，因此有必要以动态视角研究关系实践感知与其态度的影响关系。根据我们的前期搜索，仅有个别文献涉及对中国企业人力资源管理实践的纵向研究（吴坤津、刘善仕，2014）❶，但该研究并未考虑预测变量的动态变化性。事实上，员工对于组织存在的偏私性人力资源管理实践的感知会随着时间的推移而逐步发生变化。例如，员工对关系导向型人力资源管理实践的感知会因某事件的发生而变化（如本人绩效评估未得到满意的结果），也会随着员工本人在组织的职位变动而转变（不同部门、不同层级的关系现象可能有所差异），因此，仅从静态层面探讨感知的关系导向型人力资源管理实践与员工态度之间的关系显然并不完整。

---

❶ 吴坤津，刘善仕.中国企业家长式人力资源管理的伦理动因、内容结构及影响机制［J］.中国人力资源开发，2014（15）：70–74.

　　在第六章中，我们用定量研究方法考察关系实践感知的动态变化及其对工作态度变化的影响。近年来，时间的重要性日益凸显（Riza，Ganzach，Liu，2016）❶，在管理学领域，一些学者作为开拓者，将时间的动态变化纳入到感知的人力资源管理实践（Piening，Baluch，Salge，2013）❷、工作满意度（Riza，Ganzach，Liu，2016）❸、组织公平感（Ambrose，Cropanzano，2003）❹、组织支持水平（Eisenberger，Stinglhamber，Vandenberghe，Sucharski，Rhoades，2002）❺、组织承诺（Kam，Morina，Meyer，Topolnytsky，2016）❻、工作重塑（Tims，Bakker，Derks，2015）、❼集体流失率（Call，Nyberg，Ployhart，2014）、❽组织公民行为（Methot，et al.，2017）❾等研究领域，期望能够更准确地刻画管理变量的动态演变规律。尽管在本书中关系实践感知的变化对员工态度的变化产生的影响机制并没有得到实证的支持，但本书证实了关系实践感知与其他构念都具有随时间的变化而变化的动态性特征。这意味着，对人力资源管理中的关系实践的研究应该突破静态研究的限制，从动态视角探讨该议题比横截层面的研究显得更为重要，这标志着本领域的研究向前迈出了重要的一步。

❶ RIZA S D, GANZACH Y, LIU Y.Time and job satisfaction: A longitudinal study of the differential roles of age and tenure [J].Journal of Management, 2016, 44（7）: 2558–2579.

❷ PIENING E P, BALUCH A M, SALGE T O.The relationship between employees' perceptions of human resource systems and organizational performance: examining mediating mechanisms and temporal dynamics [J].Journal of Applied Psychology, 2013, 98（6）: 926–947.

❸ RIZA S D, GANZACH Y, LIU Y.Time and job satisfaction: A longitudinal study of the differential roles of age and tenure [J].Journal of Management, 2016, 44（7）: 2558–2579.

❹ AMBROSE M L, CROPANZANO R S. A longitudinal analysis of orgnizational fairness: An examination of reations to tenure and promotion decisions[J].Journal of Applied Psychology, 2003, 88: 266–275.

❺ EISENBERGER R, STINGLHAMBER F, VANDENBERGHE C, SUCHARSKI I., RHOADES L.Perceived supervisor support: contributions to perceived organizational support and employee retention [J].Journal of Applied Psychology, 2002, 87: 565–573.

❻ KAM C, MORINA J S, MEYER J P, TOPOLNYTSKY L.Are commitment profiles stable and predictable? A latent transition analysis [J].Journal of Management, 2016, 42（6）: 1462–1490.

❼ TIMS M, BAKKER A B, DERKS D.Job crafting and job performance: A longitudinal study [J]. European Journal of Work and Organizational Psychology, 2015, 24（6）: 914–928.

❽ CALL M, NYBERG A, PLOYHART R, et al.The dynamic nature of turnover and unit performance: the impact of time, quality, and replacements [J].Academy of Management Journal, 2014, 1208–1232.

❾ METHOT J R, LEPAK D, SHIPP A J, et al.Good citizen interrupted: calibrating a temporal theory of citizenship behavior [J].Academy of Management Review, 2017, 42（1）: 10–31.

7.2 实践启示

7.2.1 正视中国本土人力资源管理实践

由于非正式制度的作用，根植于中国特殊文化情境中的人力资源管理实践仍然保留着传统文化痕迹，因此，组织管理者应该清楚地认识到管理实践不能脱离中国情境，应该采取措施克服与现代人力资源管理目标相冲突的路径依赖。本研究扎根于中国本土情境，希望通过本研究促使管理者对组织中关系实践出现的负面影响有更深刻的认识，意识到员工关系实践感知对其负面态度的影响机制。对于高层管理者来说，应该意识到，权力距离较大的中国，管理者在人力资源管理实践过程中存在的偏私行为，对于组织中的众多员工来说是一种不公平的实践，不仅会对个人的态度与行为带来负面影响，而且会对组织的长期发展带来负面影响。

7.2.2 提高人力资源管理强度

首先，加强人力资源管理制度的执行力。我们的研究结论进一步强调了加强人力资源管理制度执行力的重要性。很多组织拥有完善的人力资源管理制度，但是人力资源管理制度却难以得到有效执行。事实上，组织"意图的"（intended）人力资源管理实践与"执行的"（implemented）人力资源管理实践往往并不一致（Khilji，Wang，2006）❶。公平公正的人力资源管理方案毋庸置疑是必要的，但同时我们更要高度重视人力资源管理的执行力度（黄波、江新会、顾江洪，2016）❷。一是人力资源管理的执行在很大程度上依赖于高层管理者对执行重要性的认识和支持。高层管理者要率先垂范，主动维护人力资源管

---

❶ KHILJI S E, WANG X Y. "Intended" and "implemented" HRM: the missing linchpin in strategic human resource management research［J］.The International Journal of Human Resource Management, 2006, 17（7）: 1171–1189.

❷ 黄波, 江新会, 顾江洪.人力资源管理政策和执行与组织绩效的关系：一个对抗性交互效应的发现［J］.外国经济与管理, 2016（5）: 58–68.

理制度的权威性。二是中层管理者尤其是人力资源管理部门要把执行和维护人力资源管理制度视为自己的重要职责，以普遍主义而非特殊主义不折不扣地执行人力资源管理制度，对所有员工都一视同仁，以免制度形同虚设。

其次，提高人力资源管理实践的透明性。员工的人力资源管理关系实践感知的过程是一个意义建构的过程。本研究发现，员工通过观察、亲历等方式提取线索。如果领导者忽视管理决策信息的共享，组织信息不对称较为严重，那么不同部门员工、不同层级员工提取的线索将会出现较大差异。正式渠道信息传播受阻会带来非正式传播的迅速扩散，这不但将使得员工关系实践感知出现较大差异，而且可能导致信息失真、以讹传讹的可能。因此，我们建议组织应该加强人力资源管理政策决定和执行过程的透明化，同时扩大员工的知情权，鼓励和支持员工参与到组织的人力资源管理决策过程中，从而提升人力资源管理实践的透明性。

7.2.3 加强员工关系实践感知的动态管理

明晰员工关系实践感知具有动态性对管理者如何进行员工管理具有重要启示作用。

首先，管理者要在多个时间点对员工进行调查，了解员工的思想动态，尤其是关于人力资源管理实践的主观感受。

其次，管理者需要进一步了解员工关系实践感知变化的重要节点，在关键环节加强对员工实践感知的扫描与沟通。例如，有调查研究结果表明，新员工进入企业的前一年是态度变化的关键时期，因此，在新员工的社会化过程中，管理者要加强人力资源管理信息的沟通，通过明晰的阐释保证员工保持与组织对人力资源管理信息一致的理解。此外，还有研究表明，当组织进行重要变革时也是员工易发生心理震荡的关键时期，组织在此关键时期，可通过导师带徒弟的方式对员工进行个性化沟通。例如，当组织进行薪酬制度改革前后，人力资源管理者以及员工的直接上级可以正式地或非正式地向员工解释人力资源管理薪酬制度变革的原因、薪酬决定的基本决定因素，并根据员工的心理状态进行动态沟通调整，提高员工的人力资源管理公平性感知，从而提高员工工作的积极态度。

7.3　主要创新点

7.3.1　开创性采用纵向研究设计

现有的实证研究方法大多采用横截面研究，难以反映变量随时间变化的发展过程，本书揭示了员工对偏私性人力资源管理实践的心理反应和心理活动历程实际上是一个动态的发展过程。本研究回应了学术界对"时间"纳入研究的呼唤，在研究中采用纵向研究设计，为准确把握关系实践感知的动态规律提供了更为坚实的基础，从而使得本书对中国本土情境下人力资源管理实践的解释力大大提高。

7.3.2　对关系实践感知的影响因素进行了开拓性探索

从已有文献来看，在管理领域，关系实践的研究最早源于对中国情境下关系实践这一现象的刻画，但已有关于关系实践感知的前因研究文献相对比较缺乏。本书将社会学的新制度主义理论引入本书的影响因素研究中，探讨了组织层面中组织规模等因素对员工关系实践感知的影响，并运用多层线性模型分析进行实证检验。本书对关系实践感知的影响因素进行了开拓性探索，有助于管理组织者通过组织变革降低员工的关系实践感知。

7.3.3　首次对关系实践感知的动态形成过程进行了质的研究

现有的关于关系实践的研究多是探究关系实践在组织内产生的影响作用，而极少有学者将注意力集中于组织内部员工感知关系实践的整个过程，而采用质性的方法对关系实践感知进行的研究更是凤毛麟角。本书首次将意义建构理论引入组织关系实践研究的领域，基于扎根理论的方法进行了数据的采集与分析，构建了员工关系实践感知形成的动态理论模型，弥补了研究中的不足之处。

7.3.4 在变量变化的测算方面具有特色

由于本书将时间的演变纳入研究的框架，这就需要着重考虑对变量变化的测算。本书采用潜变化分数模型进行数据处理，可以更科学地揭示感知的关系导向型人力资源管理实践对员工态度的动态影响机制。本书采用的动态数据分析方法目前在人力资源管理领域的应用尚不广泛，预计将来可为类似研究提供一定的借鉴。

附录一

人力资源管理问卷

隐私保护申明

您好：

　　研究者保证：

　　1. 问卷匿名！研究人员仅对数字进行分析，严格遵守科研资料保存规范。

　　2. 问卷内容本身没有任何敏感的、非法的、不可公开的问题。

　　3. 问卷的填答没有任何强制性，如果您实在不愿意填答，不会有任何负面影响（虽然如此，恳请您配合我们的工作）。感谢您对科学研究的支持！

如何创造您的编号

　　您母亲姓氏的头三个拼音字母，例如，如果您母亲姓 Zhang，那么头三个字母就是 zha，如只有两个字母就只填两个

　　您的手机号码的后四位数字，比如是 0531，那么您的编码是：zha/0531

　　（务请您打消顾虑，科研人员绝对没有能力也没有兴趣用您的手机号码的后四位识别您的身份）

　　创造属于您自己的编码 ＿＿＿＿＿＿＿＿＿/＿＿＿＿＿/ 母亲娘家姓的头三个字母 / 手机后四位数字

第一部分

指导语：在回答本部分问题时，如果你有不清楚的问题，麻烦您询问身边同事以提供尽可能的信息

1. 您的工作单位所在地：_____ 市 _____ 区（县）

2. 单位各类正式在职职工大约 _____ 人

是否为子公司：□是——如果是，是否独立核算：□是 □不是
　　　　　　　□不是

3. 所有制性质：□私营企业 □国有企业 □股份制企业 □合资企业
　□外资企业 □集体所有

是否为上市公司：□是 □不是

4. 所属行业：□批发零售业 □住宿餐营业 □制造业 □金融业
　□生物（医药） □信息业（IT、软件、通信、网络） □采矿业
　□建筑业 □交通运输邮政业 □文化体育娱乐业 □农林牧渔业
　□电力、燃气水生产供应业 □教育 其他 _____（请注明）

5. 单位从建立以来到现在大约有 _____ 年。在 _____ 年前发生过重大改组或改革

6. 单位的领导是如何产生的：□竞聘上岗 □外聘 □组织调入 □晋升

任期为：□3年或以下 □4年 □5年或以上；聘期之外能否连任：□能
□不能

7. 单位在近 _____ 年内更换一把手；在近 _____ 年内，发生所有权变动；在近 _____ 年内，发生经营范围或产品范围的较大变化

8. 从最底层员工到最高领导，单位一共有多少级别？□3级或以下 □4
级 □5级 □6级 □7级以上

9. 单位是否涵盖以下组织结构（可多选）：

□股东大会

□董事会，如果有，是否有独立董事：□有 □没有

□监事会

□工会

□企业党委

第二部分

请根据您所在单位的实际情况，选择最能够描述您的感受程度的数字

（1= 完全不同意；2= 有点不同意；3= 一般；4= 比较同意；5= 完全同意）

题目	1	2	3	4	5
1. 很多人是通过关系进入我们单位的	□	□	□	□	□
2. 很多人是通过关系得到升职的	□	□	□	□	□
3. 我单位员工的工资奖金主要靠关系来决定	□	□	□	□	□
4. 我单位工作任务的分配大多靠关系决定	□	□	□	□	□
5. 我单位员工绩效评价的结果大多受到关系的影响	□	□	□	□	□

第三部分

请根据您的实际情况，选择最能够描述您的感受程度的数字

（1= 完全不同意；2= 有点不同意；3= 一般；4= 比较同意；5= 完全同意）

题目	1	2	3	4	5
1. 领导在做绝大多数决定时，是不需要征询下属意见的	□	□	□	□	□
2. 领导应该拥有一些特权	□	□	□	□	□
3. 上级频繁征求下属的意见是不明智的	□	□	□	□	□
4. 上级应避免与下属有工作之外的交往	□	□	□	□	□
5. 下属一般不应该反对上级的决定	□	□	□	□	□
6. 上级不应该把重要的事情授权给下属去解决	□	□	□	□	□

第四部分

1. 性别	□男			□女
2. 年龄	请填写 ＿＿＿＿＿＿＿＿（岁）			
3. 婚姻状况？	□单身 / 未婚	□结婚 / 同居		□离婚 / 分居
4. 你的最高学历是	□高中	□中专	□大学 / 大专	□研究生
5. 你在这个岗位上的工作从什么时候起？	请填写：从 ＿＿＿＿（年）＿＿＿＿（月）起			
6. 你在这个公司工作了大约多少年？	＿＿＿＿年			
7. 您的月收入状况：	□ 2000 元以下 □ 2000~3500 元 □ 3500~5500 元 □ 5500~8000 元 □ 8000 元以上			
8. 您所在的部门	□生产、销售、服务、项目等一线业务部门 □财务、人事、办公室等行政科室 □后勤、保障部门 □研发部门 □规划、决策等部门 □党群部门 □其他			
9. 你的职位	□基层一线 □基层领导（如领班、小组长） □中层干部 □高层管理			

电子邮箱：＿＿＿＿＿＿＿＿＿＿＿＿＿＿@＿＿＿＿＿＿＿＿＿＿＿＿＿（用于向您反馈您个人的工作健康状况）

填答辛苦了，感谢您的大力配合！

现在，请将问卷送回信封，并用胶水或者订书机封口！

附录二

组织管理调查问卷

您好！我们正在进行关于"组织管理"的全国大型调研活动，该项目受到教育部人文社会科学基金的支持。我们郑重承诺：*本问卷仅限于研究之用，不署名*。问卷的选择没有对错之分，根据您的实际情况填写即可。感谢您的支持！

北京航空航天大学课题组

第一部分　基本信息

A1 性别：① 男　② 女

A2 年龄：_____ 岁

A3 最高教育程度：①高中或中专及以下 ②大学专科 ③本科 ④硕士及以上

A4 所属单位：①政府部门 ②事业单位 ③国有企业 ④民营企业 ⑤外资企业 ⑥非营利组织

第二部分　创建属于您自己的编码

说明：由于本项研究为动态追踪研究，为了保证能够在匿名的情况下匹配数据，需要创造一个属于你的编号。编号为"母亲姓氏的前三个拼音字母＋手机号码后四位"。（请您打消顾虑，科研人员绝对没有能力也没有兴趣识别您

的身份）

B1 母亲姓氏的前三个拼音字母 _____（如果您母亲姓 zhang，那么头三个字母就是 zha，如只有两个字母就只填两个）

B2 您手机后四位数字 _____（如果后四位数字是 2531，那么您的编码是：zha2531）

第三部分 关于您个人的感受

请根据您的实际情况，选择最能够描述您的感受程度的数字

（1= 完全不同意；2= 有点不同意；3= 一般；4= 比较同意；5= 完全同意）

C1	工作时我感觉精力充沛	1	2	3	4	5
C2	工作中，我感觉活力十足	1	2	3	4	5
C3	我工作时充满激情	1	2	3	4	5
C4	工作总能激励我	1	2	3	4	5
C5	我工作时全神贯注	1	2	3	4	5
D1	我很清楚我的领导对我的工作表现是否满意	1	2	3	4	5
D2	领导非常了解我工作上的问题和需要	1	2	3	4	5
D3	我觉得领导很了解我的潜力	1	2	3	4	5
D4	领导会运用职权帮我解决工作上重大的难题	1	2	3	4	5
D5	领导会牺牲自己的利益来帮助我摆脱工作上的困难	1	2	3	4	5
D6	我很信任我的领导，支持领导的决策	1	2	3	4	5
D7	我和我的领导工作关系很好	1	2	3	4	5
H1	我对目前工作的这家单位总体上感到满意	1	2	3	4	5
H2	与我来我单位之前的预想相比，我对单位的各方面情况还是很满意的	1	2	3	4	5
H3	与我期望的理想中状态相比，我对我单位的各方面情况很满意的	1	2	3	4	5
I1	上级安排用餐或他家里有事时，我基本上都参加	1	2	3	4	5
I2	在单位中，我努力寻找和建立一定的关系以保护自己	1	2	3	4	5

I3	在单位中，我花了不少时间去了解错综复杂的关系	1	2	3	4	5
I4	在单位中，为谨慎维护关系我花费了相当的心思	1	2	3	4	5
		1	2	3	4	5
J1	我会赞美我的领导，以招人喜爱	1	2	3	4	5
J2	我会对领导的个人生活表现出兴趣，以显示我很友善	1	2	3	4	5
J3	我会称赞领导的成就，让他们认为我是好人	1	2	3	4	5
J4	我会给予领导帮助，以显示我很友好	1	2	3	4	5

第四部分　关于对您单位的感受

请根据您所在单位的实际情况，选择最能够描述您的感受程度的数字

（1= 完全不同意；2= 有点不同意；3= 一般；4= 比较同意；5= 完全同意）

K1	很多人是通过关系进入我们单位的	1	2	3	4	5
K2	很多人是通过关系得到升职的	1	2	3	4	5
K3	我单位员工的工资奖金主要靠关系来决定	1	2	3	4	5
K4	我单位工作任务的分配大多靠关系决定	1	2	3	4	5
K5	我单位员工绩效评价的结果大多受到关系的影响	1	2	3	4	5
L1	我单位关于人力资源管理的政策与程序对我非常有利	1	2	3	4	5
L2	我单位人力资源管理的决策时常对我有利	1	2	3	4	5
M1	我的工作回报反映了投入工作的努力情况	1	2	3	4	5
M2	我的工作回报相对于我已完成的工作是合适的	1	2	3	4	5
M3	我的工作回报反映了我对组织的贡献	1	2	3	4	5
M4	根据我的工作业绩来看，我的工作回报是合理的	1	2	3	4	5
M5	在单位制定人力资源管理制度时，我能表达观点	1	2	3	4	5
M6	单位在通过人力资源管理制度时，普通员工能够参与	1	2	3	4	5
M7	我单位人力资源管理制度的执行是落实到位的	1	2	3	4	5
M8	我单位的人力资源管理制度不对任何人有偏见	1	2	3	4	5
M9	公司领导会就人力资源管理的程序与过程与我坦诚交流	1	2	3	4	5
M10	公司领导会充分解释人力资源管理的程序和过程	1	2	3	4	5
M11	领导对关于人力资源管理制度的制定与执行的解释很有道理	1	2	3	4	5

M12	我对人力资源管理的细节有疑问时，领导会耐心地解释	1	2	3	4	5
M13	领导会以礼待人	1	2	3	4	5
M14	领导会以让人觉得有尊严的方式对待员工	1	2	3	4	5
M15	领导会避免不恰当的言论	1	2	3	4	5
M16	领导会尊重他人	1	2	3	4	5

第五部分　关于价值观

请在下列关于价值观的描述中，选择最符合您的想法的数字

（1= 完全不认可；2= 有点不认可；3= 一般；4= 比较认可；5= 完全认可）

N1	领导在做绝大多数决定时，是不需要征询下属意见的	1	2	3	4	5
N2	领导应该拥有一些特权	1	2	3	4	5
N3	上级频繁征求下属的意见是不明智的	1	2	3	4	5
N4	上级应避免与下属有工作之外的交往	1	2	3	4	5
N5	下属一般不应该反对上级的决定	1	2	3	4	5
N6	上级不应该把重要的事情授权给下属去解决	1	2	3	4	5

参考文献

1.中文参考文献

［1］白彦壮.公共管理部门员工满意度与激励理论与方法研究［D］.天津：天津大学，2004.

［2］陈介玄，高承恕.台湾企业运作的社会秩序：人情关系与法律［J］.东海学报，1991，32（10）.

［3］陈润龙.企业员工工作投入问卷的编制［J］.商业文化（学术版），2009（7）.

［4］陈万思，丁珏，费晴.高绩效工作系统对员工工作满意度的直接与间接影响研究［J］.管理学，2014（5）.

［5］陈万思，丁珏，余彦儒.参与式管理对和谐劳资关系氛围的影响：组织公平感的中介作用与代际调节效应［J］.南开管理评论，2013（6）.

［6］陈向明.质的研究方法与社会科学研究［M］.北京：教育科学出版社，2000.

［7］成刚，于文珊，邓蜜.教师激励对组织承诺的影响——工作满意度的中介作用［J］.教师教育研究，2019，31（3）.

［8］程德俊，赵曙明.高参与工作系统与企业绩效：人力资本专用性和环境动态性的影响［J］.管理世界，2006（3）.

［9］程德俊，赵勇.高绩效工作系统对企业绩效的作用机制研究：组织信任的中介作用［J］.软科学，2011（4）.

［10］樊耘，颜静，张旭.组织公平与人力资源管理关系实践的交互作用机制研究［J］.预测，2014（1）.

［11］费孝通.乡土中国［M］.北京：生活·读书·新知三联书店，1985.

［12］高良谋，王磊.偏私的领导风格是否有效？——基于差序式领导的文化适应性分析与

理论延展［J］.经济管理，2013（4）.

［13］高日光，凌文轻，王碧英.基于组织公平的人力资源管理研究［J］.科技进步与对策，2004（9）.

［14］郭文臣，杨静，付佳.以组织犬儒主义为中介的组织支持感、组织公平感对反生产行为影响的研究［J］.管理学报，2015，12（4）.

［15］韩海浪.差序格局中的界圈及其文化存在［J］.学海，2007（6）.

［16］何玲.城市快递员离职现象探究——基于工作满意度与组织承诺的关系视角［J］.中国青年研究，2017（4）.

［17］何友晖，陈淑娟，赵志裕.关系取向：为中国社会心理方法论求答案［M］//杨国枢，黄光国.中国人的心理与行为.台北：桂冠图书公司，1991.

［18］胡少楠，王詠.工作投入的概念、测量、前因与后效［J］.心理科学进展，2014，22（12）.

［19］胡士强，彭纪生，周路路.关系取向、面子需求与组织内知识共享——中国情景下知识共享意愿的探讨［J］.上海科学管理，2010（4）.

［20］黄波，江新会，顾江洪.人力资源管理政策和执行与组织绩效的关系：一个对抗性交互效应的发现［J］.外国经济与管理，2016（5）.

［21］黄光国.建构中国管理学理论的机会与挑战［M］//陈晓萍，徐淑英，樊景立.组织与管理研究的实证方法.北京：北京大学出版社，2008.

［22］黄光国.人情与面子：中国人的权力游戏［M］//黄光国.中国人的权力游戏.台北：巨流图书公司，1988.

［23］黄光国.儒家关系主义：哲学反思、理论建构与实证研究［M］.台北：心理出版社，2009.

［24］黄光国.儒家关系主义［M］.北京：北京大学出版社，2006.

［25］黄光国.中国人的人情关系［G］//文崇一，萧新煌.中国人：观念与行为.北京：中国人民大学出版社，2013.

［26］姜定宇，钟筱涵，皇甫刚.差序式领导有效吗［J］.哈佛商业评论，2012，（12）.

［27］姜定宇，张菀真.华人差序式领导与部属效能［J］.本土心理学研究，2010（33）.

［28］蒋春艳，赵曙明.企业特征、人力资源管理与绩效：香港企业的实证研究［J］.管理评论，2004（10）.

［29］蒋春燕.员工公平感与组织承诺和离职倾向之间的关系：组织支持感中介作用的实证研究［J］.经济科学，2007（6）.

［30］金星彤.组织公正垂滴影响能否引发员工建言行为？——基于民营企业的实证分析
　　　［J］.财经问题研究，2018（10）.

［31］金耀基.人际关系中的人际分析［M］//杨国枢.中国人的心理.台北：桂冠图书公司，1988.

［32］［英］凯西·卡麦兹.建构扎根理论：质性研究实践指南［M］边国英，译.重庆：重庆大
　　　学出版社，2009.

［33］来宪伟，许晓丽，程延园.领导差别对待：中西方研究的比较式回顾与未来展望
　　　［J］.外国经济与管理，2018，40（3）.

［34］李超平，时勘.分配公平与程序公平对工作倦怠的影响［J］.心理学报，2003，35（5）.

［35］李金平.组织气候对员工工作投入和组织承诺影响的实证研究［D］.成都：四川大
　　　学，2006.

［36］李平.中国管理本土研究：理念定义及范式设计［J］.管理学报，2010（5）.

［37］李锐，凌文辁.工作投入研究的现状［J］.心理科学进展，2007（2）.

［38］李晔，龙立荣.组织公平感研究对人力资源管理的启示［J］.外国经济与管理，2003，
　　　25（2）.

［39］梁福成，王峥，王俊坤，唐卫海.公正感研究述评［J］.天津师范大学学报·社会科
　　　学版，2016（6）.

［40］梁建，樊景立.理论概念的测量［M］//陈晓萍，徐淑英，樊景立.组织与管理研究的
　　　实证方法.北京：北京大学出版社，2008.

［41］梁钧平.企业组织中的"圈子文化"——关于组织文化的一种假说［J］.经济科学，
　　　1998（5）.

［42］梁漱溟.中国文化要义［M］.上海：上海人民出版社，2005.

［43］凌文辁，张治灿，方俐洛.影响组织承诺的因素探讨［J］.心理学报，2001，33（3）.

［44］刘凤瑜，张金成.员工工作满意度调查问卷的有效性及民营企业员工工作满意度影响
　　　因素研究［J］.南开管理评论，2004，7（3）.

［45］刘红云，孟庆茂.纵向数据分析方法［J］.心理科学进展，2003（5）.

［46］刘军，章凯，仲理峰.工作团队差序氛围的形成与影响：基于追踪数据的实证分析
　　　［J］.管理世界，2009（8）.

［47］刘平青，王雪，刘冉.领导风格对工作满意度的影响机理研究——以员工关系为中介
　　　变量［J］.中国管理科学，2013，21（11）.

［48］刘文，朱琳，温国旗.分配情境下的婴幼儿公平敏感性［J］.心理科学进展，2014，
22（4）.

［49］刘小禹，孙健敏，苏琴.工作感受和组织公平对员工组织承诺与职业承诺影响的跨层
次研究［J］.经济科学，2011（1）.

［50］刘昕，王许阳，姜炜.我国公务员的工作价值观对工作满意度的影响术——以公共服
务动机为中介变量［J］.中国行政管理，2016（12）.

［51］刘亚，龙立荣，李晔.组织公平感的影响效果研究［J］.管理世界，2003（3）.

［52］刘亚.组织公平感的结构及其与组织效果变量的关系［D］.武汉：华中师范大学，2002.

［53］刘永芳.当代中国员工组织公平感研究［M］.杭州：浙江教育出版社，2017.

［54］刘增合.儒教经济伦理观念"差序格局"界论［J］.孔子研究，2000（2）.

［55］卢嘉，时勘，杨继峰.工作满意度的评价结构与方法［J］.中国人力资源开发，2001（1）.

［56］卢纹岱.SPSS for windows 统计分析（第 3 版）［M］.北京：电子工业出版社，2006.

［57］罗家德，王竞.圈子理论——以社会网的视角分析中国人的组织行为［J］.战略管理，
2010，2（1）.

［58］罗家德.关系与圈子——中国人工作场域中的圈子现象［J］.管理学报，2012，9（2）.

［59］［美］梅奥.工业文明的人类问题［M］.陆小斌，译.北京：电子工业出版社，2013.

［60］聂林.学习型组织文化、工作满意度对组织承诺的影响研究［D］.济南：山东大学，2014.

［61］欧阳振安，谭洪芳.微型企业员工满意度评价指标构建及测算［J］.统计与决策，
2012（23）.

［62］盘颖.自我牺牲型领导对下属工作投入的影响：组织危机条件下的跨层次研究［D］.
广州：华南理工大学工商管理学院，2018.

［63］乔健.关系刍义［M］//杨国枢，文崇一.社会及行为科学研究的中国化.台北："中
央研究院"民族学研究所，1982.

［64］［美］斯蒂芬·P.罗宾斯.组织行为学［M］.孙建敏，等译.北京：中国人民大学出版
社，1997.

［65］苏中兴.中国情境下人力资源管理与企业绩效的中介机制研究——激励员工的角色外
行为还是规范员工的角色内行为？［J］.管理评论，2010（8）.

［66］苏中兴.重新审视资源基础理论——以人力资源为例［J］.经济管理，2009（7）.

［67］隋楠.国企员工工作投入、组织公民行为和责任心对工作家庭冲突的影响［D］.西

安：陕西师范大学，2011.

［68］孙汉银.组织公平对组织政治知觉与工作满意度之间关系的调节作用——以北京市中学教师为例［J］.北京师范大学学报·社会科学版，2009（1）.

［69］孙健敏，张明睿.所有制对高绩效工作系统与员工满意关系的调节作用［J］.经济理论与经济管理，2009（10）.

［70］田立法.工作满意度的五维外生致因：孰轻孰重？［J］.外国经济与管理，2019，41（9）.

［71］涂红伟，严鸣，周星.工作设计对知识型员工和体力工作者的差异化影响：一个现场准实验研究［J］.心理学报，2011，43（7）.

［72］汪传艳，任超.博士后工作满意度影响因素的实证研究［J］.科技管理研究，2016，36（21）.

［73］汪纯孝，伍晓奕，张秀娟.企业薪酬管理公平性对员工工作态度和行为的影响［J］.南开管理评论，2006（6）.

［74］汪林，储小平，黄嘉欣，等.与高层领导的关系对经理人"谏言"的影响机制——来自本土家族企业的经验证据［J］.管理世界，2010（5）.

［75］汪林，储小平.组织公正、雇佣关系与员工工作态度——基于广东民营企业的经验研究［J］.南开管理评论，2009（4）.

［76］汪新艳.中国员工组织公平感结构和现状的实证解析［J］.管理评论，2009，21（9）.

［77］王怀勇，李悦.程序公正对员工创新行为的影响：内部动机的中介效应研究［J］.科技与经济，2013，26（2）.

［78］王晴.国内工作投入研究的15年：文献计量综述［J］.心理研究，2018，11（6）.

［79］王胜男.主动性人格与工作投入：组织支持感的调节作用［J］.中国健康心理学杂志，2015，23（4）.

［80］王雅青.组织公平感的影响因素研究综述［J］.邢台学院学报，2015，30（3）.

［81］王燕，龙立荣，周浩.分配不公正下的退缩行为：程序公正和互动公正的影响［J］.心理学报，2007，39（2）.

［82］王永丽，邓静怡，何熟珍.角色投入对工作满意度和生活满意度的影响［J］.管理评论，2009，21（5）.

［83］王永丽，卢海陵，杨娜，谭玲.基于资源分配观和补偿理论的组织公平感研究［J］.管理学报，2018，15（6）.

［84］王忠，张琳.个人—组织匹配、工作满意度与员工离职意向关系的实证研究［J］.管理学报，2010，7（3）.

［85］王忠军，龙立荣，刘丽丹.组织中主管—下属关系的运作机制与效果［J］.心理学报，2011（7）.

［86］文崇一.中国人的富贵与命运［G］∥文崇一，萧新煌.中国人：观念与行为.北京：中国人民大学出版社，2013.

［87］吴道友，高丽丽，段锦云.工作投入如何影响员工建言：认知灵活性和权力动机的作用［J］.应用心理学，2014，20（1）.

［88］吴坤津，刘善仕.中国企业家长式人力资源管理的伦理动因、内容结构及影响机制［J］.中国人力资源开发，2014（15）.

［89］吴明隆.问卷统计分析实务——SPSS 操作与应用［M］.重庆：重庆大学出版社，2010.

［90］席燕平.领导风格、员工追随行为与领导效能关系的实证研究［D］.北京：首都经济贸易大学，2017.

［91］谢俊，储小平，汪林.效忠主管与员工工作绩效：反馈寻求行为和权力距离的影响［J］.南开管理评论，2012，15（2）.

［92］谢凌玲.人力资源管理实践的影响因素［J］.经济管理，2007（13）.

［93］谢凌玲.人力资源管理实践模式的选择与构建［J］.中国人力资源开发，2009（6）.

［94］邢占军，张友谊，唐正风.国有大中型企业职工满意感研究［J］.心理科学，2001（2）.

［95］徐光中.工厂工人的工作满足及其相关因子之探讨［J］.“中央研究院”民族学研究所集刊，1977（43）.

［96］徐玮伶，郑伯埙，黄敏萍.华人企业领导人的员工归类与管理行为［J］.本土心理学研究，2002（18）.

［97］徐艳，朱永新.中国员工工作投入的现状研究［J］.商场现代化，2007（2）.

［98］许庆贺.企业员工自我效能感、工作投入与工作—家庭增益的关系研究［D］.哈尔滨：哈尔滨工程大学，2016.

［99］薛丁铭，李永鑫.包容型领导对幼儿园教师工作投入的影响［J］.学前教育研究，2017（7）.

［100］严奇峰.互动平衡理论———从儒家伦范与正义观点探讨本土之和谐人际互动关系［J］.中原学报，1993，22（12）.

［101］阎海峰，陈灵燕.承诺型人力资源管理实践、知识分享和组织创新的关系研究［J］. 南开管理评论，2010（5）.

［102］阳芳.组织信任对新员工工作满意度影响的实证研究［J］.江西社会科学，2016（6）.

［103］杨国枢.中国人的社会取向：社会互动的观点［M］//杨国枢，余安邦.中国人的心 理与行为：理论与方法篇.台北：桂冠图书公司，1992.

［104］杨宜音.自己人：一项有关中国人关系分类的个案研究［M］//杨宜音.中国社会心 理学评论（第一辑）.北京：社会科学文献出版社，2005.

［105］杨玉梅，李梦薇，熊通成，等.北京市事业单位人员总报酬对工作满意度的影 响——薪酬公平感的中介作用［J］.北京行政学院学报，2017（1）.

［106］杨中芳，彭泗清.中国人人际信任的概念化：一个人际关系的观点［J］.社会学研 究，1999（2）.

［107］叶宝娟，方小婷，董圣鸿.职业韧性对农村小学校长职业倦怠的影响：胜任力和工 作满意度的链式中介作用［J］.中国临床心理学杂志，2017，25（3）.

［108］于伟，张鹏.组织差序氛围对员工漠视行为的影响：职场排斥和组织自尊的作用 ［J］.中央财经大学学报，2016（10）.

［109］俞彬彬，钟建安.情绪智力、组织公平和组织公民行为关系的研究［J］.心理科学， 2008（2）.

［110］俞文钊.合资企业的跨文化管理［M］.北京：人民教育出版社，1996.

［111］翟学伟.人情、面子与权力的再生产［M］.北京：北京大学出版社，2005.

［112］翟学伟.中国人的关系原理：时空秩序、生活欲念及其流变［M］.北京：北京大学 出版社，2001.

［113］张满玲，钟昆原.正义与情理：偏袒与重才的人事决定对主管的公正及人情评价之 影响［J］.中华心理学刊，2011，53（3）.

［114］张勉，李树苗.企业员工工作满意度决定因素实证研究［J］.统计研究，2001（8）.

［115］张士菊，廖建桥.员工工作满意度各维度对整体满意度的影响研究［J］.科学学与科 学技术管理，2007（8）.

［116］张秀娟，汪纯孝.人际关系与职务晋升公正性［M］.北京：北京大学出版社，2005.

［117］张一弛，李书玲.高绩效人力资源管理与企业绩效：战略实施能力的中介作用［J］. 管理世界，2008（04）.

［118］张轶文，甘怡群．中文版 Utrecht 工作投入量表（UWES）的信效度检验［J］．中国临床心理学杂志，2005（3）．

［119］张正堂．人力资源管理活动与企业绩效的关系：人力资源管理效能中介效应的实证研究［J］．经济科学，2006（2）．

［120］张志学．中国人的分配正义观［J］．中国社会心理学评论，2006（3）．

［121］甄志宏．正式制度与非正式制度的冲突与融合——中国市场化改革的制度分析［D］．长春：吉林大学，2004.

［122］郑伯埙，樊景立．初探华人社会的社会取向：台湾与大陆之比较研究［J］．中华心理学刊，2001，43（2）．

［123］郑伯埙，林家五．差序格局与华人组织行为：台湾大型民营企业的初步研究［J］．"中央研究院"民族学研究所集刊，1999（86）．

［124］郑伯埙．差序格局与华人组织行为［J］．本土心理学研究，1995（3）．

［125］郑伯埙．华人文化与组织领导：由现象描述到理论验证［J］．本土心理学研究，2004（22）．

［126］郑伯埙．家长权威与领导行为之关系：一个台湾民营企业主持人的个案研究［J］．"中央研究院"民族学研究所集刊，1995（79）．

［127］郑立明．基于工作满意度的员工反应行为研究［J］．经济问题，2017（2）．

［128］中国社会科学院语言研究所词典编辑室．现代汉语词典［M］．北京：商务印书馆，2008.

［129］周浩，龙立荣．共同方法偏差的统计检验与控制方法［J］．心理科学进展，2004，12（6）．

［130］周丽芳．华人组织中的关系与社会网络［M］//李原．中国社会心理学评论．北京：社会科学文献出版社，2006.

［131］周禹，曾湘泉．人力资源管理差异化：理论模式与中国实践［J］．经济与管理研究，2008（10）．

［132］佐斌．中国人的关系取向：概念及测量［J］．华中师范大学学报·人文社会科学版，2002，41（1）．

2.英文参考文献

［1］CRAWFORD R J.Effect of compaction rate during the cold forming of polymeric powders［J］．Polymer Engineering & Science，1982，22（5）．

[2] FARRELL, DAN.Exit, voice, loyalty, and neglect as responses to job dissatisfaction: A multidimensional scaling study [J].Academy of Management Journal, 1983, 26 (4).

[3] FOLGER H, KONOVSKY M A. Effects of procedural and distributive justice on reactions to pay raise decisions [J].Academy of Management Journal, 1989, 32 (1).

[4] HACKETT R D, GUION R M.A revaluation of the absenteeism - job satisfaction relationship [J]. Organizational Behavior and Human Decision Processes, 1985, 35 (3).

[5] ADAMS J S, FREEDMAN S.Equity theory revisited: Comments and annotated bibliography [J]. Advances in Experimental Social Psychology, 1976, 9.

[6] ADAMS J S.Inequity in social exchange [J].Advances in Experimental Social Psychology, 1965, 2 (4).

[7] ADNAN R, SANAM K, MUHAMMAD R. Antecedents and consequences of employee engagement: the case of Pakistan [J]. Journal of Business Studies Quarterly, 2013, 4 (4).

[8] AGARWAL U A, DATTA S, BLAKE - BEARD S, et al.Linking LMX, innovative work behaviour and turnover intentions [J]. Career Development International, 2012, 17 (3).

[9] AGARWAL U A, TANUJA.Innovative human resource practices and organizational commitment: an empirical investigation [J].International Journal of Human Resource Management, 2003, 14 (2).

[10] AGHO A, MUELLER C, PRICE J.Determinants of employee job satisfaction: an empirical test of a causal model[J].Human Relations, 1993, 46 (1).

[11] AHMADI F.Job involvement in Iranian custom affairs organization: the role of organizational justice and job characteristics [J].International Journal of Human Resource Studies, 2012, 2 (1).

[12] AHMADI S A A, DARAEI M R, RABIEI H, et al.The study on relationship between organizational justice, organizational citizenship behavior, job satisfaction and turnover intentions a comparison between public sector and private sector [J].International Business Management, 2012, 6 (1).

[13] AKHTAR S, DING D Z, GE G L.Strategic HRM practices and their impact on company performance in Chinese enterprises [J].Human Resource Management, 2008, 47 (1).

[14] AKRAM M U, HASHIM M, AKRAM Z.Impact of organizational justice on job satisfaction of

employees in banking sector of Pakistan〔J〕.Advances in Intelligent Systems & Computing, 2015, 362.

〔15〕ALDER S, SKOV R, SAIVEMINI S.Job characteristics and job satisfaction: When becomes consequence.〔J〕.Organization Behavior and Human Decision Procession, 1985, 35.

〔16〕ALESSANDRI G, CONSIGLIO C, LUTHANS F, et al. Testing a dynamic model of the impact of psychological capital on work engagement and job performance〔J〕. Career Development International, 2018（3）.

〔17〕ALFES K, SHANTZ A D, TRUSS C, SOANE E C.The link between perceived human resource management practices, engagement and employee behaviour: a moderated mediation model〔J〕.International Journal of Human Resource Management, 2013, 24（2）.

〔18〕ALLEN N J, MEYER J P. Affective, continuance, and normative commitment to the organization: an examination of construct validity〔J〕.Journal of Vocational Behavior, 1996, 49（3）.

〔19〕ALLEN N J, MEYER J P.The measurement and antecedents of affective, continuance, and normative commitment to the organization〔J〕.Journal of Occupational Psychology, 1990, 63.

〔20〕AMBROSE M L, CROPANZANO R S.A longitudinal analysis of organizational fairness: An examination of reactions to tenure and promotion decisions〔J〕.Journal of Applied Psychology, 2003, 88.

〔21〕AMBROSE M L, SEABRIGHT M A, SCHMINKE M.Sabotage in the workplace: the role of organizational injustice〔J〕.Organizational Behavior and Human Decision Processes, 2002, 89（1）.

〔22〕ANDREWS I R. Wage inequity and job performance: An experimental study〔J〕.Journal of Applied Psychology, 1967, 51.

〔23〕ARYEE S, Chen B Z X.Trust as a mediator of the relationship between organizational justice and work outcomes: test of a social exchange model〔J〕.Journal of Organizational Behavior, 2002, 23（3）.

〔24〕ARYEE S, CHEN Z X, BUDHWAR P S.Exchange fairness and employee performance: an examination of the relationship between organizational politics and procedural justice〔J〕. Organizational Behavior & Human decision processes, 2004, 94（1）.

[25] ARYEE S, SUN L Y, CHEN Z X, DEBRAH Y A.Abusive supervision and contextual performance: the mediating role of emotional exhaustion and the moderating role of work unit structure [J] .Management and Organization Review, 2008, 4 (3) .

[26] ASHFORTH B E, ROGERS K M, PRATT M G, PRADIES C.Ambivalence in organizations: A multilevel approach [J] .Organization Science, 2014, 25.

[27] ATWATER L, CARMELI A.Leader - member exchange, feelings of energy, and involvement in creative work [J] .Leadership Quarterly, 2009, 20 (3) .

[28] AUXILIADORA, NATALIO, et al.Self - reported emotional intelligence, burnout and engagement among staff in services for people with intellectual disabilities [J] .Psychological Reports, 2004, 95(2) .

[29] AVOLIOT B J, GARDNER W L.Authentic leadership development: getting to the root of positive forms of leadership [J] .Leadership Quarterly, 2005, 16 (3) .

[30] BABCOCK - ROBERSON M E, STRICKLAND O J.The relationship between charismatic leadership, work engagement, and organizational citizenship behaviors [J] .The Journal of Psychology, 2010, 144 (3) .

[31] BAKHSHI A, KUMAR K, RANI E. Organizational justice perceptions as predictor of job satisfaction and organization commitment [J] .Social Science Electronic Publishing, 2009, 4 (9) .

[32] BAKKER A B, ALBRECHT L, LEITER M P.Key questions regarding work engagement [J] .European Journal of Work and Organizational Psychology, 2011, 20 (1) .

[33] BAKKER A B, DEMEROUTI E, BRUMMELHUIS L L T.Work engagement, performance, and active learning: the role of conscientiousness [J] .Journal of Vocational Behavior, 2012, 80 (2) .

[34] BAKKER A B, DEMEROUTI E, SCHAUFELI W B.The crossover of burnout and work engagement among working couples [J] .Human Relations, 2005, 58 (5) .

[35] BAKKER A B, SANS-VERGEL A I.Weekly work engagement and flourishing: the role of hindrance and challenge job demands [J] .Journal of vocational behavior, 2013, 83 (3) .

[36] BAKKER A, DEMEROUTI E, SCHAUFELI W B.Dual processes at work in a call centre: an application of the job demands - resources model [J] .European Journal of Work &

Organizational Psychology, 2003, 12（4）.

［37］ BAL P M, DE COOMAN R, MOL S T. Dynamics of psychological contracts with work engagement and turnover intention: the influence of organizational tenure［J］. European Journal of Work and Organizational Psychology, 2013, 22（1）.

［38］ BALDUCCIA C, SCHAUFELIB W B, FRANCO F.The job demands - resources model and counterproductive work behaviour: the role of job - related affect［J］.European Journal of Work & Organizational Psychology, 2011, 20（4）.

［39］ BALUCH A M, SALGE T O, PIENING E P.Untangling the relationship between HRM and hospital performance: the mediating role of attitudinal and behavioural HR outcomes［J］. International Journal of Human Resource Management, 2013, 24（16）.

［40］ BARON J N, KREPS D M.Strategic human resources: frameworks for general managers ［M］.New York: John Wiley and Sons, 1999.

［41］ BARON, R M, KENNY, D A. The Moderator - Mediator Variable Distinction in Social Psychological Research: Conceptual, Strategic, and Statistical Considerations［J］. Journal of Personality and Social Psychology, 1986, 51（6）.

［42］ BATT R.Managing customer services: human resource practices, quit rates, and sales growth［J］. Academy of Management Journal, 2002, 45（3）.

［43］ BECKER B E, HUSELID M A.Strategic human resources management: where do we go from here［J］.Journal of Management, 2006, 32（6）.

［44］ BENSON, JOHN, BROWN, MICHELLE.Generations at Work: are there differences and do they matter?［J］.The International Journal of Human Resource Management, 2011, 22（9）.

［45］ BIES R J, MOAG J S.Interactional justice: communication criteria of fairness［J］.Research on Negotiation in Organization, 1986（1）.

［46］ BIRD A, BEECHLER S.Links between business strategy and human - resource management strategy in united - states - based Japanese subsidiaries: an empirical investigation［J］. Journal of International Business Studies, 1995, 26（1）.

［47］ BJORKMAN I, FAN X C.Human resource management and the performance of western firms in China［J］.International Journal of Human Resource Management, 2002, 13（6）.

［48］ BLAU P M. Exchange and power in social life［M］.New York: Wiley, 1964.

［49］BLEDOW R，SCHMITT A，FRESE M，et al.The affective shift model of work engagement ［J］.Journal of Applied Psychology，2011，96（6）.

［50］BLIESE P D，PLOYHART R E.Growth modeling using random coefficient models：model building，testing，and illustrations ［J］.Organizational Research Methods，2002，5.

［51］BOBOCEL，RAMONA D.Coping with unfair events constructively or destructively：the effects of overall justice and self - other orientation ［J］.Journal of Applied Psychology，2013，98（5）.

［52］BORDIN C，BARTRAM T，CASIMIR G.The antecedents and consequences of psychological empowerment among Singaporean IT employees ［J］.Management Research News，2006，30（1）.

［53］BOSWELL W R，SHIPP A J，PAYNE S C，CULBERTSON S S.Changes in newcomer job satisfaction over time：examining the pattern of honeymoons and hangovers ［J］.Journal of Applied Psychology，2009，94.

［54］BOWLING N A.Is the job satisfaction - job performance relationship spurious ？ A meta - analytic examination ［J］.Journal of vocational behavior，2007，71（2）.

［55］BOZIONELOS N，WANG L.An investigation on the attitudes of Chinese workers towards individually based performance - related reward systems ［J］.International Journal of Human Resource Management，2007，18（2）.

［56］BREEVAART K，BAKKER A B，DEMEROUTI E，et al.Who takes the lead ？ A multi–source diary study on leadership，work engagement，and job performance ［J］.Journal of Organizational Behavior，2016，37（3）.

［57］BREEVAART K，BAKKER A B，DEMEROUTI E.Daily self - management and employee work engagement ［J］.Journal of Vocational Behavior，2014，84（1）.

［58］BRIEF A P，ROBERSON L.Job attitude organization：an exploratory study ［J］.Journal of Applied Social Psychology，1989（19）.

［59］BRITT T W，ADLER A B，BARTONE P T.Deriving benefits from stressful events：the role of engagement in meaningful work and hardiness ［J］.Journal of Occupational Health Psychology，2001，6（1）.

［60］BRITT T W，BLIESE P D.Testing the stress - buffering effects of self - engagement among soldiers on a military operation〔J〕. Journal of Personality, 2003, 71（2）.

〔61〕BRITT T W.Self - engagement, stressors, and health: a longitudinal study〔J〕.Personality & Social Psychology Bulletin, 2005, 31（11）.

〔62〕BULUC B.The relationship between academic staff's perceptions of organizational justice and organizational citizenship Behaviors〔J〕.Studia Psychologica, 2015, 57（1）.

〔63〕BURKE R J, KOYUNCU M, FIKSENBAUM L, et al.Antecedents and consequences of work engagement among frontline employees in Turkish hotels〔J〕.Journal of Transnational Management, 2013, 18（3）.

〔64〕CABLE D M, JUDGE T A.Interviewers' perceptions of person - organization fit and organizational selection decision〔J〕. Journal of Applied Psychology, 1997, 82.

〔65〕CABLE D M, PARSONS C K. "Socialization tactics and person - organization fit"〔J〕. Personnel Psychology, 2001, 54（1）.

〔66〕CALL M, NYBERG A, PLOYHART R, et al.The dynamic nature of turnover and unit performance: the impact of time, quality, and replacements〔J〕.Academy of Management Journal, 2014.

〔67〕CAMMANN C, FICHMAN M, JENKINS D, KLESH J.The michigan organizational assessment questionnaire〔M〕.Unpublished manuscript, Ann Arbor: University of Michigan, 1979.

〔68〕CAMPBELL N S, PERRY S J, MAERTZ C P, et al.All you need is. Resources: the effects of justice and support on burnout and turnover〔J〕.Human Relations, 2013, 66（6）.

〔69〕CASTRO–SCHILO L & GRIMM K J. Using residualized change versus difference scores for longitudinal research〔J〕. Journal of Social and Personal Relationships, 2018, 35（1）.

〔70〕CHAO C C, YA–RU C, XIN K.Guanxi practices and trust in management: a procedural justice perspective〔J〕.Organization Science, 2004, 15（2）.

〔71〕CHAUFEELI W B.The future of occupational health psychology〔J〕.Applied Psychology, 2004, 53（4）.

〔72〕CHEN C C, CHEN X, HANG S.Chinese guanxi: an integrative review and new directions for future research〔J〕.Management and Organization Review, 2013, 9（1）.

〔73〕CHEN C C, CHEN Y, XIN K.Guanxi practices and trust in management: a procedural justice perspective [J] .Organization Science, 2004, 15 (2).

[74] CHEN C F, CHEN S C.Burnout and work engagement among cabin crew: antecedents and consequences [J] .International Journal of Aviation Psychology, 2012, 22 (1).

[75] CHEN G, PLOYHART R E, THOMAS H C, ANDERSON N, BLIESE P D.The power of momentum: a new model of dynamic relationships between job satisfaction change and turnover intentions [J] . Academy of Management Journal, 2011, 54 (1).

[76] CHEN X P, EBERLY M B, CHIANG T J, et al.Affective trust in Chinese leaders: linking paternalistic leadership to employee performance [J] .Journal of Management, 2014, 40 (3).

[77] CHEN X P, HE W, WENG L C.What is wrong with treating followers differently？ The basis of leader - member exchange differentiation matters [J] .Journal of Management, 2015, 44 (3).

[78] CHEN X, CHEN C C.On the intricacies of the Chinese guanxi: a process model of guanxi development [J] .Asia Pacific Journal of Management, 2004, 21 (3).

[79] CHEN Y J, LIN C C, TUNG Y C, et al.Associations of organizational justice and ingratiation with organizational citizenship behavior: the beneficiary perspective [J] .Social Behavior & Personality An International Journal, 2008, 36 (3).

[80] CHEN Y, FRIEDMAN R, YU E H, SUN F B.Examining the positive and negative effects of guanxi practices: a multi - level analysis of guanxi practices and procedural justice perceptions [J] . Asia Pacific Journal of Management, 2011, 28 (4).

[81] CHEN Y, YU E H, SON J.Beyond leader - member exchange (LMX) differentiation: an indigenous approach to leader - member relationship differentiation [J] .The Leadership Quarterly, 2014b, 25 (3).

[82] CHEN Z X, FARH J L.Human resources management practices in China: township and village enterprises versus sino - foreign joint ventures [J] .Journal of Transnational Management Development, 1999, 4.

[83] CHENG Y, HUANG H Y, LI P R, et al.Employment insecurity, workplace justice and employees' burnout in taiwanese employees: a validation study [J] .International Journal of Behavioral Medicine, 2011, 18 (4).

[84] CHEW J, CHAN C C A.Human resource practices, organizational commitment and intention to stay [J] .International Journal of Manpower, 2008, 29 (5-6).

［85］CHOU J A.Organizational justice and turnover intention：a study of direct care workers in assisted living facilities for older adults in the united states ［J］.Social Development Issues，2009，31（1）.

［86］CHOW I H S，LIU S S.The effect of aligning organizational culture and business strategy with HR systems on firm performance in Chinese enterprises ［J］.International Journal of Human Resource Management，2009，20（11）.

［87］CHRISTIAN M S，GARZA A S，SLAUGHTER J E. Work engagement：a quantitative review and test of its relations with task and contextual performance ［J］.Personnel Psychology，2011，64（1）.

［88］CHRISTIANSON M K，FARKAS M T，SUTCLIFFE K M，WEICK K E.Learning through rare events：significant interruptions at the Baltimore & Ohio railroad museum ［J］.Organization Science，2009，20（5）.

［89］JAFARI P，BIDARIAN S. The relationship between organizational justice and organizational citizenship behavior ［J］. Procedia - Social and Behavioral Sciences，2012，47.

［90］CLAY - WARNER J，REYNOLDS J，ROMAN P.Organizational justice and job satisfaction：a test of three competing models ［J］.Social Justice Research，2005，18（4）.

［91］CLUGSTON M，HOWELL J P，DORFMAN P W.Does cultural socialization predict multiple bases and foci of commitment？ ［J］.Journal of Management，2000，26（1）.

［92］COHEN - CHARASH Y，SPECTOR P E.The role of justice in organizations：a meta - analysis ［J］. Organizational Behavior and Human Decision Processes，2001，86.

［93］COHEN - CHURCH Y，SPECTER P E.The role of justice in organizations：a meta - analysis ［J］.Organizational Behavior and Human Decision Processes，2001，86（2）.

［94］COLE M S，CARTER M Z，ZHANG Z.Leader - team congruence in power distance values and team effectiveness：the mediating role of procedural justice climate ［J］.Journal of Applied Psychology，2013，98（6）.

［95］COLEMAN D F，IRVING G P，COOPER C L.Another look at the locus of control - organizational commitment relationship：it depends on the form of commitment ［J］.Journal of Organizational Behavior，1999，20（6）.

［96］COLLINS C J，SMITH K G.Knowledge exchange and combination：the role of human resource practices in the performance of high‐technology firms［J］. Academy of Management Journal，2006，49（3）.

［97］COLQUITT J A，CONLON D E，WESSON M J，et al.Justice at the millennium：A meta‐analytic review of 25 years of organizational justice research［J］.Journal of Applied Psychology，2001，86（3）.

［98］COLQUITT J A，CONLON D E，WESSON M J，PORTER C O L H，NG K Y.Justice at the millennium：a meta‐analytic review of 25 years of organizational justice research［J］. Journal of Applied Psychology，2001，86.

［99］COLQUITT J A，LEPINE J A，PICCOLO R F，ZAPATA C P.Explaining the justice‐performance relationship：trust as exchange deepener or trust as uncertainty reducer？［J］. Journal of Applied Psychology，2012，97（1）.

［100］COLQUITT J A. On the dimensionality of organizational justice：A construct validation of a measure［J］. Journal of Applied Psychology，2001，86（3）.

［101］CORNELISSEN J.Sensemaking under pressure：the influence of professional roles and social accountability on the creation of sense［J］.Organization Science，2012，23（1）.

［102］COTTER E W，FOUAD N A.Examining burnout and engagement in layoff Survivors：the role of personal strengths［J］.Journal of Career Development，2012，40（5）.

［103］CROPANZANO R，AMBROSE M A .Procedural and distributive justice are more similar than you think：A monistic perspective and a research agenda［M］.Advances in Organizational Justice，2001.

［104］DARLJA A，MATEJ，et al.I want to be creative，but··· preference for creativity，perceived clear Outcome goals，work enjoyment，and creative performance［J］.European Journal of Work & Organizational Psychology，2015，25（3）.

［105］DAVID A. JONES，DANIEL P. SKARLICKI. How perceptions of fairness can change［J］. organizational psychology review，2013，3.

［106］DECONINCK J B.The effect of organizational justice，perceived organizational support，and perceived supervisor support on marketing employees' level of trust［J］.Journal of Business Research，2010，63（12）.

［107］DELANEY J T，HUSELID M A.The impact of human resource management practices on perceptions of organizational performance [J] .Academy of Management Journal, 1996, 39（4）.

[108] DEMEROUTI E, BAKKER A B, JONGE J D, et al.Burnout and engagement at work as a function of demands and control [J] .Scandinavian Journal of Work Environment & Health, 2001, 27（4）.

[109] DEMEROUTI E, BAKKER A B, NACHREINER F, et al.The job demands‐resources model of burnout [J] .Journal of Applied Psychology, 2001, 86（3）.

[110] DEN HARTOG D N, BOON C, VERBURG R M, CROON M A.HRM, communication, satisfaction, and perceived performance: a cross‐level test [J] .Journal of Management, 2013, 39（6）.

[111] DEN HARTOG D N, BOON C, VERBURG R M, CROON M A.HRM, communication, satisfaction, and perceived performance: a cross‐level test [J] .Journal of Management, 2012, 39（6）.

[112] DEVONISH D, GREENIDGE D. The effect of organizational justice on contextual performance, counterproductive work behaviors, and task performance: investigating the moderating role of ability‐based emotional intelligence [J] .International Journal of Selection and Assessment, 2010, 18（1）.

[113] DEWEY J.Human nature and conduct [M] .Mineola, NY: Dover, 1922.

[114] DIEFENDORFF J M, BROWN D J, LORD K R G.Examining the roles of job involvement and work centrality in predicting organizational citizenship behaviors and job performance [J] .Journal of Organizational Behavior, 2002, 23（1）.

[115] DINEEN B R, NOE R A, SHAW J D, DUFFY M K, WIETHOFF C.Level and dispersion of satisfaction in teams: using foci and social context to explain the satisfaction‐absenteeism relationship [J] .Academy of Management Journal, 2007, 50.

[116] DING D Z, GOODALL K, WARNER M. The end of the "iron rice‐bowl": whither Chinese human resource management [J] . International Journal of Human Resource Management, 2000, 11.

[117] DORFMAN P W, HOWELL J P.Dimensions of national culture and effective leadership patterns: Hofstede revisited [J] .Advances in International Comparative Management,

1988, 10（3）.

[118] DRIEBE D J.Uncertainty and surprise in complex systems：questions on working with the unexpected [M] .Berlin：Springer Verlag, 2005.

[119] EDMONDSON A.Psychological safety and learning behavior in work teams [J] . Administrative Science Quarterly, 1999, 44（2）.

[120] EISENBERGER R, STINGLHAMBER F, VANDENBERGHE C, SUCHARSKI I., RHOADES L.Perceived supervisor support：contributions to perceived organizational support and employee retention [J] .Journal of Applied Psychology, 2002, 87.

[121] EVANS W R, DAVIS W D.High‐performance work systems as an initiator of employee proactivity and flexible work processes [J] .Organization Management Journal, 2015, 12（2）.

[122] FABIO A D, PALAZZESCHI L. Organizational justice：personality traits or emotional intelligence？ An empirical study in an italian hospital context [J] .Journal of Employment Counseling, 2012, 49（1）.

[123] FARH J L, HACKETT R D, LIANG J . Individual‐Level Cultural Values as Moderators of Perceived Organizational Support‐Employee Outcome Relationships in China：Comparing the Effects of Power Distance and Traditionality [J] . Academy of Management Journal, 2007, 50（3）.

[124] FARH J, TSUI A S, XIN K, et al.The influence of relational demography and guanxi：the Chinese case [J] .Organization Science, 1998, 9（4）.

[125] FARNDALE E, HOPE‐HAILEY V, KELLIHER C.High commitment performance management：the roles of justice and trust [J] .Personnel Review, 2011, 40（1–2）.

[126] FERRIS G R, FRINK D D, GALANG M C, et al.Perceptions of organizational politics：prediction, stress‐related implications and outcomes [J] .Human Relations, 1996, 49（2）.

[127] FIELDS D, CHAN A, AKHTAR S. Organizational context and human resource management strategy：a structural equation analysis of Hong Kong firms [J] .International Journal of Human Resource Management, 2000, 11.

[128] FINDIKLI M M A .Exploring the consequences of work engagement：relations among OCB‐I, LMX and team work performance [J] .Ege Academic Review, 2015, 15（2）.

[129] FISKE S T, TAYLOR S E.Social cognition [M] .New York：McGraw‐Hill, 1991.

［130］FOOTE D A.Temporary workers：managing the problem of unscheduled turnover［J］. Management Decision，2004，42（8）.

［131］FOX S，SPECTPR P E. Counterproductive Work Behavior：Investigations of Actors and Targets［M］. Washington：American Psychological Association，2005.

［132］FRAZIER M L，JOHNSON P D，GAVIN M，et al.Organizational justice，trustworthiness，and trust：a multifoci examination［J］.Group & Organization Management，2016，35（1）.

［133］FRENCH W.The personal management process：human resource administration［M］. Boston：Houghton Mifflin，1964.

［134］FREUDENBER H J.Staff Burnout［J］.Journal of Social Issues，1974，30（1）.

［135］FROHLICH N A.Very short history of distributive justice［J］.Social Justice Research，2007，20（2）.

［136］FURBY L. Psychology and Justice［M］.New York：Plenum，1986.

［137］GABRIS G T，IHRKE D M.Does performance appraisal contribute to heightened levels of employee burnout？ The results of one study［J］.Public Personnel Management，2001，30（2）.

［138］GARFIFINKEL H.Studies in ethnomethodology［M］.Englewood Cliffs，NJ：Prentice-Hall，1967.

［139］GEORGE J M，JONES G R.The role of time in theory and theory building［J］.Journal of Management，2000，26（4）.

［140］GEPHART R P.The textual approach：risk and blame in disaster sensemaking［J］. Academy of Management Journal，1993，36（6）.

［141］GEPHART R.Hazardous measures：an interpretive textual analysis of quantitative sensemaking during crises［J］.Journal of Organizational Behavior，1997，18.

［142］GHADI M Y，FERNANDO M，CAPUTI P.Transformational leadership and work engagement：the mediating effect of meaning in work［J］.The Leadership & Organization Development Journal，2013，34（6）.

［143］GHOSH P，RAI A，SINHA A.Organizational justice and employee engagement［J］. Personnel Review，2014，43（4）.

［144］GIOIA D A，CHITTIPEDDI K.Sensemaking and sensegiving in strategic change initiation

〔J〕.Strategic Management Journal，1991，12（6）.

［145］GLASER B G，STRAUSS A L.The discovery of grounded theory：strategies for qualitative research〔M〕.New York：Aldine，1967.

［146］GOULD - WILLIAMS J.The importance of HR practices and workplace trust in achieving superior performance：a study of public - sector organizations〔J〕.International Journal of Human Resource Management，2003，14（1）.

［147］GARANOVETTER M S.The strength of weakties〔J〕.American Journal of Sociology，1973，78.

［148］GREEN K W，WU C，WHITTEN D，MEDLIN B.The impact of strategic human resource management on firm performance and HR professionals' work attitude and work performance〔J〕.International Journal of Human Resource Management，2006，17（4）.

［149］GREEN S G，MITCHELL T R.Attributional processes of leader - member interactions〔J〕.Organizational Behavior and Human Performance，1979，23.

［150］GREENBERG J，TYLER T R.Why procedural justice in organizations〔J〕.Social Justice Research，1987，1.

［151］GREENBERG J.Organizational justice：yesterday，today，and tomorrow〔J〕.Journal of Management，1990，16（2）.

［152］GREENBERG J.The social side of fairness：interpersonal and informational classes of organizational Justice〔C〕//CROPANZANO R.Justice in the workplace：approaching fairness in human resource management.Hillside，N J：Erlbaum，1993.

［153］GREENBERG，JERALD.Using socially fair treatment to promote acceptance of a work site smoking ban〔J〕.Journal of Applied Psychology，1994，79（2）.

［154］GREENBERGER D B，STRASSER S.Development and application of a model of personal control in organizations〔J〕.Academy of Management Review，1986，11（1）.

［155］GUPTA V，SINGH S.An empirical study of the dimensionality of organizational justice and its relationship with organizational citizenship behaviour in the Indian context〔J〕.International Journal of Human Resource Management，2013，24（6）.

［156］GUZZO R A，NOONAN K A . Human resource practices as communications and the psychological contract〔J〕. Human Resource Management，1994，33（3）.

［157］HACKMAN J R， OLDHAM G R.Development of the job diagnostic survey［J］.Journal of Applied psychology，1975，60（2）.

［158］HAKANEN J J， BAKKER A B， Schaufeli W B.Burnout and work engagement among teachers［J］.Journal of School Psychology，2006，43（6）.

［159］HALL D T， MANSFIELD R.Relationships of age and seniority with career variables of engineers and scientists［J］.Journal of Applied Psychology，1975，60（2）.

［160］HALL E T.Beyond culture［M］.Garden City，NY：Doubleday Anchor Books，1976.

［161］HALL E T.Understanding cultural differences［M］.Yarmouth，ME：Intercultural Press，1990.

［162］HALLBERG U E， SCHAUFELI W B. "Same same" but different ？ Can work engagement be discriminated from job involvement and organizational commitment ？［J］.European Psychologist，2006，11（2）.

［163］HARTER J K， SCHMIDT F L， HAYES T L.Business‐Unit‐Level relationship between employee satisfaction， employee engagement， and business outcomes：a meta–Analysis ［J］.Journal of Applied Psychology，2002，87（2）.

［164］HENK C M & CASTRO‐SCHILO L. Preliminary detection of relations among dynamic processes with two‐occasion data［J］. Structural Equation Modeling：A Multidisciplinary Journal，2016，23（2）.

［165］HERZBERG F， MAUSNER B， SNYDERMAN B.The motivation to work［M］.New York：John Wiley and Sons，1959.

［166］HOFSTEDE G H.Culture' s consequences：international differences in work‐related values ［M］.Beverly Hills，CA：Sage，1980.

［167］HOFSTEDE G H.Culture' s consequences：international differences in work‐related values ［M］.London：Sage Publications，1984.

［168］HOLTZ B C， HAROLD C M.Fair today fair tomorrow ？ A longitudinal investigation of overall justice perceptions［J］.Journal of Applied Psychology，2009，94.

［169］HOPPOCK R.Job satisfaction［M］.New York：Harper and Row，1935.

［170］HSIU‐HUA H， CHIN‐TIEN H， WEN‐RUEY L， CHEN‐MING C.A policy‐capturing approach to comparing the reward allocation decisions of Taiwanese and U.S. managers［J］. Social Behavior & Personality：An International Journal，2007，35（9）.

［171］HU H，HSU W，CHENG B.Reward allocation decisions of Chinese managers：influence of employee categorization and allocation context ［J］.Asian Journal of Social Psychology，2004，7（2）.

［172］HUSELID M A.The impact of human - resource management - practices on turnover，productivity，and corporate financial performance ［J］.Academy of Management Journal，1995，38（3）.

［173］HWANG K.Face and favor：the Chinese power game ［J］.American Journal of Sociology，1987，92（4）.

［174］ILIES R，JUDGE T A.An experience - sampling measure of job satisfaction and its relationships with affectivity，mood at work，job beliefs，and general job satisfaction ［J］.European Journal of Work and Organizational Psychology，2004，13.

［175］INNSTAND S T，LANGBALLE E M，FALKUM E.A longitudinal study of the relationship between work engagement and symptoms of anxiety and depression ［J］.Stress & Health Journal of the International Society for the Investigation of Stress，2012，28（1）.

［176］INOUE A，KAWAKAMI N，ISHIZAK M，et al.Organizational justice，psychological distress，and work engagement in Japanese workers ［J］.International Archives of Occupational & Environmental Health，2010，83（1）.

［177］IVERSON R D，ROY P A. Causal model of behavioral commitment：evidence from a study of Australian blue - collar employees ［J］.Journal of Management，1994，20（1）.

［178］JACKOFSKY E F，PETERS L H.Part - time versus full - time employment status differences：a replication and extension ［J］.Journal of Organizational Behavior，1987，8（1）.

［179］JACKSON L T B，ROTHMANN S，VIJVWE F J R V D.A model of work - related well - being for educators in South Africa ［J］.Stress and Health，2006，22（4）.

［180］Jacobs J B.The concept of guanxi and local politics in a rural Chinese cultural settings ［M］//GREENBLATT S L，WILSON R W，WILSON A A.Social interaction in Chinese society.New York：Praeger，1980.

［181］JAFARI P，BIDARIAN S.The relationship between organizational justice and organizational citizenship rehavior ［J］. Procedia - Social and Behaviord Sciences，2012，47.

［182］JEUNG C W.The concept of employee engagement：a comprehensive review from a positive organizational behavior perspective [J] .Performance Improvement Quarterly, 2011, 24（2）.

[183] JONES D A.Getting even with one's supervisor and one's organization: relationships among types of injustice, desires for revenge, and counterproductive work behaviors [J] . Journal of Organizational Behavior, 2009, 30（4）.

[184] JONES J R, HARTER J K.Race effects on the employee engagement – turnover Intention relationship [J] . Journal of Leadership & Organizational Studies, 2005, 11（2）.

[185] K U HNEL, ZACHER H, DE BLOOM J, et al. Take a break！ Benefits of sleep and short breaks for daily work engagement [J] . European Journal of Work and Organizational Psychology, 2016.

[186] KAHN W A.Psychological conditions of personal engagement and disengagement at work [J] .Academy of Management Journal, 1990, 33（4）.

[187] KAHNEMAN D, TVERSKY A.Choices, values, and frames [J] .American Psychologist, 1984, 39.

[188] KAHNEMAN D, TVERSKY A.Prospect theory: an analysis of decision under risk [J] . Econometrica, 1979, 47.

[189] KALLEBERG A L.Work values and job rewards: A theory of job satisfaction [J] .American Sociological Review, 1977, 42.

[190] KAM C, MORINA J S, MEYER J P, TOPOLNYTSKY L.Are commitment profiles stable and predictable？ A latent transition analysis [J] .Journal of Management, 2016, 42（6）.

[191] KANUNGO R N.Measurement of job and work involvement [J] .Journal of Applied Psychology, 1982, 67（3）.

[192] KARRIKER J H, WILLIAMS M L.Organizational justice and organizational citizenship behavior: a mediated multifoci model [J] .Journal of Management, 2009, 35（1）.

[193] KATARIA A, GARG P, RASTOGI R.Does psychological climate augment OCBs？ The mediating role of work engagement [J] .Psychologist Manager Journal, 2013, 16（4）.

[194] KEHOE R R, WRIGH P M.The impact of high – performance human resource practices on employees' attitudes and behaviors [J] .Journal of Management, 2013, 39（2）.

[195] KHILJI S E, WANG X Y. "Intended" and "implemented" HRM: the missing linchpin in strategic human resource management research [J] .The International Journal of Human

Resource Management, 2006, 17（7）.

［196］KIM S, PARK Y, HEADRICK L.Daily micro - breaks and job performance: general work engagement as a cross - level moderator［J］.Journal of Applied Psychology, 2018, 103（7）.

［197］KIM S, WRIGHT P M, SU Z X.Human resource management and firm performance in China: a critical review［J］.Asia Pacific Journal of Human Resources, 2010, 48（1）.

［198］KLOPACK E T & WICKRAMA K. Modeling Latent Change Score Analysis and Extensions in Mplus: A Practical Guide for Researchers［J］. Structural Equation Modeling: A Multidisciplinary Journal, 2020, 27（1）.

［199］KONOVSY M A, PUGH S D.Citizenship Behavior and Social Exchange［J］.Academy of Management Journal, 1994, 37（3）.

［200］LAMBERT E G, HOGAN N L, GRIFFIN M L.The impact of distributive and procedural justice on correctional staff job stress, job satisfaction, and organizational commitment ［J］.Journal of criminal justice, 2007, 35（6）.

［201］LAMBERT E G, HOGAN N L, JIANG S, et al.The relationship among distributive and procedural justice and correctional life satisfaction, burnout, and turnover intent: an exploratory study［J］.Journal of Criminal Justice, 2010, 38（1）.

［202］LANGELAAN S, BAKKER A B, DOORNEN L J P V, et al.Burnout and work engagement: do individual differences make a difference？［J］.Personality & Individual Differences, 2006, 40（3）.

［203］LAW K S, TSE D K, ZHOU N.Does human resource management matter in a transitional economy？ China as an example［J］.Journal of International Business Studies, 2003, 34（3）.

［204］LAW K S, WONG C, WANG D, WANG L.Effect of supervisor - subordinate guanxi on supervisory decisions in China: an empirical investigation［J］.International Journal of Human Resource Management, 2000, 11（4）.

［205］LAWLER E E, HALL D T.Relationship of job characteristics to job involvement, satisfaction and intrinsic motivation［J］.Journal of Applied Psychology, 1970, 54（4）.

［206］LENGNICKHALL C A, LENGNICKHALL M L.Strategic human - resources management— a review of the literature and a proposed typology［J］.Academy of Management Review, 1988, 13（3）.

［207］LEPINE J A, DYNE L.Predicting voice behavior in work groups. Journal of Applied Psychology, 1998, 83（6）.

［208］LEROY H, ANSEEL F, DIMITROVA N G, et al.Mindfulness, authentic functioning, and work engagement: a growth modeling approach［J］.Journal of Vocational Behavior, 2013, 82（3）.

［209］LEUNG K, BOND M H.The impact of cultural collectivism on reward allocation［J］. Journal of Personality & Social Psychology, 1984（47）.

［210］LEVENTHAL G S.What should be done with equity theory ?［M］. Springer US: Social Exchange, 1980.

［211］LEVENTHAL H, CLEARY P D.The smoking problem: A review of the research and theory in behavioral risk modification［J］.Psychological Bulletin, 1980, 88（2）.

［212］LI A N, LIAO H.How do leader - member exchange quality and differentiation affect performance in teams ? An integrated multilevel dual process model［J］.The Journal of Applied Psychology, 2014, 99（5）.

［213］LIAO H, RUPP D E.The impact of justice climate and justice orientation on work outcomes: a cross - level multifoci framework［J］.Journal of Applied Psychology, 2005, 90（2）.

［214］LIDEN R C, ERDOGAN B, WAYNE S J, et al. Leader - member exchange, differentiation, and task interdependence: Implications for individual and group performance ［J］. Journal of Organizational Behavior, 2006, 27（6）.

［215］LIDEN R C, SPARROWE R T, WAYNE S J.Leader - member exchange theory: The past and potential for the future［J］.Research in Personnel and Human Resources Management, 1997, 15.

［216］LIN L, HO Y.Guanxi and OCB: The Chinese cases［J］.Journal of Business Ethics, 2010, 96（2）.

［217］LIND E A, TYLER R R.The social psychology of procedural justice［M］.New York: Plenum Press, 1988.

［218］LINDSLEY D H, BRASS D J, THOMAS J B.Efficacy - performing spirals: a multilevel perspective［J］.Academy of Management Review, 1995, 20（3）.

［219］LINGARD H, LIN J. Career, family and work environment determinants of organizational commitment among women in the Australian construction industry［J］.Construction Management and Economics，2004，22（4）.

［220］LITTLE L M，SIMMONS B L，NELSON D L.Health among leaders：positive and negative affect，engagement and burnout，forgiveness and revenge［J］.Journal of Management Studies，2007，44（2）.

［221］LLORENS S，BAKKER A B，SCHAUFELI W B，et al.Testing the robustness of the job demands - resources model.［J］.International Journal of Stress Management，2006，13（3）.

［222］LLORENS S，SALANOVAL M，et al.About the Dark and Bright Sides of Self - efficacy：Workaholism and Work Engagement［J］. Spanish Journal of Psychology，2012，15（2）.

［223］LOCKE E A.What is job satisfaction［J］. Organisational Behavior and Human Performance. 1969（4）.

［224］LODAHL T M，KEJNER M，et al.The definition and measurement of job involvement［J］. Journal of Applied Psychology，1965，49（1）.

［225］LOERBROKS A，MENG H，CHEN M L，et al.Primary school teachers in China：associations of organizational justice and effort - reward imbalance with burnout and intentions to leave the profession in a cross - sectional sample［J］. International Archives of Occupational and Environmental Health，2014，87（7）.

［226］LOI R，YANG J，DIEFENDORFF J M.Four - factor justice and daily job satisfaction：a multilevel investigation［J］.Journal of Applied Psychology，2009，94（3）.

［227］LOUIS M R.Surprise and sensemaking：what newcomers experience in entering unfamiliar settings［J］.Administrative Science Quarterly，1980，25（2）.

［228］LUTHANS F，PETERSON S J.Employee engagement and manager self - efficacy［J］. Journal of Management Development，2002，21（5）.

［229］LUTHANS F，YOUSSEF C M.Human，social and now positive psychological capital management：investing in people for competitive advantage［J］.Organizational Dynamics，2004，33（2）.

［230］LUTHANS F.Organizational behavior（8th ed.）［M］.Boston：Irwin McGraw - Hill，1998.

［231］LUTHANS F.The need for and meaning of positive organizational behavior［J］.Journal of Organizational Behavior，2002，23（6）.

［232］MACDUFFIE J P.Human - resource bundles and manufacturing performance - organizational logic and flexible production systems in the world auto industry ［J］.Industrial & Labor Relations Review, 1995, 48（2）.

［233］MAGGS J L, SCHULENBERG J.Reasons to drink and not to drink: altering trajectories of drinking through an alcohol misuse prevention program ［J］.Applied Developmental Science, 1998, 2（1）.

［234］MAITLIS S, CHRISTIANSON M.Sensemaking in organizations: taking stock and moving forward ［J］.The Academy of Management Annals, 2014, 8（1）.

［235］MAITLIS S, SONENSHEIN S.Sensemaking in crisis and change: inspiration and insights from weick ［J］.Journal of Management Studies, 1988, 47.

［236］MAITLIS S.The social processes of organizational sensemaking ［J］.Academy of Management Journal, 2005, 48.

［237］MANNHEIM M A.A comparative study of work centrality, job rewards and institutional determinants ［J］. Work and Occupations, 1987, 14.

［238］MAO N, SONG H Y, HAN Y.High - performance work systems and influence processes on employees' attitudes perspectives from China ［J］.International Journal of Manpower, 2013, 34（7）.

［239］MARK N B, SUSAN M B.The predictive and interative effects of equity sensitivity in teamwork - oriented organizations ［J］Journal of Organizational Behavior, 2001, 22（3）.

［240］MARTINKO M J, GARDNER W L.The leader - member attribution process ［J］.Academy of Management Review, 1987, 12（2）.

［241］MARTINKO M J, MOSS S E, DOUGLAS S C, BORKOWSKI N.Anticipating the inevitable: when leader and member attribution styles clash ［J］.Organizational Behavior & Human Decision Processes, 2007, 104（2）.

［242］MASLACH C, LEITER M P.The truth about burnout ［M］.San Francisco: Jossey - Bass, 1997.

［243］MASTERSON S S, LEWIS K, BARRY M, GOLDMAN B M, TAYLOR M S.Integrating justice and social exchange: The differing effects of fair procedures and treatment on work relationships ［J］. Academy of Management Journal, 2000, 43（4）.

［244］MAY D R, GILSON R L, HARTER L M.The psychological conditions of meaningfulness, safety and availability and the engagement of the human spirit at work〔J〕.Journal of Occupational & Organizational Psychology，2004，77（1）.

〔245〕MAYER R C，DAVIS J H.The effect of the performance appraisal system on trust for management：a field quazi - experiment〔J〕.Journal of Applied Psychology，1999，84.

〔246〕MCFARLIN D B，SWEENEY P D. Distributive and procedural justice as predictors of satisfaction with personal and organizational outcomes〔J〕.Academy of Management Journal，1992，35（3）.

〔247〕MEHRDAD G，SHAHRAM G，RAHIM A.Organizational justice and organizational citizenship behavior case study：rasht public hospitals〔J〕.International Journal of Business Administration，2011，2（4）.

〔248〕MESSERSMITH J G，PATEL P C，LEPAK D P，GOULD - WILLIANS J.Unlocking the black box：exploring the link between high - performance work systems and performance〔J〕.Journal of Applied Psychology，2011，96（6）.

〔249〕METHOT J R，LEPAK D，SHIPP A J，et al.Good citizen interrupted：calibrating a temporal theory of citizenship behavior〔J〕.Academy of Management Review，2017，42（1）.

〔250〕MILES R E，SNOW C C.Designing strategic human resources systems〔J〕.Organizational Dynamics，1984，13（1）.

〔251〕MITCHELL T R，JAMES L R.Building better theory：time and the specification of when things happen〔J〕.Academy of Management Review，2001，26（4）.

〔252〕MITSUHASHI H，PARK H J，WRIGHT P M，et al. Line and HR executives perceptions of HR effectiveness in firms in the People's Republic of China〔J〕. International Journal of Human Resource Management，2000，11（2）.

〔253〕MOAZZEZI M，SATTARI S，BABLAN A Z.Relationship between organizational justice and job performance of Payamenoor University Employees in Ardabil Province〔J〕. Singaporean Journal of Business Economics and Management Studies，2014，2（6）.

〔254〕MOINER C C.Linking organizational justice to burnout：are men and women different？〔J〕. Psychological Reports，2005，96（3）.

〔255〕MONIN P，NOORDERHAVEN N，VAARA E，KROON D.Giving sense to and making sense of justice in postmerger integration〔J〕.Academy of Management Journal，2013，56.

[256] MOORMAN R H, BLAKELY G L. Individualism - collectivism as an individual difference predictor of organizational citizenship behavior [J] .Journal of Organizational Behavior, 1995 (16) .

[257] MOORMAN R H, NIEHOFF B P, ORGAN D W.Treating employees fairly and organizational citizenship behavior: sorting the effects of job satisfaction, organizational commitment, and procedural justice [J] .Employee Responsibilities and Rights Journal, 1993, 6 (3) .

[258] MOORMAN R H. Relationship between organizational justice and organizational citizenship behaviors: Do fairness perceptions influence employee citizenship? [J] .Journal of Applied Psychology, 1991, 76 (6) .

[259] MOSSHOLDER K W, BENETT N, MARTIN C L.A multilevel analysis of procedural justice context [J] .Journal of Organizational Behavior, 1998, 19.

[260] MOWDAY R T.Equity theory predictions of behavior in organizations [M] .New York: McGraw - Hill, 1987.

[261] MYERS, DAVID G.The funds, friends, and faith of happy people [J] .American Psychologist, 2000, 55 (1) .

[262] NAKAGAWA Y, INOUE A, KAWAKAMI N, TSUNO L, TOMIOKA K, NAKANISHI M, et al. Change inorganizational justice and job performance in Japanese employees: a prospective cohort study [J] . Journal of Occupational Health, 2015, 57 (4) .

[263] NOJANI M I, ARIMANDNIA A A, Afrooz G A, et al.The study on relationship between organizational justice and job satisfaction in teachers working in general, special and gifted education systems [J] .Procedia Social & Behavioral Sciences, 2012, 46.

[264] NORRIS D R, NIEBUHR R E .Research notes. Attributional influences on the job performance—job satisfaction relationship [J] . Academy of Management Journal, 1984, 27 (2) .

[265] OLKKONEN M E, LIPPONEN J.Relationships between organizational justice, identification with organization and work unit, and group - related outcomes [J] .Organizational Behavior & Human Decision Processes, 2006, 100 (2) .

[266] ORGAN D W.The motivation basis of organizational citizen behavior [J] .Research in

Organizational Behavior, 1990, 12.

［267］ÖTKEN A B, ERBEN G S. Investigating the relationship between organizational identification and work engagement and the role of supervisor support ［J］. Gazi Üniversitesi iktisadive idari Bilimler Fakültesi Dergisi, 2010, 10.

［268］OUWENEEL E, LE BLANC P M, SCHAUFELI W B.Don't leave your heart at home ［J］. Career Development International, 2012, 17（6）.

［269］OUWENEEL E, SCHAUFELI W B, LE BLANC P M.Believe, and you will achieve: changes over time in self - efficacy, engagement, and performance ［J］.Applied Psychology Health & Well Being, 2013, 5（2）.

［270］PARE G, TREMBLY M.The influence of high - involvement human resources practices, procedural justice, organizational commitment, and citizenship behaviors on information technology professionals' turnover intentions ［J］.Group & Organization Management, 2007, 32（3）.

［271］PARKER L E.When to fix it and when to leave: relationships among perceived control, self - efficacy, dissent, and exit ［J］.Journal of Applied Psychology, 1993, 78.

［272］PARSONS T, SHILS E A.Toward a general theory of action ［M］.Cambridge: Harvard University Press, 1951.

［273］PAULLAY I M, ALLIGER G M, STONE - ROMERO E F.Construct validation of two instruments designed to measure job involvement and work centrality ［J］. Journal of Applied Psychology, 1994, 79（2）.

［274］PETORU P, DEMEROUTI E, PEETERS M C W, et al.Crafting a job on a daily basis: contextual correlates and the link to work engagement ［J］.Journal of Organizational Behavior, 2012, 33（8）.

［275］PFEFFER J.Competitive advantage through people: unleashing the power of the work force ［M］.Boston: Harvard Business School Press, 1994.

［276］PIENING E P, BALUCH A M, SALGE T O.The relationship between employees' perceptions of human resource systems and organizational performance: examining mediating mechanisms and temporal dynamics ［J］.Journal of Applied Psychology, 2013, 98（6）.

［277］PITARIU A H, PLOYHART R E.Explaining change: theorizing and testing dynamic mediated longitudinal relationships［J］.Journal of Management，2010，36（2）.

［278］PLOYHART R E，VANDENBERG R J.Longitudinal research：the theory，design，and analysis of change［J］.Journal of Management，2010，36（1）.

［279］PODSAKOFF P M，MACKENZIE S B，JEONG‐YEON L，et al.Common method biases in behavioral research：a critical review of the literature and recommended remedies［J］.Journal of Applied Psychology，2003，88（5）.

［280］PORTER M E. Clusters and the new economics of competition［J］. Harvard Business Review，1998，76（6）.

［281］PORTER，LAWLER.What job attitudes tell about motivation［J］.Harvard business review，1968，45（1）.

［282］RABINOWITZ S，GOODALE H J G.Job Scope and individual differences as predictors of job involvement：independent or interactive？［J］.Academy of Management Journal，1977，20（2）.

［283］RABINOWITZ S，HALL D T.Organizational research on job involvement［J］.Psychological Bulletin，1977，84（2）.

［284］RAI G S .Impact of organizational justice on satisfaction，commitment and turnover intention：can fair treatment by organizations make a difference in their workers' attitudes and behaviors？［J］.International Journal of Human Sciences，2013，10（2）.

［285］RICH B L，LEPINE J A，CRAWFORD E R.Job engagement：antecedents and effects on job performance［J］.Academy of Management Journal，2010，53（3）.

［286］RICHARDSEN A M，BURKE R J，MARTINUSSEN M.Work and health outcomes among police officers：the mediating role of police cynicism and engagement［J］.International Journal of Stress Management，2006，13（4）.

［287］RIOLLI L，SAVICKI V. Impact of fairness，leadership，and coping on strain，burnout，and turnover in organizational change［J］.International Journal of Stress Management，2006，13（3）.

［288］RIZA S D，GANZACH Y，LIU Y.Time and job satisfaction：A longitudinal study of the differential roles of age and tenure［J］.Journal of Management，2016，44（7）.

［289］ROBBINS J M，FORD M T，TETRICK L E.Perceived unfairness and employee health：a meta‐analytic integration.［J］.Journal of Applied Psychology, 2012, 97（2）.

［290］ROBERT J, JAMES M K.Organizational justice and turnover in public accounting firms: a research note［J］. Accounting, Organizations and Society, 2005, 30（4）.

［291］ROBERTS J A, COULSON K R, CHOMKO L B.Salesperson perceptions of equity and justice and the impact on organizational commitment and intent to turnover［J］.Journal of Marketing Theory and Practice, 1999, 7（1）.

［292］ROBINSON D, PERRYMAN S, HAYDAY S.The drivers of employee engagement［R］. IES Repor, 2004.

［293］ROGOSA D, BRANDT D, ZIMOWSKI M.A growth curve approach to the measurement of change［J］.Psychological Bulletin, 1982, 92.

［294］ROSSIER J, ZECCA G, STAUFFER S D, et al.Career adapt‐abilities scale in a French‐speaking Swiss sample: psychometric properties and relationships to personality and work engagement［J］.Journal of vocational behavior, 2012, 80（3）.

［295］ROTHBARD N P.Enriching or depleting？ The dynamics of engagement in work and family roles［J］. Administrative Science Quarterly, 2001, 46（4）.

［296］ROTHMANN S, PIETERSE A.Predictors of work‐related well‐being in sector education training authorities［J］.South African Journal of Economic & Management Sciences, 2013, 10（3）.

［297］RUSBULT C E, FARRELL D, ROGERS G, MAINOUS III A G.Impact of exchange variables on exit, voice, loyalty, and neglect: An integrative model of responses to declining job satisfaction［J］.Academy of Management Journal, 1988, 31（3）.

［298］SAKS A M.Antecedents and consequences of employee engagement［J］.Journal of managerial psychology, 2006, 21（7）.

［299］SALANOVA M, AGUT S, et al.Linking organizational resources and work engagement to employee performance and customer loyalty: the mediation of service climate［J］.Journal of Applied Psychology, 2005, 90（6）.

［300］SAMAD S.Procedural and distributive justice: differential effects on employees' work outcomes［J］.The Business Review, 2006, 5（2）.

［301］SAVICKAS M L, PORFELI E J.Career adapt‐abilities scale: construction, reliability, and measurement equivalence across 13 countries［J］.Journal of Vocational Behavior, 2012, 80（3）.

［302］SCHAUBROECK J M, PENG A C, HANNAH S T.Developing trust with peers and leaders: impacts on organizational identification and performance during entry［J］.Academy of Management Journal, 2013, 56（4）.

［303］SCHAUFELI W B, BAKKER A B.Job demands, job resources, and their relationship with burnout and engagement: a multi-sample study［J］.Journal of Organizational Behavior, 2004, 25（3）.

［304］SCHAUFELI W B, SALANOVA M, GONZA LEZ-ROMA V, BAKKER A B.The measurement of burnout and engagement: a confirmatory factor analytic approach［J］. Journal of Happiness Studies, 2002, 3.

［305］SCHMINKE M, CROPANZANO R, RUPP D E.Organization structure and fairness perceptions: the moderating effects od organizational level［J］.Organizational Behavior & Human Decision Processes, 2002, 89（1）.

［306］SCHULER R S, JACKSON S E.Linking competitive strategies with human resource management practices［J］.The Academy of Management Executive, 1987, 1（3）.

［307］SCOTT W R. Institutions and Organizations（2nd Eds）［M］. Thousand Oaks, CA: Sage, 2001.

［308］SELIGMAN M E P, CSIKSZENTMIHALTYI M.Positive Psychology: An Introduction［J］. American Psychologist, 2000, 55（3）.

［309］SHALHOOP J H. Social-exchange as a mediator of the relationship between organizational justice and workplace outcomes［D］.Akron OH: The University of Akron, 2003.

［310］SHAMIM S, CANG S, YU H.Impact of knowledge oriented leadership on knowledge management behaviour through employee work attitudes［J］.International Journal of Human Resource Management, 2017, 30（16）.

［311］SHI J Q.Linking the big five personality constructs to organizational justice［J］.Social behavior and psychology, 2009, 37（2）.

［312］SHIMAZU A, MATSUDAIRA K, JONGE J D, et al.Psychological detachment from work during non-work time: linear or curvilinear relations with mental health and work engagement?［J］.Industrial Health, 2016, 54（3）.

[313] SHIN Y, DU J, CHOI J N . Multi - level Longitudinal Dynamics Between Procedural Justice and Interpersonal Helping in Organizational Teams [J] . Journal of Business & Psychology, 2015, 30（3）.

[314] SHIROM A.Feeling vigorous at work ？ The construct of vigor and the study of positive affect in organizations [J] .Research in Occupational Stress & Well Being, 2003, 3（6）.

[315] SHUCK B.Intergrative literature review: four emerging perspectives of employee engagement: an integrative literature review [J] .Human Resource Development Review, 2001, 10（3）.

[316] SIMONNET V, LEVY - GARBOUA L, MONTMARQUETTE C.Job satisfaction and quits [J] .Labour Economics, 2005（2）.

[317] SKARLICKI D P, FOLGER R, TESLUK P. Personality as a moderator in the relationship between fairness and retaliation [J] .Academy of Management Journal, 1999, 42（1）.

[318] SKARLICKI D P, FOLGER R.Retaliation in the workplace: the roles of distributive, procedural, and interactional justice [J] .Journal of Applied Psychology, 1997, 82（3）.

[319] SMITH J E P, DUMAS T L.Debunking the ideal worker myth: effect of temporal flexibility & family configuration on engagement [J] .Academy of Management Meeting, 2007, 1.

[320] SMITH P C, KENDALL L M, HULIN C L.Measurement of satisfaction in work and retirement [M] . Chicago: Rand McNally, 1969.

[321] SONG J H, KANG I G, SHIN Y H.The impact of an organization's procedural justice and transformational leadership on employees' citizenship behaviors in the Korean business context [J] .Journal of Leadership & Organizational Studies, 2012, 19（4）.

[322] SONNENTAG S, K U HNEL.Coming back to work in the morning: psychological detachment and reattachment as predictors of work engagement [J] .Journal of Occupational Health Psychology, 2016, 21（4）.

[323] SONNENTAG S, MOJZA E J, DEMEROUTI E, et al.Reciprocal relations between recovery and work engagement: the moderating role of job stressors [J] .Journal of Applied Psychology, 2012, 97（4）.

[324] SONNENTAG, SABINE.Recovery, work engagement, and proactive behavior: a new look at the interface between nonwork and work [J] .Journal of Applied Psychology, 2003, 88（3）.

［325］SPECTOR P E.Measurement of human service staff satisfaction: development of the job satisfaction survey［J］.American Journal of Community Psychology, 1985, 13.

［326］STEIN M.The critical period of disasters: insights from sense – making and psychoanalytic theory［J］.Human Relations, 2004, 57.

［327］STRAUSS, ANSELM, JULIET, CORBIN.Basics of qualitative research: grounded theory procedures and techniques［M］.Newbury Park, California: Sage Publications, 1990.

［328］SU Z, WRIGHT P M.The effective human resource management system in transitional China: a hybrid of commitment and control practices［J］.The International Journal of Human Resource Management, 2012, 23 (10).

［329］SUE – CHAN C, DASBOROUGH M T.The influence of relation – based and rule – based regulations on hiring decisions in the Australian and Hong Kong Chinese cultural contexts ［J］.International Journal of Human Resource Management, 2006, 17 (7).

［330］SULIMAN A, KATHAURI M A. Organizational justice, commitment and performance in developing countries［J］.Employee Relations, 2013, 35 (1).

［331］SUMERA K, SABINA M, ABDULLAH K N M. Link between organizational justice and employee job performance in the work place［J］.Interdisciplinary Journal of Contemporary Research In Business, 2010, 2 (3).

［332］SUN L Y, ARYEE S, LAW K S.High – performance human resource practices, citizenship behavior, and organizational performance: a relational perspective［J］.Academy of Management Journal, 2007, 50 (3).

［333］SUN L, PAN W.Differentiation strategy, high – performance human resource practices, and firm performance: moderation by employee commitment［J］.International Journal of Human Resource Management, 2011, 22 (15).

［334］SWANG S.Is there an inverted U – shaped relationship between job demands and work engagement: the moderating role of social support ?［J］.International Journal of Manpower, 2012, 33 (2).

［335］SWEENEY P D, MCFARLIN D B.Workers' evaluation of the ends' and the means': an examination of four models of distributive and procedural justice［J］.Organizational Behavior and Human Decision Processes, 1993, 55 (1).

［336］TAGHINEZHAD F, SAFAVI M, et al.Antecedents of organizational citizenship behavior among Iranian nurses: a multicenter study ［J］.BMC Research Notes2015, 8（1）.

［337］TAKEUCHI R, CHEN G, LEPAK D P.Through the looking glass of a social system: cross - level effects of high - performance work systems on employees' attitudes ［J］.Personnel Psychology, 2009, 62（1）.

［338］TAKEUCHI R, LEPAK D P, WANG H L, TAKEUCHI K.An empirical examination of the mechanisms mediating between high - performance work systems and the performance of Japanese organizations ［J］.Journal of Applied Psychology, 2007, 92（4）.

［339］TANG L P, BALDWIN L J. Distributive and procedural justice as related to satisfaction and commitment ［J］.SAM Advanced Management Journal, 1996, 61（3）.

［340］TAYLOR S G, BEDEIAN A G, COLE M S, Zhang Z. Developing and testing a dynamic model of workplace incivility change ［J］. Journal of Management, 2017, 43（3）.

［341］TEN BRUMMELHUIS L L, BAKKER A B.Staying engaged during the week: the effect of off - job activities on next day work engagement ［J］.Journal of Occupational Health Psychology, 2012, 17（4）.

［342］TERBORG J R, LEE T W, SMITH F J, DAVIS G A, TURBIN M S.Extension of the schmidt and hunter validity generalization procedure to the prediction of absenteeism behavior from knowledge of job satisfaction and organizational commitment ［J］.Journal of Applied Psychology, 1982, 67（4）.

［343］THIBAUT J, WALKER L.Procedural justice: A psychological analysis ［M］.Hillsdale: Erlbaum, 1975.

［344］TIMS M, BAKKER A B, DERKS D.Job crafting and job performance: A longitudinal study ［J］.European Journal of Work and Organizational Psychology, 2015, 24（6）.

［345］TIMS M, BAKKER A B, XANTHOPOULOU D.Do transformational leaders enhance their followers daily work engagement ? ［J］.Leadership Quarterly, 2011, 22（1）.

［346］TSANG E W K.Can guanxi be a source of sustained competitive advantage for doing business in China ? ［J］.Academy of Management Executive, 1998, 12（2）.

［347］TSUI A S, FARH J L.Where guanxi matters ［J］.Work & Occupations, 1997, 24（1）.

［348］TSUI A S.Contextualization in Chinese management research ［J］.Management and

Organization Review, 2006, 2（1）.

［349］TUGBA D, ERKAN T.The relationship between organizational justice perceptions and job satisfaction levels［J］.Procedia Social & Behavioral Sciences, 2012, 46.

［350］TYLER T R, BIES R J.Beyond formal procedures: the interpersonal context of procedural justice［M］//CARROLL J S.Advances in applied social psychology: business setting. hillsdale, N J: Lawrence Erlbaum Associates, 1989.

［351］TYLER T R, BLADER S.Cooperation in groups: procedural Justice, social identity, and behavioral engagement［M］.Philadelphia, PA: Psychological Press, 2000.

［352］UEN J F, CHINE S H.Compensation structure, perceived equity and individual performance of R&D professionals［J］.Journal of American Academy of Business, 2004（4）.

［353］VAN WINGERDEN J, DERKS D, BAKKER A B.The impact of personal resources and job crafting interventions on work engagement and performance［J］.Human Resource Management, 2017, 56（1）.

［354］VISWESVARAN C, ONES D S.Examining the construct of organizational justice: a meta-analytic evaluation of relations with work attitudes and behaviors［J］.Journal of Business Ethics, 2002, 38.

［355］VROOM V H.Work and Motivation［M］.New York: John Wiley and Sons, 1964.

［356］WALUMBWA F O, CROPANZANO R, HARTNELL C A. Organizational justice, voluntary learning behavior, and job performance: a test of the mediating effects of identification and leader-member exchange［J］.Journal of Organizational Behavior, 2009, 30（8）.

［357］WANBERG C R, CARMICHAEL H D, DOWNEY R G.Satisfaction at last job and unemployment: a new look［J］.Journal of Organizational Behavior, 1999, 20（1）.

［358］WANG S H, YI X, LAWLER J, ZHANG M R.Efficacy of high-performance work practices in Chinese companies［J］.International Journal of Human Resource Management, 2011, 22（11）.

［359］WARNER M. "Making sense" of HRM in China: setting the scene［J］.International Journal of Human Resource Management, 2009, 20（11）.

［360］WARNER M.In search of confucian HRM: theory and practice in greater China and beyond

［J］.International Journal of Human Resource Management, 2010, 21（12）.

［361］WARNER M.Reassessing human resource management "with Chinese characteristics": an overview［J］.International Journal of Human Resource Management, 2008, 19（5）.

［362］WATKINS C E, TIPTON R M, MANUS M, et al.Role relevance and role engagement in contemporary school psychology［J］.Professional Psychology: Research and Practice, 1991, 22（4）.

［363］WEFALD A J, MILLS M J, SMITH M R, et al.A Comparison of three job engagement measures: examining their factorial and criterion-related validity［J］.Applied Psychology Health & Well-being, 2012, 4（1）.

［364］WEI L Q, LAU C M.The impact of market orientation and strategic HRM on firm performance: the case of Chinese enterprises［J］.Journal of International Business Studies, 2008, 39（6）.

［365］WEI L Q, LIU J, HERNDON N C.SHRM and product innovation: testing the moderating effects of organizational culture and structure in Chinese firms［J］.International Journal of Human Resource Management, 2011, 22（1）.

［366］WEICK K E.Enacted sensemaking in crisis situations［J］.Journal of Management Studies, 1988, 25（4）.

［367］WEICK K E.Managing the unexpected: complexity as distributed sensemaking［M］// MCDANIEL R R, DRIEBE D J.Uncertainty and surprise in complex systems: questions on working with the unexpected.Berlin: Springer Verlag, 2005.

［368］WEICK K E.Reflections on enacted sensemaking in the Bhopal disaster［J］.The Journal of Management Studies, 2010, 47（3）.

［369］WEICK K E.Sensemaking in organizations［M］.Thousand Oaks, CA: sage Publications, 1995.

［370］WEICK K E.The collapse of sensemaking in organizations: the mann gulch disaster［J］.Administrative Science Quarterly, 1993, 38（4）.

［371］WEICK K E.The vulnerable system: an analysis of the tenerife air disaster［J］.Journal of Management, 1990, 16（3）.

［372］WEISS H M.Deconstructing job satisfaction separating evaluations, beliefs and affective experiences［J］.Human Resources Management Review, 2002, 2.

［373］WESOLOWSKI M A, MOSSHOLDER K W. Relational demography in supervisor - subordinate dyads: Impact on subordinate job satisfaction, burnout, and perceived procedural justice［J］. Journal of Organizational Behavior, 1997, 18.

［374］WRIGHT H A, CROPANZANO R, BONETT D G.The moderating role of employee positive well being on the relation between job satisfaction and job performance［J］.Journal of Occupational Health Psychology, 2007（12）.

［375］WRIGHT P M, MCMAHAN G C, Theoretical perspectives for strategic human resource management［J］. Journal of Management, 1992, 18.

［376］WRIGHT P M, GARDNER T M, MOYNIHAN L M.The impact of human resource practices on business - unit operating and financial performance［J］.Human Resources Management Journal, 2003, 13（3）.

［377］WRIGHT P M, MCMAHAN G C.Theoretical perspectives for strategic human - resource management［J］.Journal of Management, 1992, 18（2）.

［378］WRIGHT T A.Positive organizational behavior: an idea whose time has truly come［J］. Journal of Organizational Behavior, 2003, 24（4）.

［379］WU P C, CHATURVEDI S.The role of procedural justice and power distance in the relationship between high performance work systems and employee attitudes: a multilevel perspective［J］.Journal of Management, 2009, 35（5）.

［380］XANTHOPOULOU D, BAKER A B, HEUVEN E, et al. Working in the sky: a diary study on work engagement among flight attendants［J］.Journal of Occupational Health Psychology, 2008, 13（4）.

［381］XANTHOPOULOU D, BAKKER A B, DEMEROUTI E, et al.Work engagement and financial returns: a diary study on the role of job and personal resources［J］.Journal of Occupational & Organizational Psychology, 2007, 82（1）.

［382］YALABIK Z Y, POPAITOON, et al. Work engagement as a mediator between employee attitudes and outcomes［J］. International Journal of Human Resource Management, 2013, 24（14）.

［383］YANG B.Confucianism, socialism, and capitalism: a comparison of cultural ideologies and implied managerial philosophies and practices in the P. R. China [J].Human Resource Management Review, 2012, 22 (3).

[384] YANG F.Guanxi human resource management practices as a double - edged sword: the moderating role of political skill [J].Asia Pacific Journal of Human Resources, 2014, 52 (4).

[385] YBEMA J F, BOS K V D.Effects of organizational justice on depressive symptoms and sickness absence: a longitudinal perspective [J].Social Science & Medicine, 2010, 70 (10).

[386] YEUNG I Y M, TUNG R L.Achieving business success in confucian societies: The importance of guanxi (connections)[J].Organizational Dynamics, 1996, 25 (2).

[387] YUI - TIM W, HANG - YUE N, CHI - SUM W.Antecedents and outcomes of employees' trust in Chinese joint ventures [J].Asia Pacific Journal of Management, 2003, 20 (4).

[388] YUNHONG H, JIE J, XIAOCHEN W.The relationship between organizational justice and job satisfaction [J].Journal of Chinese Human Resource Management, 2016, 7 (2).

[389] ZACHER H, CHAN F, BAKKER A B, et al.Selection, optimization, and compensation strategies: interactive effects on daily work engagement [J].Journal of vocational behavior, 2015, 87.

[390] ZAINALIPOUR H, FINI A A S, MIRKAMALI S M A.A study of relationship between organizational justice and job satisfaction among teachers in Bandar Abbas middle school [J].Procedia - Social and Behavioral Sciences, 2010, 5 (4).

[391] ZELLARS K L, TEPPER B J, DUFFY M K.Abusive supervision and subordinates' organizational citizenship behavior [J].Journal of Applied Psychology, 2002, 87 (6).

[392] ZHANG Y C, LI S L.High performance work practices and firm performance: evidence from the pharmaceutical industry in China [J].International Journal of Human Resource Management, 2009, 20 (11).

[393] ZHANG Z, YANG C.Beyond distributive justice: the reasonableness norm in Chinese reward allocation [J].Asian Journal of Social Psychology, 1998, 1 (3).

[394] ZHANG Z.The effects of frequency of social interaction and relationship closeness on reward allocation [J].The Journal of Psychology, 2001, 135 (2).

[395] ZHENG C, MORRISON M, O' NEILL G.An empirical study of high performance HRM practices in Chinese SMEs [J].International Journal of Human Resource Management,

2006, 17（10）.

［396］ZHOU J, MARTOCCHIO J J.Chinese and American managers' compensation award decisions: a comparative policy - capturing study ［J］.Personnel Psychology, 2001, 54（1）.

［397］ZHOU Y, ZHANG Y, LIU J A.Hybridism model of differentiated human resource management effectiveness in Chinese context ［J］.Human Resource Management Review, 2012, 22.

［398］ZHU C J, COOPER B K, FAN D, DE CIERI H.HR practices from the perspective of managers and employees in multinational enterprises in China: alignment issues and implications ［J］.Journal of World Business, 2013, 48（2）.

［399］ZHU C. J, COOPER B K, THOMSON S B, DE CIERI H, ZHAO S M.Strategic integration of HRM and firm performance in a changing environment in China: the impact of organizational effectiveness as a mediator ［J］.International Journal of Human Resource Management, 2013, 24（15）.